Larissa Schindler

Kampffertigkeit

Qualitative Soziologie · Band 13

Herausgegeben von

Jörg R. Bergmann
Stefan Hirschauer
Herbert Kalthoff

Die Reihe „Qualitative Soziologie" präsentiert ausgewählte Beiträge aus der qualitativen Sozialforschung, die methodisch anspruchsvolle Untersuchungen mit einem dezidierten Interesse an der Weiterentwicklung soziologischer Theorie verbinden. Ihr Spektrum umfasst ethnographische Feldstudien wie Analysen mündlicher und schriftlicher Kommunikation, Arbeiten zur historischen Sozialforschung wie zur Visuellen Soziologie. Die Reihe versammelt ohne Beschränkung auf bestimmte Gegenstände originelle Beiträge zur Wissenssoziologie, zur Interaktions- und Organisationsanalyse, zur Sprach- und Kultursoziologie wie zur Methodologie qualitativer Sozialforschung und sie ist offen für Arbeiten aus den angrenzenden Kulturwissenschaften. Sie bietet ein Forum für Publikationen, in denen sich weltoffenes Forschen, methodologisches Reflektieren und analytisches Arbeiten wechselseitig verschränken. Nicht zuletzt soll die Reihe „Qualitative Soziologie" den Sinn dafür schärfen, wie die Soziologie selbst an sozialer Praxis teilhat.

Kampffertigkeit

Eine Soziologie praktischen Wissens

von Larissa Schindler

Lucius & Lucius · Stuttgart

Anschrift der Autorin:

Larissa Schindler
Institut für Soziologie
Johannes Gutenberg-Universität
Colonel-Kleinmann-Weg 2 (SB II-04-441)
55128 Mainz

larissa.schindler@uni-mainz.de

Die vorliegende Arbeit wurde vom Fachbereich 02 – Sozialwissenschaften, Medien und Sport – der Johannes Gutenberg-Universität Mainz im Jahr 2008 als Dissertation zur Erlangung des akademischen Grades eines Doktors der Philosophie (Dr. phil.) angenommen.

Bibliographische Information der Deutschen Nationalbibliothek

Die Deutsche Nationalbibliothek verzeichnet diese Publikation in der Deutschen Nationalbibliographie; detaillierte bibliographische Daten sind im Internet über http://dnb.ddb.de abrufbar

ISBN 978-3-8282-0539-0
ISSN 1617-0164

© Lucius & Lucius Verlagsgesellschaft mbH · Stuttgart · 2011
Gerokstraße 51 · D-70184 Stuttgart · www.luciusverlag.com

Illustrationen: Stefanie Husel

Umschlagentwurf: Isabelle Devaux, Stuttgart

Druck und Einband: Rosch-Buch, Scheßlitz

Printed in Germany

Inhaltsverzeichnis

Abbildungsverzeichnis

Transkriptionssymbole

(wie Tischpacken)	Äußerungen, die nicht eindeutig verständlich sind, werden in runden Klammern dargestellt.
Bei-	Unvollständig geäußertes Wort
anstatt= äh	Abgebrochener Satz
(2)	Pause in Sekunden
– hoch! –	Eingeschobene Äußerungen, die eindeutig an den Partner adressiert sind.
Aalso	Auffällige Dehnungen werden durch Verdoppelung des gedehnten Vokals markiert.

Einleitung: Vom Wissen zur Wissensvermittlung

In diesem Buch geht es um die Vermittlung impliziten Wissens: um diejenigen Praktiken also, die Dimensionen von Wissen kommunizieren, die sich nicht verbal explizieren lassen. Im Fokus steht damit auch die Frage nach der Wahrnehmbarkeit solcher Wissensdimension. Kurz: Es geht um die Explikation von Implizitem.

Das hat folgenden Hintergrund: Die Trennung von Körper und Geist war lange Zeit grundlegend für den modernen Wissensbegriff. Als paradigmatisch dafür gilt René Descartes Diktum „cogito ergo sum", das die menschliche Existenz auf kognitive Fähigkeiten zurückführt, mehr noch, das die Spezifität menschlicher Existenz in ihnen verortet. Diese Trennung ist jedoch seit geraumer Zeit brüchig. In der Ratgeberliteratur finden sich seit Jahrzehnten Konzepte wie EQ (Emotional Quotient), Intuition oder Soziale Kompetenz, die Rationalität mit Emotionalität, Sozialität oder auch Körperlichkeit verbinden. In Philosphie und Soziologie sind solche Überlegungen keineswegs neu. So stehen u.a. Ludwig Wittgensteins (1982) Auseinandersetzung mit der immer unvollständigen Selbstexplikation von Regeln, Alfred Schütz' (2004; Schütz/Luckmann 1979) Begriff der Fertigkeiten, Marcel Mauss' (1989) „Körpertechniken" und Pierre Bourdieus (1982, 1997) Konzept des Habitus für den Bruch mit dem kognitivistischen Wissensbegriff. In der wissenssoziologischen Auseinandersetzung sind zwei wissenstheoretische Abhandlungen besonders prominent: Gilbert Ryles (1969) an Wittgenstein angelehnte Kritik an der modernen Trennung von Körper und Geist sowie Michael Polanyis (1959, 1985) Plädoyer für eine Somatisierung des Wissensbegriffs.

Gemeinsam ist diesen Ansätzen die konzeptionelle Ausweitung und die Kritik an einem auf das Kognitive enggeführten Wissensbegriff. Dabei rückt zunächst die Unvollständigkeit sprachlicher Explikation in den Blick: Wittgenstein etwa wies darauf hin, dass das „korrekte" Befolgen von Re-

geln Gewohnheiten folge, weil jede Regel unterschiedliche logische Ausführungen zulasse: „Darum ist 'der Regel folgen' eine Praxis" (Wittgenstein 1982, § 202). Ebenso versteht Wittgenstein Sprache als ein in ihren
Gebrauch verstricktes Phänomen, wofür er den Begriff des „Sprachspiels"
(Wittgenstein 1982, § 7) prägte. Schütz verortete das Wissen Einzelner in
einem kulturell geprägten und deshalb transkulturell variablen Wissensvorrat, der nicht nur empirisch fundiertes Wissen, sondern auch Bekanntes und Fertigkeiten beinhaltet. Dieser Wissensvorrat kann sich deshalb
wie bei Wittgenstein sowohl der Reflexion als auch der Explikation entziehen, wodurch vor allem Kulturwechsel häufig mit einer Wissenskrise
verbunden sind (Schütz 1944). In ähnlichem Sinne sprach Polanyi von
implizitem oder „tacit knowledge" und formulierte pointiert: „Wir wissen
mehr als wir zu sagen wissen" (Polanyi 1985, S. 14), um deutlich zu machen, dass nicht alles Wissen explizit sei. Ryle gab zu bedenken, dass auch
das Formulieren eines klugen Gedankens Routine erfordere, es lasse sich
nicht strategisch planen. „Theoretisieren ist", so argumentiert er, „eine
Praxis unter anderen, und man kann sich dabei dumm oder intelligent
anstellen" (Ryle 1969, S. 28).[1] Umgekehrt führen auch Körper ihre Bewegungen nicht wie Maschinen aus, sondern können sich dabei geschickt
oder weniger geschickt, sogar taktisch verhalten. Können und Wissen (in
der englischen Originalfassung „knowing how" und „knowing that") lassen
sich deshalb nicht in unterschiedliche Operationen oder zwei Schritte eines intelligenten Vorgangs trennen, sondern bilden zwei Seiten praktischer
Handlungen

Der hier bereits formulierte Angriff auf die Trennung von Körper und
Geist findet eine Fortsetzung in jenen Ansätzen, die ein im Körper ver-
ortbares Wissen konstatieren. Dazu zählen Schütz' Ausführungen zu „Fertigkeiten" (Schütz/Luckmann 1979, 139f.) ebenso wie Mauss' Darstellung
der kulturell variablen Formen des Körpergebrauchs etwa beim Schwimmen oder Laufen (Mauss 1989). Auch Polanyi illustrierte seine an sich primär wissenschaftstheoretisch orientierte These an verschiedenen Alltags-
praktiken wie Fahrradfahren (Polanyi 1959, S. 49f.) oder Klavierspielen
(Polanyi 1985, S. 25). Mit Blick auf makrosoziologische Konzepte versteht
Bourdieu (1982, 1997) Körper, ihre Fähigkeiten und ihre Gewohnheiten
als das Produkt einer klassenspezifischen Prägung, die potenzielle Wechsel
der Klassenzugehörigkeit erschweren. Dieses im Körper verortbare Wis-

---

[1] Interessanterweise spricht auch Niklas Luhmann, in dessen soziologischer Systemtheorie
die Körper/Geist-Differenz explizit zementiert wird, in einem sehr frühen Text von der
„Praxis der Theorie" (Luhmann 1969).

sen erweist sich, ganz im Sinne einer als allgemeine Soziologie verstandenen Wissenssoziologie, als essenzieller Aspekt, mehr noch als Fundament sozialen Handelns und sozialer Prozesse. Michel Foucault (z.B. 1977a/b, 1988) beschreibt in zahlreichen Studien die durch Macht/Wissens-Regime geprägte Disziplinierung der Körper und ihre Produktivität. Norbert Elias (1997, 2002) hingegen konstatiert ein verwandtes Phänomen, wenn er darstellt, wie Einzelne an gesellschaftlichen Prozessen mitwirken, die ihnen selbst auch zum Nachteil gereichen können. In seinem Werk bleibt der Aspekt eines Körperwissens jedoch großteils implizit. Er beschreibt vielmehr in Anlehnung an psychoanalytische Theorien, wie im Zuge von Figurationen gesellschaftliche Prozesse vollzogen werden, die den Einzelnen, die Körper aber auch die sozialen Figurationen selbst betreffen.

Einen weiteren, wie die zuvor erwähnten Beiträge eher mikrosoziologisch orientierten, Aspekt der Verortung von Wissen in diesem Fall *an* den Körpern beobachtet Erving Goffman (1971a, 1979b), nämlich, dass auch Körper Wissen kommunizieren. Sein Begriff des „Display" (Goffman 1979a) suggeriert, dass sie ähnlich wie Bildschirme Wissen anzeigen, darstellen. Das kann prinzipiell durch sprachliche Mittel geschehen, sie sind aber keineswegs auf sie beschränkt (Goffman 1971a, S. 43). Vielmehr kommunizieren Körper unter anderem durch Gesten, durch Mimik, durch situationsspezifisches Gebahren und die Kleidung, die sie tragen. Man zeigt etwa in einem Flirt das Interesse am Gegenüber besser durch tiefe Blicke, warmen Tonfall und interessiertes Zuhören als durch eine schnelle, verbale Interessensbekundung. Auch Pierre Bourdieu (1992, S. 205) weist – allerdings ohne weiter zu konkretisieren oder zu systematisieren – mit Blick auf die Probleme der Vermittlung in Sportarten darauf hin, dass man hier Formen der Kommunikation finde, „die, so könnte man sagen, durch stillschweigende, praktische Kommunikation, gewissermaßen von Leib zu Leib, erlernt werden". Man kann in diesem Sinne, einem Vorschlag Stefan Hirschauers (2008) folgend, drei zentrale Verknüpfungen von Körper und Wissen unterscheiden: erstens das (diskursive) Wissen über Körper, zweitens das Wissen in den Körpern und drittens – im Anschluss an Goffman – jenes Wissen, das Körper kommunizieren.

Tatsächlich hat die Verknüpfung von Körper und Wissen sowie der Hinweis auf implizite Dimensionen des Wissens eine hohe Plausibilität. Beschäftigt man sich etwa näher mit alltäglichen Praktiken wie Fahrradfahren, Sprechen oder – im Sinne Ryles – Theoretisieren, so zeigt sich, dass ihrem Vollzug immer unausgesprochene Wissensdimensionen inhärent sind.

Selbst mit jeder sprachlichen Äußerung vermittelt man Unausgesprochenes, z.B. dass (bzw. wie weit) man die jeweilige Sprache beherrscht und
dass man situationsadäquate Äußerungen tätigen kann. In diesem Sinne
sind, nebenbei bemerkt, Aussagen wie „I'm sorry, I don't speak English"
paradox formuliert, weil der explizite Gehalt der Äußerung dem impliziten widerspricht. Aber nicht nur die Existenz impliziter Wissensdimensionen, sondern auch die Grenzen wissenschaftlichen Explizierens lassen
sich an vielen Praktiken gut illustrieren. Sie lassen sich nämlich schon
aus pragmatischen Gründen nicht vollständig beschreiben oder formulieren; vielmehr „stolpert" man, wie der Tausendfüßler im Sprichwort, wenn
man sich beim Ausführen zu sehr auf Details konzentriert. Fertigkeit entsteht oft gerade dadurch, dass man die Details der Ausführung vergisst
oder, wie Gilbert Ryle (1969, S. 33) einst formulierte: „Erfolgreiche Praxis
geht ihrer Theorie voraus". So kann man etwa korrekte Sätze nur flüssig
formulieren, wenn man auf das Sprechen und nicht auf die grammatikalischen Regeln achtet. Auch beim Autofahren sollten die Füße wissen, wo
Gas und Bremse sind, nicht nur der Kopf. Polanyi schließt daraus, dass
sich implizites Wissen nicht vollständig explizieren oder wissenschaftlich
formalisieren lasse (Polanyi 1985, S. 27). Wissenschaftstheoretisch und
begriffslogisch (Reckwitz 2008, S. 195f.) ist dieses Argument kaum zu ent-
kräften, es wirft aber dennoch Fragen auf: Wenn Dimensionen des Wissens
implizit oder schweigsam (tacit) sind und sich nicht explizieren lassen,
wie lassen sie sich dann wahrnehmen? Muss man sich mit der plausiblen
Feststellung impliziter Dimensionen des Wissens begnügen oder lässt sich
auch für sie eine Form der Positivität finden? In diesem Sinne konsta-
tierte Fritz Böhle Ende der 1980er-Jahre etwas vorsichtiger ein Problem
der Wahrnehmbarkeit des Wissens der Körper (Böhle 1989, S. 504). Gerade im Alltag laufen tatsächlich die meisten Praktiken so problemlos ab,
dass die notwendigen Wissensbestände gar nicht auffallen. Die geschick-
te Platzierung eines Lachens als Interaktionszug (Jefferson 1979, 1985),
das Beenden eines Telefongesprächs (Schegloff/Sacks 1973) oder die interaktive Herstellung sich kollisionsfrei bewegender Passantenströme im
Alltag (Ryave/Schenkein 1974) scheinen wie von selbst zu geschehen, obwohl ihr praktischer Vollzug ein zumeist unausgesprochenes, oft auch ein
unreflektiertes, aber komplexes Wissen der Teilnehmer voraussetzt.

Genau an dieser Stelle scheint mir ein Moment der Positivität impliziten
Wissens zu liegen. Zwar ist es als solches nicht ohne Weiteres beobachtbar, aber es wird im Einsatz, also kommunikativ *erkennbar*: Ob jemand

Fahrradfahren kann, erfahre ich, wenn ich ihn auf einem Fahrrad fahren sehe. Ob jemand die Kunst des Flirtens beherrscht, zeigt sich, wenn er es tut. Die Bindung von Wissen an einzelne, kompetente Körper dagegen wird auf der Basis inverser Argumentation plausibel, wenn nämlich jemand etwas nicht kann (z.B. Collins 2001). Oder allgemeiner, Praktiken machen sich selbst erkennbar, „accountable", wie Harold Garfinkel einst postulierte. Dieses in den Praktiken selbst verortete Wissen erklärte er zum Gegenstand ethnomethodologischer Studien:

> The seen but unnoticed backgrounds of everyday activities are made visible and are described from a perspective in which persons live out the lives they do, have the children they do, feel the feelings, think the thoughts, enter the relationships they do, all in order to permit the sociologist to solve his theoretical problems (Garfinkel 1967, S. 37).

In diesem Sinne zeigten verschiedene mikrosoziologische Untersuchungen die oft erstaunliche Ordnung und Funktionalität verschiedener Praktiken wie „doing being ordinary" (Sacks 1984) oder von verbalen Selbstkorrekturen beim interaktiven Austarieren der aktuellen sozialen Beziehung (Jefferson 1974). Praktiken machen sich also, so die ethnomethodologische Position, in ihrem Vollzug erkennbar. Auch klären und erklären sich die Situationsteilnehmer das Geschehen immer wieder in (endlosen) Formulierungen, die ihrerseits jedoch notwendig indexikalisch und unvollständig bleiben. Dennoch tragen sie dazu bei, Praktiken beobachtbar und erzählbar, „accountable" zu machen und sind gleichzeitig selbst erkennbare und erzählbare Phänomene (Garfinkel/Sacks 1986).[2] Garfinkels Schüler Melvin Pollner erweiterte dieses Konzept, indem er einigen Situationen eine darüber hinaus gehende spezifische Explizität zuschrieb, die er mit den Begriffen „self explicating settings" (Pollner 1973) bzw. „explicative transactions" (Pollner 1979) zu fassen suchte. Grob gesagt beschrieb er, wie Angeklagten im Zuge von Gerichtsprozessen das für die Teilnahme am eigenen Prozess notwendige praktische Teilnehmerwissen vermittelt wird und damit, wie innerhalb bestimmter Settings außerhalb eines didaktischen Rahmens Wissen vermittelt wird. Nicht nur seine Begrifflichkeit,

---

[2] Der Clou des Textes ist allerdings die programmatische Distinktion ethnomethodologischer Forschung von einem als „formale Analyse" betitelten, konventionellen soziologischen Vorgehen. Dieses ersetze in (endlosen) Bemühungen indexikalische Ausdrücke der natürlichen Sprache durch objektive, produziere aber seinerseits ebenfalls indexikalische Ausdrücke und Formulierungen. Die Ethnomethodologie dagegen frage, wie Situationsteilnehmer Sprache nutzen, um Rationalität darzustellen und, wie sie Wissen praktisch vollziehen.

sondern auch das in der Studie diskutierte empirische Material machen deutlich, dass sich sein Ausdruck „explicit" auf sprachliche Äußerungen bezieht.

Ich werde im Folgenden den Gedanken der Formulierungen und der Selbstexplikation von Praktiken aufnehmen, diesen aber in zweierlei Hinsicht modifizieren: Erstens werde ich mich nicht auf sprachliche Praktiken beschränken, sondern auch auf weitgehend stumme, implizite Formen der Wissensvermittlung eingehen, die eher an Goffmans Konzept der Kommunikation durch Körper anschließen. Es geht mir darum zu zeigen, dass Praktiken sich nicht nur erkennbar machen, sondern immer auch (mehr oder weniger ausführlich) Hinweise über ihre eigene Funktionsweise transportieren, sich also beobachtbar und prinzipiell nachmachbar präsentieren und damit „implizite" Wissensdimensionen vermitteln. Dieses Phänomen wird normalerweise didaktischen Situationen zugeschrieben und deshalb unter diesem Gesichtspunkt diskutiert, beispielsweise – leider bislang nur schlagworthaft – als „teaching by doing" (Basso 2004; Schlossberg/Wyss 2007). Es geht aber, so meine These, über die explizite Form deklariert didaktischer Situationen ebenso hinaus wie es sich nicht – wie Pollner nahelegt – auf spezifische, von ihm nicht weiter systematisch definierte Situationen beschränken lässt. Vielmehr findet sich, zweitens, in *jeder* Praktik ein didaktisches Moment. Dieses bedient sich nicht immer der Form der Sprache, bietet aber immer Lerngelegenheiten und vermittelt auf diese Weise das notwendige Wissen inklusive seiner impliziten Dimensionen. Diese Form der Wissensvermittlung ist, darauf komme ich noch zurück, in verschiedenen Praktiken unterschiedlich stark explizit oder implizit gehalten, schon weil unterschiedlich viel „Mitspielkompetenz" (Reichertz 1989, S. 92) vorausgesetzt wird.

Es geht mir also darum darzustellen, wie sich Praktiken in ihrem Verlauf nicht nur erkennbar, sondern auch beobachtbar und lernbar machen.[3] Das erfordert eine Umdeutung oder auch Erweiterung des Begriffs der Explikation. Dieser wird zumeist für sprachliche Wissensvermittlung verwendet, auf die er aber nicht beschränkt werden sollte. Stattdessen werde ich im Laufe dieses Buches ein *Kontinuum des Explizierens* beschreiben, indem ich verschiedene Praktiken der Kommunikation von Wissen darstelle. Sie kann nicht nur verbal erfolgen, sondern auch drei andere Formen

---

[3] Damit ist, das deutet sich bereits an, eine – nach dem Vorbild der Ethnomethodologie oder auch Norbert Elias' Zivilisationstheorie – an (selbstläufigen) Prozessen, nicht an Zuständen des Sozialen orientierte Soziologie verbunden.

annehmen, nämlich visuell, somatisch oder technisch. Ein naheliegendes Beispiel für visuelle Kommunikation von Wissen sind Graphiken und Tabellen, die in vielen wissenschaftlichen Texten, auch dem vorliegenden, eingesetzt werden. Weitere anschauliche Beispiele dafür finden sich etwa in Kinofilmen, beispielsweise wenn man den gerissenen Bösewicht bereits von hinten kommen sieht, während die nichtsahnenden Opfer noch ein Gespräch über die angebliche Sicherheit ihres Aufenthaltsortes führen. In solchen Fällen macht der Film ein zentrales Element seiner Handlung visuell, nicht verbal wahrnehmbar. Auch die oben erwähnte Kommunikation von Wissen durch Körper, die Goffman betonte, hat vorwiegend visuellen Charakter. Als „somatische Wissensvermittlung" bezeichne ich jene Form der Kommunikation von Wissen, die durch den Kontakt verschiedener Körper entsteht, etwa wenn man die Hand eines Kindes beim Schreibenlernen führt oder wenn ein Tanzlehrer eine Schrittfolge durch das Führen des Schülerkörpers vermittelt. Technische Wissensvermittlung schließlich basiert auf dem Kontakt mit Dingen, etwa wenn man auf Inline-Skates stehend die passenden Bewegungen eigenständig finden muss oder ein Computerprogramm erlernt, indem man sich durch das Menü klickt. Diese analytisch trennbaren Formen der Wissensvermittlung treten empirisch, das zeigt sich im Laufe meiner Studie immer wieder, sehr oft ineinander verschränkt oder miteinander verknüpft auf.

Wenn ich also frage, wie implizites Wissen transferiert werden kann, so meine ich damit, ganz im Sinne etwa der empirischen Wissenschaftsforschung,[4] auch eine Durchkreuzung einer dualistischen Unterscheidung expliziten und impliziten Wissens zugunsten einer prozessorientierten Perspektive: Welche kommunikativen Praktiken werden im Laufe eines solchen Wissenstransfers eingesetzt, um das Wissen für die Lernenden zu

---

[4] Diese auch als „Social Studies of Science and Technology" bezeichnete Forschungsrichtung zeigte zunächst die soziale Komponente der Wissenschaften auf und beschrieb seit den 1980er-Jahren die wissenschaftliche Erkenntnisproduktion als praktisches Forschungshandeln (u.a. Woolgar 1988; Amann/Knorr 1988; Knorr Cetina 2001, 2002; Lynch 1985a/b; Collins 1985, 2001). Sie machte so deutlich, dass *die* Explikationspraxis par excellence (Wissenschaft), wie andere Praktiken auch, eine auf explizitem wie implizitem Wissen beruhende Tätigkeit ist. Bettina Heintz (1993, S. 541) macht diese Wende innerhalb der empirischen Wissenschaftsforschung mit dem Erscheinen des Sammelbandes „Science as Practice and Culture" (Pickering 1992) fest. Diese zunächst in der Wissenschaftsforschung angesiedelten Studien finden eine Fortführung in der Medizinsoziologie (u.a. Berg/Mol 1998; Mol 2002; Hirschauer 1993) sowie in einer wissenssoziologisch begründeten empirischen Wirtschaftssoziologie (u.a. Abolafia 1996; Hertz 1998; Kalthoff 2004, 2006; Knorr Cetina/Brügger 2002; Knorr Cetina/Preda 2005).

explizieren? In welchen Praktiken wird die konzeptuell logische Trennung zwischen impliziten und expliziten Wissensdimensionen durchkreuzt, wird – auf den ersten Blick – stumm Beherrschtes eben doch zur Sprache oder zur Anschauung gebracht, mit anderen Worten kommuniziert oder vermittelt?

Theoretische Vorbemerkung

Ich habe bislang den Begriff „Praktiken" kommentarlos verwendet, ohne auf die theoretischen Implikationen einer solchen Verwendung, das heißt auf grundlegende Vorstellungen der „Praxistheorien", einzugehen. Tatsächlich ist davon jedoch das Konzept der Sozialität und damit wiederum die Frage des zentralen Gegenstands der Soziologie auf programmatischer Ebene betroffen. Auch die hier primär interessierende Frage der Wissensvermittlung wird in entscheidender Form berührt. Sozialität vollzieht sich nämlich für praxistheoretische Ansätze größtenteils über schweigsame, aber durchaus öffentlich beobachtbare Praktiken (Barnes 2001, S. 17; Reckwitz 1999, S. 26ff, 2008, S. 195f.; Schatzki 1996, S. 96), die nicht primär über die Intentionen Handelnder gesteuert werden, sondern eher als „ein routinisierter Strom der Produktion typisierter Handlungen" (Reckwitz 2003, S. 294) verstanden werden, der nicht ursächlich einzelnen Teilnehmern zugeschrieben werden kann. Gemeinsam ist den als „familienähnlich" (Reckwitz 2003, S. 283; Schatzki 1996, S. 12) begreifbaren Ansätzen die Abgrenzung sowohl von einem akteurszentrierten Handlungsmodell, in dem die Subjekte ihr Tun (im Idealfall rational) lenken als auch von einem rein auf kommunikative Anschlüsse konzentrierten Modell sozialer Systeme, das Körper und Personen in der Umwelt sozialer Systeme verortet und ihnen deshalb nur in Form von intersystemischen Irritationen Geltung zuspricht.

Praxistheorien konzipieren Sozialität dagegen als ein oft selbstläufiges Geschehen, an dem Körper, Personen und Dinge in durchaus unterschiedlichen Funktionen teilnehmen.[5] Jeder dieser „Partizipanden" (Hirschauer 2004) kann das Geschehen zumindest in Momenten lenken oder besser:

---

[5] Der systematische Blick auf die Beträge der Dinge zu sozialen Prozessen geht vor allem auf die programmatischen Arbeiten Bruno Latours und Michel Callons zurück. Sie forcierten in den letzten drei Jahrzehnten den Gedanken, dass Dinge aktive Teilnehmer des Sozialen seien, dass sich das Soziale überhaupt nur mit Blick auf die Dinge umfassend verstehen lasse (Latour 1991, 1996; Callon u.a. 1986; Bijker/Law 1992).

in irgendeiner Form Ausschlag geben für das weitere Geschehen. Ob es allerdings eine Form von „agency" gibt und wem sie wann zugeschrieben werden kann, bleibt eine empirische und damit eine jeweils fallspezifisch offene Frage. Die für praktische Zwecke notwendige Erkennbarkeit einer Praktik X als X engt den Spielraum für die unterschiedlichen Teilnehmer ein: Sie alle müssen durch ihr Tun X erkennbar machen, werden also von der Praktik immer wieder eingenommen. So entstehen etwa Vorgaben für Gesprächszüge (Schegloff/Sacks 1973; Sacks u.a. 1974; Goffman 2005), aber auch die aus der Theorie des narrativen Interviews bekannten „Zugzwänge des Erzählens" (Kallmeyer/Schütze 1977).

Es ist diese Form der Selbstläufigkeit von Praktiken, die ihre Teilnehmer gewissermaßen gefangen nimmt und auf diese Weise auch „einsozialisiert", wie Robert Schmidt (2008, S. 131, Herv. Orig.) formuliert und am Beispiel des Fußballspielens illustriert:

> Die Praktik des Fußballspielens übergreift also die individuellen Handlungen und Aktionen der einzelnen Spieler. Als Teilnehmer der Praktik sind sie gehalten, ihre individuellen Akte als Fußballspielen hervorzubringen. Dies gelingt durch ihre fortlaufende Einsozialisierung in die Praktik des Spielens. D.h. die Praktik des Fußballspiels eignet individuelle Spieler an, bringt ihnen fortlaufend praktisches *knowing how* bei und macht sie auf diesem Wege zu kompetenten Mitgliedern bzw. Mitspielern.

Praktiken schulen bzw. sozialisieren also, so die Annahme, ihre Teilnehmer. Eine solche Konzeption widerspricht dem Alltagswissen, aber auch verschiedenen handlungstheoretisch orientierten soziologischen Ansätzen in mehrfacher Hinsicht. Erstens sind es nicht die Personen, die handeln und zweitens nicht primär ihre Köpfe, die wissen. Wissen wird in praxistheoretischen Ansätzen nämlich auch Körpern, Dingen und Praktiken zugeschrieben. Aus diesem Grund wird, drittens, Lernen nicht als Stadium einer Biografie (Kindheit) konzipiert, auch nicht als die Überbrückung einer Wissensdifferenz, sondern als alltäglicher Vorgang der gewissermaßen selbstläufig im Zuge verschiedener Tätigkeiten von statten geht, ohne aktives Zutun der Teilnehmer und durchaus auch schon einmal gegen ihren Willen. Für die Konzeption eines praxistheoretisch orientierten Lernkonzepts hat deshalb das inzwischen sehr weit ins Alltagswissen diffundierte Theorem des „Learning by Doing", die Vorstellung, dass man im Tun die Funktionsweise der jeweiligen Praktik erlernt, hohe Plausibilität. So formuliert etwa der Wissenschaftssoziologe Barry Barnes (2001, S. 25): „learning continues after the initial acquisition of 'competent member' status, as part of the business of participation in practice itself. It is part of the nature of a shared practice that learning what it is and enacting it are inseparable". Die Anthropologin Jean Lave (1982, S. 185) widersprach – ganz auf dieser Linie – bereits Anfang der 1980er-Jahre der These, Lernen als passive Reaktion auf Lehrtätigkeiten zu verstehen und plädierte dafür, es ethnografisch als sozialen Prozess zu untersuchen. Neben einer solchen Anthropologie des Lernens (Lave/Wenger 1991; Lave 1996; O'Connor 2005) finden sich wichtige Studien zur Sozialität des Lernens im Bereich einer Soziologie des Schulalltags (Kalthoff/Kelle 2000) mit Schwerpunkten auf einer Soziologie der Kindheit (Breidenstein 1997, 2006; Breidenstein/Kelle 1998) und der Unterrichtskultur (Kalthoff 1996, 1997; Delamont/Galton 1986; Delamont 2002). Für die Pädagogik konstatiert Jutta Wiesemann mit ähnlicher Intention eine praxistheoretische Neudefinition des Gegenstandes, die sich vom klassischen Konzept des Faches distanziert, das Lernen als eine Differenz von Wissensständen versteht (Wiesemann 2006).

Ich werde in diesem Buch das gewissermaßen komplementäre Phänomen aufgreifen. Es geht nicht darum, wie man etwas lernt, sondern wie Gelegenheiten für das Lernen geschaffen werden, wie also Wissen im Vollzug von Praktiken vermittelt wird. Verabschiedet man nämlich den konventionellen Begriff des Lernens als passive Reaktion auf ein Lehren und versteht Lernen als soziale Praktik, die über schulisches Lernen hinausgeht, so liegt es nahe auch die Tätigkeit des Lehrens konzeptionell von den Intentionen Lehrender zu trennen und stattdessen nach den Mechanismen von Wissensvermittlungsprozessen zu fragen. Wie kann vor allem implizites, stummes Wissen weitergegeben werden? Welche Lerngelegenheiten bieten Praktiken ihren Teilnehmern (explizit und implizit)?

Besonders virulent wird diese Frage, wenn man Wissensvermittlung als soziale Praxis untersucht, wie es in der vorliegenden ethnografischen Studie zur Vermittlung praktischen Wissens in einem Kampfkunsttraining geschieht. Dabei tritt das Wissen einer Praxis nicht nur zutage, sondern es wird zudem die jeder Praxis inhärente Selbstexplikation besonders deutlich, weil Wissensvermittlung gewissermaßen eine Verstärkung der selbstexplikativen Momente erfordert. Der Blick auf die Vermittlung praktischen Wissens macht deshalb, so die zentrale methodologische Annahme dieser Studie, die Explikation von Implizitem in besonders klarer Form erkennbar. Die Studie ist daher, so mag es bislang vielleicht scheinen, am Erfolg von Lernsituationen orientiert, was man als funktionalistischen

Bias kritisieren könnte. Es geht es mir aber weder um die Frage, ob das implizite Wissen „korrekt" oder „vollständig" expliziert wird, noch um die Frage, ob die Schüler das zu vermittelnde Wissen restlos erlernen. Es genügt mir – im Sinne ethnomethodologischer Indifferenz – zu beschreiben, *wie* im Zuge des Trainings in konzertierten Tätigkeiten unterschiedlicher Teilnehmer implizites Wissen vermittelt wird.[6] Gerade im Feld meiner empirischen Untersuchung wäre ein funktionalistischer Bias auch fatal, denn tatsächlich erlernt empirisch betrachtet keineswegs jedeR TeilnehmerIn die Kampfkunst – auch ich selbst habe sie im Rahmen meines etwa sechsmonatigen Feldaufenthalts selbstredend nicht erlernt. Die „Dropout-Quote" erscheint mir gerade in diesem Verein sogar relativ hoch und es entstehen hier wie bei jeder anderen Praxis immer wieder Missverständnisse und Pannen.[7] Diese sind, wie sich im Laufe meiner Ausführungen zeigen wird, für die Analysen durchaus instruktiv und sollten deshalb nicht nur aus forschungsethischen, sondern auch aus analytischen Gründen nicht ignoriert werden.

Die Idee dieses Buches ist also nicht, erfolgreiche Strategien der Wissensvermittlung zu beschreiben oder sich auf diese Aspekte von Lernsituationen zu beschränken. Vielmehr konzentriere ich mich im Folgenden anhand eines empirischen Falles auf die situative Herstellung von Wissensvermittlungsprozessen und darauf, wie jene komplexen Kommunikations- und Interaktionsprozesse beschaffen sind. Das bereits erwähnte Schlagwort „Teaching by Doing" bekommt dabei klarere Konturen: Es weist darauf hin, dass Praktiken ein didaktischer Grundzug innewohnt, der sich im Vollzug äußert und sie so im Tun erlernbar macht.

Kampfkunsttrainings

Sucht man nach empirischen Fällen für eine solche an einem Kontinuum des Explizierens interessierten Studie, so bietet sich vor allem das Feld der Vermittlung von Fertigkeiten an: die Vermittlung von handwerklichem und anderem professionellen Wissen (z.B. O'Connor 2005; Prentice 2007), von Bewegungswissen in Sport und Tanz oder Instrumentalunter-

---

[6] Garfinkel und andere Ethnomethodologen verwenden den Begriff der „konzertierten Tätigkeit" (Garfinkel 1963), um das Herstellen sozialer Ordnung in situativen, aufeinander bezogenen (=konzertierten) Tätigkeiten zu beschreiben.

[7] Im Rahmen techniksoziologischer Auseinandersetzungen entwickelt in den letzten Jahren Jörg Potthast (2007) ein Konzept der Panne als soziales Phänomen.

richt. In diesen Feldern wird nämlich praxisinhärent ein Fokus auf die implizite Dimension von Wissen gelegt, die als Grundlage für die Beherrschung der zu vermittelnden Fertigkeit gilt. Es kommt hier also vielmehr darauf an, ob man erlernte Tätigkeiten ausführen kann, und weniger darauf, dass man sie verbal zu explizieren vermag.[8] Dass ich mich in der vorliegenden Studie mit Kampfkunsttrainings beschäftige, ist deshalb – wie bei den meisten Fallstudien – keineswegs zwingend. Sie bilden aber, wie ich im Folgenden ausführen werde, einen in mehrerer Hinsicht besonders geeigneten Fall.

Kampfwissen entzieht sich zunächst einmal in zweifacher Weise der Explikation: Zum einen handelt es sich beim Kämpfen um eine schweigsame Tätigkeit, deren körperliche Dimension die gesamte Aufmerksamkeit bindet. Man kann nicht ernsthaft kämpfen und nebenbei ein freundliches Gespräch mit dem Gegner führen, wie es bei manchen anderen Tätigkeiten, etwa beim gemeinsamen Abendessen mit Freunden, durchaus der Fall ist. Zum anderen kommt es über dieses Vereinbarkeitsproblem hinaus beim Kämpfen darauf an, die eigenen Absichten möglichst gut zu verschleiern. Man lernt, Bewegungsankündigungen des Körpers zu unterbinden, um überraschende Züge gegen den Gegner setzen zu können. Dieses Charakteristikum zeigt sich besonders deutlich in der Kunst der „Finte", die darin besteht, durch das Andeuten eines Schlages die Abwehr des Gegners zu provozieren und so einen weiteren Schlag oder Tritt besser platzieren zu können.

Will man also die Kunst des Kämpfens erlernen, so steht man vor folgenden drei Herausforderungen: Es geht, erstens, um ein Wissen, das sich nicht primär in Köpfe, sondern vor allem in die Körper einschreiben soll. Ein kampfkunst-fertiger Körper soll im Falle eines Kampfes sekundenschnell reagieren; langwierige Denk- und Entscheidungsprozesse wären äußerst hinderlich. Es soll also, zweitens, Routine, d.h. eine Art selbsttätig agierendes Wissen des Körpers, hergestellt werden, obwohl gerade Kampffertigkeit im modernen Alltag eher verhindert als gefördert wird. Drittens schließlich soll jedoch nicht „blinde Routine", sondern ein Wissen entstehen, das nur dann aktualisiert wird, wenn eine bestimmte Situation eintritt. Es ist daher gleichzeitig ein Wissen über Situationen (und als

---

[8] Man findet solche Vermittlungsprozesse selbstverständlich auch im Bereich der Erziehung: Schulen etwa sind nicht allein auf die Vermittlung expliziten Wissens beschränkt, sondern vor allem auch mit der Produktion gesellschaftstauglicher Menschen befasst und damit mit der Vermittlung impliziten Wissens. Dieser Aspekt wurde in der Öffentlichkeit u.a. als „geheimer Lehrplan" diskutiert.

solches teilweise explizit) und ein Wissen, das in der Situation selbst verortet werden kann, weil es nicht allein durch die Entscheidung eines Kopfes oder eines Körpers getriggert wird, sondern primär durch das Entstehen einer bestimmten Situation. Wie das stumme Wissen des Fahrradfahrens an das Artefakt des Fahrrads gekoppelt ist, so ist Kampfwissen an die körperliche Interaktion mit einem Gegner gebunden.

Kampfkunsttrainings setzen nun, und das macht sie zu einem für meine Zwecke geeigneten empirischen Fall, an der Vermittlung genau dieses sprachaversiven Wissens an. Sie befassen sich nicht nur fast ausschließlich mit dieser Form des Wissens, sondern setzen es darüber hinaus auch für die Vermittlung selbst ein. Im Gegensatz zu (Hand-)Büchern oder auch Museen über vergangene Kriegerkulturen zielen Kampfkunsttrainings auf die praktische Vermittlung praktischen Wissens ab. Sie setzen also – ganz im Gegensatz zum alltäglichen Vollzug vieler Praktiken – verhältnismäßig wenig Mitspielkompetenz voraus, mehr noch: Sie betonen die Einzelheiten ihres Vollzugs sogar, sie stellen sich (verbal, visuell und somatisch) dar, um Neulingen und Schülern Lerngelegenheiten zu bieten. So ermöglichen sie gleichzeitig der Ethnografin einen Einblick in die Praktiken der Wissensvermittlung einer sprachaversiven Praktik und damit Einsicht in den Verlauf und die Dynamiken nicht-sprachlicher Explikationspraktiken.[9]

Wie sich bereits abzeichnet, ist die vorliegende Studie zwar wissenssoziologisch fokussiert, sie beschränkt sich aber nicht auf diesen Aspekt. Vielmehr bewegt sie sich auf einem Schnittpunkt zwischen Wissenssoziologie, Körpersoziologie und Sportsoziologie. Die beiden letzten Aspekte sollen nun in den folgenden beiden Abschnitten beleuchtet werden.

---

[9] Man kann an dieser Stelle mit gewisser Berechtigung einwerfen, dass der Fall sich aus genau diesem Grund zwar dafür eignet, ein Kontinuum des Explizierens zu beschreiben, nicht aber, ein didaktisches Grundmoment aller Praktiken plausibel zu machen. Tatsächlich kann die vorliegende Studie dahingehend nur Einblicke, vielleicht auch Plausibilisierungen liefern. Die Grundlage für die These vom didaktischen Grundmoment aller Praxis liegt dennoch im empirischen Material dieser Studie, weil – wie sich zeigen wird – nicht nur die Schüler, sondern auch der Trainer im Rahmen der Trainingsstunden dazu lernt. Auch ihm bieten sich im Zuge der Lernsituation immer wieder Gelegenheiten zu lernen, in gewissem Rahmen mögen ihm im Laufe der Trainings auch Erkenntnisse über einzelne Aspekte der Kampfkunst zuteil werden, vor allem aber bieten sich ihm Gelegenheiten, lehren zu lernen.

Körper als Gegenstand der Soziologie

Ein Standardsatz körpersoziologischer Einführungen besagt, dass Körper in der Soziologie lange Zeit vernachlässigt, nicht aber vollständig ignoriert wurden. Relativ einhellig werden Marcel Mauss, Georg Simmel, Norbert Elias, Michel Foucault, Pierre Bourdieu und Erving Goffman als Vorreiter einer Soziologie des Körpers gehandelt, die seit den 1970er-Jahren Aufwind bekam und sich schließlich in den 1990er-Jahren als eigenständiger soziologischer Teilbereich etablierte (z.B. Gugutzer 2004; Knoblauch 2005; Hahn/Meuser 2002). Die erfolgreiche Etablierung lässt sich an verschiedenen „Daten" festmachen, so etwa an der Gründung der Zeitschrift Body&Society im Jahr 1995, dem Erscheinen diverser Einführungsbücher (Shilling 2003; Turner 2008; Gugutzer 2004; Jäger 2004; Schroer 2005) oder auch der Aufnahme eines eigenen Kapitels „Körper" in Anthony Giddens (1999) Einführung in die Soziologie. Zurückgeführt wird das zunehmende Interesse der Soziologie an den Körpern zum einen auf eine in den westlichen Gesellschaften zunehmende öffentliche Auseinandersetzung mit dem Körper, zum anderen auf die in den Geistes- und Kulturwissenschaften geführten Debatten zu Postmoderne, Feminismus und Konstruktivismus (Gugutzer 2004, S. 33ff.; Meuser 2006, S. 95f.).

Man kann die soziologische Beschäftigung mit Körpern als Teilnehmer am sozialen Geschehen deshalb zum einen als Bruch mit der bereits erwähnten, oft auf Descartes zurückgeführten, Trennung von Körper und Geist verstehen. Damit verbunden ist auch die Herausforderung einer als strikte Arbeitsteilung begriffenen Differenzierung von naturwissenschaftlichen und sozialwissenschaftlichen Disziplinen. So beinhaltet die Auseinandersetzung mit Körpern als soziale Agenten in gewisser Hinsicht einen Brückenschlag, jedenfalls aber das Beanspruchen eines traditionell nur den naturwissenschaftlichen Fächern zugeschlagenen Gegenstandes, ähnlich wie die Actor-Network Theory eine Brücke zu technischen Wissenschaften bildet. Zum anderen ist damit auch – und das ist gerade im Hinblick auf die Etablierung einer praxistheoretischen Soziologie noch wichtiger – ein innerdisziplinärer Bruch verbunden, nämlich mit dem lange Zeit vorherrschenden kognitivistischen Bias der Disziplin. Statt nur in den Köpfen verorten vor allem die Praxistheorien das Soziale, wie erwähnt, systematisch auch im Materiellen, in den Beziehungen zu Dingen, zu Körpern und zum Raum.

Dies unterscheidet sie von der Konzeption von Körpern wie sie im Rahmen der Luhmann'schen Systemtheorie betrieben wird. Diese basiert auf einer strikten Trennung von drei Systemtypen, nämlich Körper, Kommunikation und Bewusstsein. Körper haben dadurch zunächst keine soziale Bedeutung, sondern bekommen diese nur, weil das soziale System Körper beobachtet. Sie werden deshalb nur als „beobachtete Körper" für die Kommunikation und als Wahrnehmung für das Bewusstsein relevant (Fuchs 2005). So kann man – wie Peter Fuchs (2005, S. 66) durchaus gewitzt formuliert – Anzeichen dafür sehen, dass „die entscheidende Umwelt der Gesellschaft (eben: Bewußtsein) auf eine sozial induzierte Gefahrenlage stößt, die dazu führt, daß psychische Systeme sich durch Kommunikation über Körper faszinieren lassen". Man kann aber die kulturelle und soziale Prägung von Körpern und umgekehrt ihre Beiträge zu sozialen Prozessen nicht gut konzipieren, denn soziale Phänomene wie Rotwerden, Stottern, aber auch Rempeln oder Prügeln verlieren in dieser Konzeption ihre materielle Komponenten. Sie werden auf ihren Charakter als Zeichen reduziert.

Dem widersprechen vor allem (leib-)phänomenologische Ansätze vehement. Sie betonen – unter Rückgriff auf das Werk des Philosophen Hermann Schmitz (z.B. 1965, 1967, 1969) – die Verwurzelung sozialer Phänomene in einem leiblichen Erleben, das durch die analytische Trennung von Körper und Leib in den Mittelpunkt gerückt wird (z.B. Gugutzer 2004, 2010; Böhle/Weihrich 2010). In diesem Sinne kritisiert Gesa Lindemann (1992, 1994) im Bereich der Geschlechterdifferenzierungsforschung vor allem auch mikrosoziologische Studien und fordert eine um Fragen der leiblich-affektiven Einbindung der Subjekte in das Soziale erweiterte Soziologie:

> Vor allem bei der Analyse der alltagsweltlichen Geschlechterrealität führt die Ausblendung affektiver und leiblicher Phänomene zu erheblichen Problemen, da es sich bei dieser Ausblendung nicht lediglich um ein thematisches Versäumnis handelt, sondern um eine grundsätzliche theoretische Schwierigkeit. [...] Dagegen möchte ich im weiteren die Auffassung plausibel machen, daß Leiblichkeit und Affektivität Phänomene sui generis sind und man nicht nur von einer sozialen Konstruktion der Gefühle, sondern auch umgekehrt von einer leiblich-affektiven Konstruktion sozialer Realität auszugehen hat. Dem liegt die Annahme zugrunde, daß die Mikrosoziologie das passive Eingebundensein in das soziale Feld vorschnell übergeht und sich stattdessen ausschließlich auf die aktiven Konstruktionsleistungen – auch wenn sie präreflexiv vollbracht werden – konzentriert (Lindemann 1992, S. 331).

Die entscheidende Stärke eines solchen Ansatzes ist es, aus einer konstruktivistischen Perspektive heraus die Verankerung des Sozialen im Subjekt zu beleuchten. Sowohl Distanz als auch Eingebundensein der Subjekte in ihre Handlungen werden konzipierbar. Eine zentrale Schwäche ist jedoch das Beibehalten einer auf Individuen fokussierten Soziologie: Leiblichkeit, Erleben und Körper werden einem Subjekt zugeschrieben, die Einheit zwischen Körper und Person bleibt damit unberührt. Gegenüber den kritisierten Ansätzen Goffmans und der Ethnomethodologie gewinnt der Ansatz insofern, als die Materialität des Sozialen und damit auch die Verankerung des Sozialen in Körpern in den Fokus gerückt und damit klarer fassbar wird. Verloren geht dabei jedoch die zentrale Stärke der kritisierten Ansätze, nämlich die Verankerung des Sozialen in Situationen beziehungsweise – praxistheoretisch erweitert – in sozialen Praktiken. Eine weitere Schwäche ist die dichotome Trennung eines Körpers von einem Leib, die ironischerweise die kritisierte Dichotomie in Körper und Geist strukturell wiederholt. Auch bei der Trennung in Körper und Leib bleibt empirisch ständig offen, was nun genau die beiden Seiten trennt.

Einen an einer Soziologie der Situationen und Praktiken orientierten Vorschlag macht dagegen Stefan Hirschauer (1999, 2004) mit dem bereits erwähnten Begriff „Partizipanden". Dieser schließt einerseits an Bruno Latours Begriff der Aktanten und seinem Plädoyer für die Beachtung der Interaktionsbeiträge nicht-humaner Aktanten an (z.B. Latour 1989, 1996). Andererseits kritisiert Hirschauer die mangelnde Beachtung von Körpern als Teilnehmer am Sozialen, die weder in die Kategorie der humanen noch der nicht-humanen Aktanten wirklich einordenbar seien. Er plädiert deshalb für eine forscherische Sensibilität für die durchaus unterschiedlichen, manchmal auch gegenläufigen Beiträge von Dingen, Personen und Körpern.

Im Zuge einer Studie über die Vermittlung nicht-verbalen Wissens hat eine solche Perspektive verschiedene Vorzüge: Naheliegend ist, dass die Interaktionsbeiträge von Körpern eines passenden analytischen Fokus bedürfen, weil das im Rahmen des Kampfkunsttrainings vermittelte Wissen zu weiten Teilen ein Wissen von Körpern ist. In diesem Sinne schließe ich an Gesa Lindemanns Kritik einer mangelnden körpersoziologischen Fundierung der Mikrosoziologie Harold Garfinkels und Erving Goffmans an. Auch wenn beide Ansätze prinzipiell auch Körper im Blick haben, so bleiben ihre Studien doch häufig auf visuell vermittelte Kommunikationsbeiträge beschränkt und verfehlen so die Reproduktion von Praktiken im Medium *verkörperten Wissens*. Es entgeht ihnen etwa die Mechanik jener kommunikativen Anschlüsse, die nicht – wie im Rahmen konversationsanalytischer Studien breit untersucht – durch sprachliche Beiträge, sondern durch Körperbewegungen vollzogen werden. Meine Studie zielt deshalb nicht nur auf die Beschreibung einer körperlichen Praktik ab, sondern auch auf eine körpersoziologische Vertiefung der Mikrosoziologie.

Innerdisziplinär relevant ist darüber hinaus, dass gerade sportliche Tätigkeiten sich durch eine besondere Intensität körperlicher Beteiligung auszeichnen und deshalb die späte Entdeckung der Körper in der Sportsoziologie verwundern mag. Auch wenn die Beiträge von Dingen im Rahmen der vorliegenden Studie nur ansatzweise relevant werden, so sind doch gerade sportliche Tätigkeiten im Allgemeinen stark von den Interaktionsbeiträgen von Dingen und Körpern geprägt und deshalb gerade dieses Feld besonders instruktiv für eine solche Auseinandersetzung.

Die praxissoziologische Beobachtung des Sports

Wie aus dem vorigen Abschnitt ersichtlich wird, vertrete ich mit dieser Studie auch einen praxissoziologischen Zugang zur soziologischen Subdisziplin der Sportsoziologie.[10] Diese führte in der Soziologie lange Zeit eine Art Randexistenz. So konstatiert Pierre Bourdieu Anfang der 1990er-Jahre etwas polemisch einen tiefen Graben zwischen Sportlern und Soziologen:

> So hat man auf der einen Seite Personen, die den Sport *in praxi* sehr gut kennen, aber darüber nicht sprechen können, und auf der anderen Personen, die *in praxi* den Sport nicht sehr gut kennen, aber darüber sprechen könnten, es jedoch aus Geringschätzung unterlassen, oder wenn sie es doch tun, dann ohne groß nachzudenken (Bourdieu 1992, S. 193, Herv. Orig.).

Eine ähnliche Einschätzung zum Interesse der Soziologie am Sport trifft Robert Gugutzer vor wenigen Jahren mit der Bemerkung, die Soziologie unterscheide sich in ihrer Sportresistenz sehr deutlich von ihrer „Basis", der modernen Gesellschaft (Gugutzer 2005, S. 109). Dabei dürfte das sportliche Interesse von BürgerInnen der modernen Industrienationen tatsächlich kaum zu bestreiten sein, während sich das soziologische Interesse am Sport lange Zeit vornehmlich auf politische, ökonomische und organisatorische Rahmenbedingungen der sportlichen Praxis beschränkte (Alkemeyer 2006a, S. 265; Alkemeyer et al. 2005, S. 115) – und das, obwohl

---

[10] Damit ist auch ein Beitrag zur Etablierung einer körpersoziologisch informierten Sportsoziologie beabsichtigt, wie sie programmatisch im Sammelband „The body turn" (Gugutzer 2006) vorgeschlagen wurde.

die praktische Seite sportlichen Tuns im Rahmen prominenter soziologischer Theorie-Entwürfe durchaus diskutiert worden war (z.B. Bourdieu
1992; Elias/Dunning 2003).[11] Auch die kulturelle Prägung körperlicher
Bewegungsweisen wurde bereits sehr früh (Mauss 1989, Original: 1934)
thematisiert. Seit einigen Jahren jedoch nimmt die Zahl der an der körperlichen Praxis von Sport und Tanz interessierten Studien beständig zu
(z.B. Klein 2004; Gugutzer 2006; Alkemeyer et al 2003, 2009), sportliche
Praktiken werden im Einzelfall sogar zum argumentativen Ausgangspunkt
allgemeinsoziologisch orientierter Überlegungen, etwa mit arbeitssoziolo-
gischem (Schmidt 2006), bildungs- (Alkemeyer 2006b, 2009) oder sozia-
lisationstheoretischem (Schmidt 2008) Fokus.[12] Der praxissoziologische
Zugang eröffnet also nicht nur eine, sondern mindestens zwei Themati-
ken: erstens die eher an der Subdisziplin orientierte Frage, wie sich Sport
als Praxis beobachten lässt und zweitens, welche allgemeinsoziologischen
Probleme sich anhand sportsoziologischer Studien besonders gut beobachten lassen.

Man könnte an dieser Stelle einwenden, dass Kampfkünste in dieser Hinsicht eine gewisse thematische Einschränkung haben. Zwar beinhalten sie,
wie Sportarten, eine Bewegungspraxis sowie ein „Programm von Sport-
praktiken" (Bourdieu 1992, S. 200), also eine spezifische Bewegungsordnung. Sie sind aber darüberhinaus in einen breiteren kulturellen Zusammenhang eingebettet. Genauer gesagt verbinden „Martial Arts" Aspekte von modernem Sport mit fernöstlichen Denk- und Lebensstilen (dazu z.B. Brown/Leledaki 2010). So werden Kampfkünste nicht nur als
Selbstverteidigungs- oder Kampfpraktiken betrieben, in manchen Fällen
beinhaltet das Training solche Praktiken überhaupt nur in sehr abstrakter Form. Kampfkunst kann beispielsweise auch als körperlich fundiertes
Charaktertraining betrieben werden, wie es Morihei Ueshiba, der Gründer
des Aikido, besonders forcierte. Kung Fu dagegen propagiert eine Bewegungslehre, die Kampfwissen durch formalisierte, partnerlos geübte Bewegungsabläufe vermittelt (Girton 1986). Tai Chi schließlich zielt kaum mehr
auf von außen deutlich erkennbare Kampfbewegungen ab, sondern auf die
Entwicklung innerer Kraft. Ein solcher Einwand ist jedoch meines Erachtens von geringem Gewicht. Kampfkünste, das legt der Name schon nahe,

---

[11] Dementsprechend findet sich im Bereich systemtheoretischer bzw. differenzierungstheo-
retischer Ansätze ein deutlich breiteres Interesse an der Thematik (z.B. Müller 2006,
2009; Bette 1999, 2004; Stichweh 1990, 1995, 2005)

[12] Auch eine sportsoziologisch fokussierte Auseinandersetzung mit qualitativen Methoden
(FQS 2003) und Ethnografie (Thiele 2003) ist an dieser Stelle zu erwähnen.

sind zwar nicht auf eine sportliche Praxis oder ein sportpraktisches Programm reduzierbar, es sind aber viele auf den ersten Blick eindeutig sportliche Praktiken ebenso wenig auf diesen Wirkungsbereich beschränkt. Gerade Fußball kann als prototypisches Beispiel dafür gelten, wie sich eine sportliche Praktik mit anderen gesellschaftlichen Bereichen verknüpft (z.B. Klein/Meuser 2008; Krüger/Schulze 2006; Young/Tomlinson 2005; Horak/Maderthaner 1997; Horak/Marschik 1997). Und nicht zuletzt aus der oben erwähnten langjährigen Konzentration der Sportsoziologie auf politische, ökonomische und organisatorische Aspekte des Sports wird deutlich, wie ausgeprägt diese Verknüpfung ist.

Die in diesem Buch beschriebene Fallstudie soll nun im Sinne meines oben formulierten Arguments, dass eine praxistheoretisch orientierte Sportsoziologie sowohl subdisziplinär als auch allgemeinsoziologisch ausgerichtet sei, einen doppelten Blick auf den empirischen Fall entwickeln. Dieser schlägt sich jedoch nicht in zwei textlich getrennten Abschnitten nieder, vielmehr werden beide möglichen Seiten der Argumentation dargestellt. Im Hinblick auf eine subdisziplinär orientierte Sportsoziologie steht die Frage nach einem praxissoziologischen Blick auf sportliche Tätigkeiten im Vordergrund: Wie lassen sich sportliche Praktiken also in ihren Details, ihrer Funktionsweise und ihren sozialen Dynamiken beschreiben? Meine zentrale Fragestellung nach der Vermittlung impliziten Wissens hingegen ist einem allgemein soziologischen Interesse zuzuschreiben, das sich aus analytischen Gründen einem auch körper- und sportsoziologisch relevanten Fall zuwendet. Die Studie zeigt damit neben der inzwischen nur mehr teilweise vorhandenen körpersoziologischen Forschungslücke in der Sportsoziologie auch die Relevanz einer praxistheoretischen und damit auch einer wissenssoziologischen Perspektive auf den Sport auf.

Ethnografie als Praxis und als Gegenstand: Anmerkungen zum methodischen Design

Die vorliegende Studie orientiert sich, wie bereits mehrfach angedeutet, an der Ethnomethodologie sowie an den Studien Erving Goffmans. Dies äußert sich zum einen am Interesse an empirisch vorfindbaren Praktiken und ihrer situativen, oft funktionalen Eigenlogik (z.B. Jefferson 1974; Lynch/Macbeth 1998), zum anderen – und damit verbunden – am forschungspraktischen Interesse an den Details sozialer Praktiken (Sacks

1984, S. 45). Solche, oft mit einer stark entschleunigten Darstellung des Ablaufs sozialer Praktiken verbundenen Detailanalysen ermöglichen einen besonders genauen Blick auf die Mechanismen sozialer Praktiken,[13] die in der Pragmatik des Alltags nicht wahrgenommen werden. Wie lässt sich eine solche, an der Vermittlung praktischen Wissens interessierte Studie umsetzen? Soweit die klassische Frage nach der Methodik der Studie. Im Folgenden sei jedoch eine weitere, das konventionelle Vorgehen gewissermaßen umkehrende Frage gestellt, nämlich: Was lässt sich, auf die vorliegende Studie zurückblickend, über jene soziale Praktik sagen, die wir gemeinhin als „Ethnografie" bezeichnen? Welche Explikationspraktiken wohnen ihr inne und worauf bauen sie auf? Beschäftigen wir uns zunächst mit einigen, eher grundlegenden Anmerkungen zum methodologischen Vorgehen meiner Studie.

Zunächst ist dem ethnografischen Vorgehen eine besondere Offenheit für verschiedenes empirisches Material zu eigen. Die meisten Ethnografien beruhen auf einer längeren teilnehmenden Beobachtung, in deren Rahmen, so wird immer wieder betont, unterschiedliches empirisches Material gesammelt werden soll (z.B. Emerson et al 2001, S. 352; Hirschauer 2001b, S. 431; Lüders 2000, S. 384ff.). In diesem Sinne charakterisieren Martyn Hammersley und Paul Atkinson Ethnografie nicht nur als *eine* Tätigkeit:

> In its most characteristic form it involves the ethnographer participating, overtly or covertly, in people's daily lives for an extended period of time, watching what happens, listening to what is said, asking questions in fact, collecting whatever data are available to throw light on issues that are the focus of the research (Hammersley/Atkinson 1995, S. 1).

Fokussierungen und Eingrenzungen des Forschungsvorhabens gründen sich nicht in der Präferenz für einen Datentyp oder einer stichprobenhaften Datenerhebung, sondern in der nicht immer geradlinigen, aber dennoch systematischen Konzentration auf einen Forschungsgegenstand. Die Offenheit der Ethnografie betrifft daher nicht nur die Wahl der Methoden, sondern auch die Entwicklung der Forschungsfrage. Beide stehen in Zusammenhang mit einem weiteren Charakteristikum ethnografischer Forschung, dem Postulat der Gegenstandsorientierung. Nicht die Passung des Feldes an die Methoden, sondern die ständige Frage nach der Passung der Methoden an den Gegenstand bestimmt ethnografische Überlegungen.

---

[13] So benötigt die dichte Darstellung der drei bis fünf Minuten dauernden Praktik der Kampfkunstdemonstration in diesem Buch fast dreißig Seiten.

Orientierung am Gegenstand und Offenheit der Datenerhebung stehen in Zusammenhang mit dem spezifischen Phänomenbereich ethnografischer Studien. Diese beschäftigen sich, verglichen mit anderen soziologischen Forschungsrichtungen, gewissermaßen mit einem mittelgroßen Bereich des Sozialen. Weder geht es um Sozialstrukturen ganzer Bevölkerungen noch um das Erleben von Individuen. Stattdessen treten kulturelle Muster und ihre tagtägliche Herstellung in den Fokus des empirischen Interesses, wobei sich idealtypisch zwei Stränge unterscheiden lassen (Amann/Hirschauer 1997, S. 11ff.): Der erste (und ältere) Strang der soziologischen Ethnografie wurde von Vertretern der „Chicago School" Ende der 1920er-Jahre initiiert. Das Erkenntnisinteresse solcher Studien gilt den weithin unbekannten Subkulturen moderner Gesellschaften. Während sich klassische Studien dieser Forschungsrichtung wie „Street Corner Society" (Whyte 1964) oder „The Polish Peasent" (Thomas/Znaniecky 1927) noch primär mit ethnischen Subkulturen beschäftigten, entstanden später auch Studien über „Subkulturen" wie Expertenkulturen (Knorr Cetina 2001; Woolgar 1988) oder durch einen geteilten Lebensstil charakterisierte „kleine soziale Lebens-Welten" (Honer 1993)[14] bzw. „Szenen" (Hitzler u.a. 2001). Der zweite Strang entstand mit der „Entdeckung des Alltags" (Bergmann 1985, S. 302) als Forschungsgegenstand der Soziologie, der vor allem durch die Arbeiten Erving Goffmans und Harold Garfinkels als Projekt empirischer Sozialforschung begründet wurde. In dieser Linie entstanden diverse Studien über auf den ersten Blick banale soziale Praktiken wie Interaktionsrituale (Goffman 1971b) oder die „Kunst zu Gehen" (Ryave/Schenkein 1974). Außerdem wurde eine Reihe von erst auf den zweiten Blick sozialen Phänomenen wie die Herstellung von Sinn als interaktive Leistung der Situationsteilnehmer (Garfinkel 1967, S. 79ff.) oder die interaktive Herstellung der Geschlechterdifferenz (Garfinkel 1967; Goffman 1994b; West/Zimmerman 1987) untersucht. Die Herausforderung solcher Studien besteht darin, das (zum Teil allzu) Vertraute der eigenen Alltagskultur durch ethnografisches Forschen systematisch zu „befremden" (Amann/Hirschauer 1997, S. 12). In diesem Sinne fassen David Francis und Stephen Hester den zentralen Unterschied zwischen konventioneller und „ethnomethodologisch informierter" Ethnografie wie folgt: Erstere unterstelle allgemein geteilte kulturelle Muster, wo letztere die Herstellung solcher Muster in situ beobachte (Francis/Hester 2004, S. 22ff.).

Meine Studie liegt gewissermaßen auf einem Kreuzungspunkt dieser beiden Stränge: Es geht einerseits um eine Subkultur, weil Kampfkünste nur

---

[14] Dieses basiert auf Benita Luckmanns (1978, S. 279) Konzept der „kleinen Lebenswelt".

von einem geringen Teil der Bevölkerung betrieben werden und ein von anderen Praktiken abweichendes Bewegungsprogramm verfolgen. Andererseits wird ein keineswegs auf Kampfkunstkurse beschränktes soziales Phänomen untersucht, wenn man sich für die Vermittlung nicht-verbalen Wissens interessiert. Es geht eher im Sinne einer Fallstudie um die vereinsspezifische Variante eines allgemeinen Phänomens. Das methodische Design meiner Untersuchung entspricht dem konventionell offen gehandhabten Vorgehen ethnografischer Studien: Ich nahm etwa sechs Monate an einem Ninjutsu-Kampfkunsttraining teil, verfasste nach den Trainingsstunden ethnografische Protokolle und sammelte verschiedenes empirisches Material. Dazu zählen beiläufige Gespräche mit Teilnehmern, einige (deklarierte) offene Interviews und ein mehrstündiger Videomitschnitt. Außerdem studierte ich Trainingshandbücher, diverse Ninjutsu-Homepages und sah mir einige Ninja-Filme an. Auf Basis eines solchen Datenkorpus lassen sich, wie sich im Laufe meiner Ausführungen zeigen wird, sowohl sehr kleinteilige Darstellungen sozialer Ereignisse anfertigen als auch eine aus dem gesamten Material gewobene, über einzelne Situationen hinausgehende Darstellung des Geschehens.

Methodologisch gewannen vor allem die Videomitschnitte ein über das reine empirische Vorgehen hinausreichendes Gewicht, das sich am ehesten daraus erklären lässt, dass Videomitschnitte nach wie vor hohe Erwartungen wecken. Auch wenn sie theoretisch keineswegs als Abbildungen konkreter Ereignisse angesehen werden, so gelten sie doch als pragmatisch besonders leistungsfähiges Aufzeichnungsmedium (z.B. Knoblauch 2001, 2004; Knoblauch et al 2006; Kissmann 2009). Die Arbeit mit ihnen erwies sich jedoch im Kontext meiner Studie sehr bald als ambivalent, ganz im Sinne des Paradoxes, „dass technische Instrumente den Ethnografen zugleich sehend und nicht-sehend machen" (Kalthoff 2003, S. 71). Als ich im Rahmen von Forschungskolloquien und Konferenzen Videomaterial über das Kampfkunsttraining präsentierte, zeigte sich, dass nicht alle Aspekte des Materials für alle Zuschauer gleichermaßen erkennbar werden. Elemente der Alltagskultur solcher Trainings wie die räumliche Ordnung einer didaktischen Demonstration von Bewegungsabläufen oder die personale Hierarchie der Trainingsstunden lassen sich durch die Videomitschnitte gut verdeutlichen. Die Details und Charakteristika der vermittelten Kampfkunst dagegen, die sich den Kampfkunstschülern erst nach und nach erschließen, sind auch mittels Video kaum darstellbar. Das – über ein reines Wahrnehmen hinausgehende – erkennende und verstehende Betrachten dieser Aspekte im Videomaterial erfordert ein Hintergrundwissen, das nur durch die Teilnahme an einem Kampfkunsttraining erworben werden kann.[15] Daraus ergeben sich auch Konsequenzen für die Darstellung des Falles im vorliegenden Text. Die in vielen qualitativen Studien praktizierte kleinteilige Darstellung der sozialen Prozesse mittels Transkripten ist in diesem Fall stark eingeschränkt. Sind die Details des Trainings schon beim Betrachten von Videos kaum verständlich, so werden sie durch die Extension solcher Mikroausschnitte des Sozialen keineswegs zugänglicher. Vielmehr erfordert eine verstehbare Darstellung der sozialen Prozesse in diesem Feld eine Verdichtung der Ereignisse, wie sie primär in der sinnrekonstruktiven Darstellung einzelner Episoden (aus Videoaufnahmen oder Protokollen) geleistet werden kann.[16]

Die bis hierhin dargestellten „fallinternen" Erhebungen wurden von weiteren kleineren Erhebungen flankiert, um die systematische Kontrastierung des Falles zu erleichtern: erstens durch die mehrmonatige Begleitung einer Flamenco-Lehrerin durch drei ihrer Kurse und zweitens durch die punktuelle Beobachtung der Sicherheitseinführung im Flugzeug. Die Kontrastierung der Flamenco-Stunden mit den Ninjutsu-Trainings zeigte vor allem die Unterschiede zwischen zeitgleichem und zeitversetztem Vor-und Nachmachen von Bewegungsabläufen (siehe Abschnitte 2.5 und 3.5). Anhand einer Videoaufzeichnung der Sicherheitseinführung einer Stewardess lässt sich besonders gut verdeutlichen, wie im Vollzug dieser Praxis die Möglichkeit eines Absturzes ausgeklammert wird. Die Analyse des Videomitschnittes war deshalb zwar erkenntnisfördernd, erwies sich aber für die Frage der Vermittlung impliziten Wissens als wenig relevant.

Mit der Kombination einer Studie in einem Kampfkunsttraining und einer Flamencostunde rückt, das sei nebenbei bemerkt, ein gesellschaftlich hochrelevantes Differenzierungskriterium in den Blick, das Geschlecht der SituationsteilnehmerInnen. Tatsächlich nehmen an dem von mir besuchten Kampfkunsttraining vor allem Männer, am Flamencokurs vor allem Frauen teil. Dies ist, wie andere gesellschaftlich hochrelevante Differenzierungskriterien wie Ethnie, Religion oder sexuelle Orientierung nicht Thema dieser Studie, trotzdem kann ich mich als AutorIn sprachlich nicht

---

[15] Ich behandle dieses Problem der videobasierten Forschung anhand der empirischen Daten dieser Studie ausführlicher in einem Exkurs (Seite 119ff.).

[16] Ein primär datenschutzrechtliches und moralisches Problem ergibt sich hingegen im Umgang mit visuellen Daten. Um Anonymität der Beteiligten zu gewährleisten, habe ich in diesem Buch auf den Abdruck von Fotos verzichet. Statt dessen sind an relevanten Stellen abgezeichnete Fotos zu finden. Stefanie Husel danke ich an dieser Stelle für das Abzeichnen der Fotos.

vollständig der Thematik entziehen. Ich setze dies im Folgenden in dezidiert unsystematischer Form in Sprache um, indem ich in der Regel
das Mehrheitsgeschlecht der TeilnehmerInnen grammatikalisch übernehme und an einigen wenigen Stellen splitte (SchülerInnen).

Eine weitere, sehr spezifische Kontrastgelegenheit ergab sich gewissermaßen von selbst: meine eigene Tätigkeit als Ethnografin im Feld. Ich
habe diese Tätigkeit bislang – dem Genre methodischer und methodo-
logischer Ausführungen gemäß – im Stil konventionsgetreuen Vorgehens
beschrieben. Dabei wird jedoch nicht nur die Frage von Konventionen
und ihrer Auslegung berührt, sondern auch ein Rückblick auf das eigene
Vorgehen relevant. Einen solchen Blick zurück wird man tatsächlich jeder
ethnografischen Studie abverlangen, wird doch Reflexivität gemeinhin als
ein weiteres zentrales Kriterium qualitativen Forschens beschrieben (z.B.
Flick/v. Kardoff/Steinke 2000, S. 20; Amann/Hirschauer 1997, S. 32f.)
Die Auseinandersetzung mit der Vermittlung impliziten Wissens jedoch
tut dies in besonderer Weise, denn das ethnografische Beschreiben selbst
besteht weitgehend darin, nicht nur explizites, sondern vor allem auch
implizites Wissen des Feldes mitzuvollziehen und nachvollziehbar zu beschreiben (Kalthoff 2003) oder, wie Stefan Hirschauer besonders drastisch
formuliert:

> Der Kern der ethnografischen Autorschaft ist also das Verbalisieren. Es wirft eine
> Reihe von Fragen auf: welche *Lösungen* das ethnografische Schreiben für dieses
> Problem entwickelt hat; wie sie sich im *Prozess* des Schreibens darstellen; welche
> *Gütekriterien* für seine Überwindung stehen usw. Diese Fragen können im Rah-
> men dieses Aufsatzes nicht abschließend beantwortet werden. Im Folgenden sei die
> Aufmerksamkeit aber ganz auf die Explikation des zugrundeliegenden Bezugspro-
> blems gereichtet, das die Beschreibung laufend zu lösen hat. Nennen wir es die
> *Schweigsamkeit* des Sozialen (Hirschauer 2001b, S. 437, Herv. Orig.).

Die reflexive Auseinandersetzung mit dem ethnografischen Vorgehen gewinnt also im Zuge meiner Studie einen weiteren analytischen Aspekt:
Sie wird zur Darstellung eines Kontrastfalls und damit zur Beschreibung
einer anderen, ebenso spezifischen Praktik, nämlich jener des ethnografischen Explizierens oder anders formuliert, des soziologischen Vermittelns
praktischen Wissens. „Ethnografie" bezeichnet deshalb im Rahmen dieses Buches nicht nur eine wissenschaftliche Praxis, sondern auch einen
empirischen Gegenstand.

Die Gliederung des Buchs

Der vorliegende Text orientiert sich also nicht nur thematisch an der Frage der Explikation impliziten Wissens, sondern stellt seinerseits – wie jeder andere ethnografische Text – eine Explikationsleistung dar, die darin besteht, das auf Basis einer teilnehmenden Beobachtung erworbene implizite und explizite Wissen über das beforschte Feld zu vermitteln. In diesem Sinne wiederholt mein ethnografisches Schreiben eben jenen Prozess, der beschrieben wird – beschränkt sich jedoch, anders als die beschriebene Praktik der Wissensvermittlung im Kampfkunsttraining, weitgehend auf die verbale Form der Explikation, die nur an manchen Stellen um visuelle Kommunikation erweitert wird. Diese ethnografischen Explikationen sind folgendermaßen gegliedert:

Das erste Kapitel führt in sehr allgemeiner Form in die gesellschaftlichen Hintergründe von europäischen Kampfkunsttrainings ein. Es wird ein Bogen gespannt von der „Zivilisierung" der europäischen Krieger im Zuge des ausgehenden Mittelalters über das Entstehen von Kampfkünsten in Japan bis zum Kämpfenlernen als Tätigkeit im modernen Mitteleuropa. Dabei zeigt sich, dass Kampfkunsttrainings eine der wenigen Nischen des modernen Lebens sind, in denen Kämpfe als antagonistisch geprägte körperliche Auseinandersetzung nach wie vor praktiziert werden, wenn auch unter Bedingungen, die der Auseinandersetzung die existenzielle Spannung eines Kampfes gänzlich nehmen. Sie bilden im Gegensatz zu Sachbüchern, Action-Filmen oder Lehrbüchern, in denen Kampfkünste ebenfalls dargestellt werden, eine Reproduktion der Praxis im Medium körperlichen Wissens, eine „corporeal history".

Darauf aufbauend gehe ich im zweiten Kapitel auf die alltäglichen sozialen Prozesse in jenem Kampfkunsttraining ein, an dem ich zum Zwecke dieser Studie für mehrere Monate teilnahm. Nach einer allgemeinen Beschreibung der Trainingsphasen, ihrer Settings und ihrer personalen Konstellationen tritt ein erstes, wichtiges Charakteristikum des untersuchten Wissensvermittlungsprozesses in den Fokus: Man lernt hier nicht nur zu kämpfen, sondern man muss zuvor eine für das Training spezifische Wahrnehmungsfertigkeit erlernen. Die im Rahmen von Demonstrationen gezeigten körperlichen Bewegungsabläufe müssen detailliert genug wahrgenommen werden, um sie üben zu können. Dabei wird auch die für Lernsituationen typische und als methodische Basis der vorliegenden Studie wichtige gesteigerte Instruktivität deutlich erkennbar. Man lernt also nicht einfach eine Kampfkunst, sondern zunächst einmal ein (dem praktischen Tun vorgelagertes) Schauen.

Im dritten und vierten Kapitel werden die Details der zwei zentralen Phasen der Wissensvermittlung beschrieben: Das Demonstrieren (Kapitel 3) und das anschließende Nachmachen (Kapitel 4) von Bewegungsabläufen, die einen Kampf abbilden. Beide Phasen beinhalten komplexe, dreiteilige Interaktionsformen und zeigen so, quasi nebenbei, die thematischen Verkürzungen einer an Dyaden orientierten empirischen Sozialforschung[17] auf: Die Demonstrationen im Kampfkunsttraining sind als doppelte Interaktionen zu verstehen, in deren Rahmen der Trainer gleichzeitig mit einem Demonstrationspartner und mit dem Publikum interagiert. Beim Üben wiederum befinden sich die Schüler in paarweise organisierten Interaktionen, während sie gleichzeitig (zumindest potenziell) auch mit dem Trainer interagieren, der ihnen beim Üben zuschaut, sich immer wieder mit Korrekturen in eine Paarinteraktion einbringt oder als Resultat seiner Beobachtungen eine weitere Demonstration beginnt. Sowohl das Demonstrieren als auch das Üben sind Praktiken, in denen durch Zeigen kommuniziert wird: Während der Demonstration zeigt der Trainer, was geübt werden soll; während des Übens zeigen die Schüler, was sie bereits können. Es wird also auch über die jeweiligen Interaktionen hinaus kommuniziert. Der Wissensvermittlungsprozess muss deshalb als komplexer Kommunikationsprozess verstanden werden, der sich über verschiedene Interaktionen und Konstellationen zieht. So zeigt sich im Verlauf der beiden Kapitel sowohl die gesteigerte Instruktivität von Lernsituationen als auch – zumindest in Ansätzen – eine darüber hinausgehende, selbstläufige Instruktivität von Praktiken.

Das fünfte Kapitel schließlich beschäftigt sich mit jenen kommunikativen Praktiken, die das vermittelte Wissen über das aktuelle Interaktionsgeschehen hinaustragen und damit mit der grundsätzlichen Instruktivität sozialer Praktiken. Es geht also um jene Praktiken, die eine transsequentielle und transsituative Kommunikation ermöglichen: verbale Marker, Bewegungen, Bewegungsabläufe und Notizen.

---

[17] Diese Begrenzung wird in der Soziologie sowohl unter theoretisch-programmatischen Gesichtspunkten als auch zur empirischen Beschreibung größerer sozialer Prozesse diskutiert. So plädiert Gesa Lindemann (2006) für eine an Triaden statt Dyaden orientierten empirischen Forschung, Sighart Neckel (1997) nutzt Simmels Figur des Dritten um die hochdynamischen Prozesse der deutschen (Wieder-)Vereinigung als Veränderung von Etablierten-Außenseiter-Konfigurationen im Sinne Norbert Elias' (2002) zu beschreiben.

Ich beschäftige mich in diesem Buch also mit der zunächst paradox anmutenden Frage der Explikation impliziten Wissens. Dabei wird eine allgemeine Instruktivität in sozialen Situationen deutlich, oder anders: Praktiken machen sich nicht nur erkennbar, sondern vermitteln auch ein normatives Wissen darüber, *wie* wie sie zu vollziehen sind. In diesem Sinne liegt Praktiken immer ein explikatives Moment zugrunde, das jedoch nur deutlich wird, wenn man die Idee der Dichotomie implizit/explizit zugunsten eines prozessorientierten „Kontinuum des Explizierens" verabschiedet.

1 Kampfkünste

Das Wort „Kampfkunst" weckt unterschiedliche Assoziationen. Man denkt
an die akrobatische Körperbeherrschung von Filmhelden aus Martial-
Arts-Filmen und ihre – im Gegensatz zu westlichen Filmhelden wie Ram-
bo oder Terminator – eleganten, manchmal unwirklichen Kampfbewegungen. Man denkt aber auch an die Sportmatten, die weiße Trainingskleidung und den berühmten „Schulterwurf" europäischer Kampfkunsttrainings sowie an die Sportberichterstattung über Judo-Wettkämpfe.
Diese beiden Seiten der Kampfkunst, der Mythos um vergangene Krie-
ger(gemeinschaften) und die an einer Praxis des Kämpfens orientierte
sportliche Betätigung, stehen im Fokus des folgenden Kapitels.

Um ein mögliches Missverständnis gleich hier vorweg zu nehmen: Keineswegs alle Kampfkunstkurse sind als reine (Selbst-)Verteidigungskurse
zu verstehen, in denen ständig nur kämpfen geübt wird. Vielmehr handelt es sich um ein relativ variationsreiches Bündel von Bewegungstrainings, in denen, wie bereits erwähnt, verschiedene Ziele im Vordergrund
stehen können: ein körperlich fundiertes Charaktertraining, die Entwicklung innerer Kraft oder eben das Training von praktischem Kampfwissen.
Nichtsdestotrotz werden sie alle nicht zufällig als Kampfkünste bezeichnet, denn sie beziehen sich – zumindest diskursiv – auf das Kampfwissen
und auf Lebensformen früherer Jahrhunderte: Capoeira etwa wird auf
das verbotene und deshalb als Tanzform getarnte Kampftraining brasi-
lianischer Sklaven zurückgeführt, Judo auf die Fortentwicklung mittelal-
terlicher Kriegskünste in ein modernes Bewegungssystem, Kung Fu auf
das Kampftraining chinesischer Mönche, denen das Tragen von Waffen
untersagt war.

Im folgenden Kapitel wird nun das Thema der „Versportung" (Elias 2003,
S. 236) des Kämpfens und ihr Hintergrund in der modernen Verdrängung
der Gewalt aus der öffentlichen Sphäre aufgenommen. Es wird ein Bogen
geschlagen von der Geschichte der Kampfkünste bis zur Praxis moderner
Kampfkunsttrainings. Zunächst werde ich den historischen Hintergrund
der Kampfkünste (Abschnitt 1.1), ihre Absenz in Europa (Abschnitt 1.2)

und ihr Fortbestehen als „erfundene Tradition" in Japan (Abschnitt 1.3) skizzieren. Der anschließende Abschnitt zur Erzählung der Ninja (Abschnitt 1.4) bildet den Übergang zur Beschreibung des empirischen Untersuchungsfeldes, eines Ninjutsu-Trainings in Deutschland Anfang des 21. Jahrhunderts. Man kann an dieser Erzählung sehen, wie eine „japanische Tradition" durch verschiedene Produkte der Kulturindustrie für einen westlichen Markt konstruiert wird. Die Darstellung vergangener Kriegertraditionen beschränkt sich jedoch nicht nur auf Diskurse, sondern findet sich auch in praktischen Tätigkeiten wie in Kampfkunsttrainings (Abschnitt 1.5). Zentral ist in diesem Abschnitt die Frage, wie diese sich von einer ähnlichen, aber ganz anders gerahmten Tätigkeit unterscheiden: dem Kämpfen.

1.1 Kämpfen in der Moderne

Sprechen wir heute vom „Kämpfen", so verwenden wir das Wort zumeist im übertragenen Sinne. Wir „kämpfen" um Beziehungen, um beruflichen Erfolg oder auch um Stimmen in einem Wahlkampf. Nur selten sprechen wir von einem Kampf als der körperlichen Auseinandersetzung zwischen zumindest zwei Gegnern, vom Kämpfen als einer Form der Interaktion zwischen zeitlich und räumlich kopräsenten Kontrahenten. Spricht man jedoch in einem Kampfkunsttraining vom „Kämpfen", so ist jene Grundbedeutung des Ausdrucks gemeint: Es geht um eine Interaktion, die vorwiegend auf einer (antagonistischen) Kommunikation zwischen Körpern beruht. Ihr Zweck ist, sich durch Einsatz des eigenen Körpers gegen einen oder mehrere Gegner durchzusetzen und sie währt so lange, bis eine der beteiligten Parteien nicht mehr kampffähig ist. Die besiegte Partei ist also entweder so stark verletzt, dass sie nicht mehr aktiv kämpfen kann, oder sie gibt den Kampf vorzeitig auf, weil sie absehen kann, dass sie verlieren wird. Ziel ist also das physische Überwältigen des Gegenübers, Mittel dazu sind Schlagen, Treten und andere Formen körperlicher Gewalt. Diese können durch technische Artefakte wie Schwerter oder Schusswaffen unterstützt werden. Vor allem im militärischen Kontext spricht man auch von einem „Nahkampf". Es geht also zunächst einmal um das genaue Gegenteil von „Kooperation". Dies setzt jedoch (paradoxerweise) ein grundlegend kooperatives Moment voraus, nämlich geteilte Kampfbereitschaft. Bricht einer der beiden Gegner den Kampf ab, sei es durch Flucht, durch Aufgeben oder weil er verloren hat, so ist damit auch die Kampf-Interaktion beendet.

Hier gilt also, nebenbei bemerkt, Ähnliches wie für Streitgespräche, die – soziologisch betrachtet – als kommunikatives Phänomen zu verstehen sind, weil sie nicht einfach so geschehen. Wie jedes andere soziale Ereignis erfordert ein Streit eine Einleitung, das Austragen des Konfliktes und, ihn zu beenden. Die Einleitung ist zudem voraussetzungsreich: Es braucht, wie Heinz Messmer (2003, S. 127) zeigt, zumindest vier Gesprächszüge um ein Streitgespräch in Gang zu bringen. Axel Binhack formuliert im Bezug auf das Kämpfen einen ähnlichen Punkt folgendermaßen „Kommt es zur Existenzvernichtung eines der beiden Träger des Kampfes, 'stirbt' damit im gleichen Moment das Kampfphänomen selbst. Kämpfen ist also schon allein formal zunächst ein Ausdruck des Lebens, nicht des Todes" (Binhack 1998, S. 24). Diese etwas euphemistische Wahrnehmung scheint jedoch eher dem Verständnis eines Kampfsportlers geschuldet zu sein, der Kämpfen als Tätigkeit versteht, nicht als ein für beide Seiten hoch riskantes und deshalb zu vermeidendes oder zumindest möglichst kurz zu haltendes Ereignis etwa im Zuge eines Überfalls.

Im modernen Alltag gilt Kämpfen im Sinne der oben beschriebenen Tätigkeit als Ausnahmeerscheinung. Tatsächlich ist der mitteleuropäische Alltag heute von historisch und geografisch außergewöhnlich hohen Sicherheitsstandards gekennzeichnet, die von zentralistisch organisierten Staatsorganen bewacht werden. Kämpfe, im Sinne einer heroischen körperlichen Auseinandersetzung zwischen zwei ebenbürtigen Gegnern, finden zuweilen in der wenig heroischen Form der Wirtshausprügelei statt und auch andere, klassische Gefährdungsszenarien, wie Mord und Überfall in der Öffentlichkeit, sind eine Randerscheinung. Die Kriminalstatistik kennt nur zwei Szenarien, die sich mit solchen Auseinandersetzungen in Verbindung bringen lassen: Mord/Totschlag und die schwere Körperverletzung auf Straßen, Wegen oder Plätzen. Es ist jedoch die Wahrscheinlichkeit, im Zuge eines Verkehrsunfalls zu Tode zu kommen, in Deutschland beispielsweise fast achtmal so hoch wie die Wahrscheinlichkeit, einem Mord oder Totschlag zum Opfer zu fallen.[1] Die Zahl bekanntgewordener schwerer Körperverletzungen in der Öffentlichkeit ist mit 71105 (BKA 2010, S. 148) nur wenig höher als die Zahl der durch Unfälle im Straßenverkehr Schwer-

---

[1] 2006 verzeichnet die Bundeskriminalstatistik 334 vollendete Morde und 393 vollendete Totschläge (BKA 2007, S. 129), 2009 299 vollendete Morde und 329 Totschläge (BKA 2010, S. 129). Die Unfallstatistik zählt zum Vergleich mit 5091 Verkehrstoten 2006 die niedrigste Zahl an Verkehrstoten seit 1953 (Statistisches Bundesamt 2007, S. 3), die weiterhin rückläufig ist: 2009 werden 4152 Tote gezählt (Statistisches Bundesamt 2010, S. 3).

verletzten von 68567 (Statistisches Bundesamt 2010, S. 3). Das Phänomen ist außerdem weitgehend auf eine Bevölkerungsgruppe reduziert. Es sind vor allem männliche Jugendliche und junge Erwachsene (14-21 Jahre) betroffen (BKA 2007, S. 151). Wenn sich das Phänomen eines Kampfes im Sinne einer tätlichen Auseinandersetzung in der modernen mitteleuropäischen Gesellschaft also statistisch finden lässt, dann primär unter jugendlichen und heranwachsenden Männern. Eher finden sich Kämpfe im modernen Alltag deshalb zum einen in der Form des Krieges, zum anderen in der, mit Norbert Elias (2003, S. 236), „Versportung der Wettkämpfe":

Kriege sind die auf die Ebene von Staaten erweiterte Version. Sie bilden im Prinzip eine Kette von Kämpfen zwischen unterschiedlichen Populationen oder Nationen, die jedoch unter Einsatz erheblicher Gewalt und Waffen ausgetragen werden. Norbert Elias (2003, S. 242) bemerkt zur modernen Differenz zwischen innerstaatlicher und zwischenstaatlicher Gewalt: „Einem hohen Grad physischer Sicherheit mit weitgehender sozialer Kontrolle der Gewalt und einer entsprechenden Selbstkontrolle des einzelnen – einer entsprechenden Gewissensbildung – steht nichts Vergleichbares im zwischenstaatlichen Bereich gegenüber". Noch drastischer formuliert Michel Foucault (1977b, S. 163): „Nie waren die Kriege blutiger als seit dem 19. Jahrhundert und niemals richteten die Regime – auch bei Wahrung aller Proportionen – vergleichbare Schlachtfeste unter ihrer eigenen Bevölkerung an". Die hohe Zahl der Beteiligten (und daher auch der Toten und Verletzten) macht einen wichtigen Unterschied zum „einfachen" Kampf aus. Die führenden Industrienationen des Westens tragen ihre Kriege inzwischen tendenziell außerhalb des eigenen Staatsgebietes aus. Häufig ist das Kriegsgeschehen auf unterprivilegierte Gegenden beschränkt, auch wenn westliche Länder beteiligt sind. Der noch bis vor kurzem andauernde Krieg zwischen den USA und dem Irak etwa war von der Zivilbevölkerung der USA kaum zu bemerken, weil das Kriegsgeschehen vollständig auf irakischem Boden stattfand. Auch in anderen zunächst beteiligten Ländern wie Deutschland, Italien, Frankreich hielt sich die Wahrnehmung „im Frieden" zu leben aufrecht, weil im Alltag dieser Länder keine Kriegshandlungen stattfanden. Nur so lässt sich etwa die Klage der Mutter eines deutschen Soldaten verstehen, deren Sohn im Zuge seines Einsatzes in Afghanistan getötet wurde (Spiegel Online 18.7.10; Süddeutsche, 18.7.10). Auch die schockierte Reaktion der westlichen Länder in der Folge der dramatischen Ereignisse um 09/11 vermittelt einen drastischen Eindruck davon, wie wenig wir Effekte der westlichen Kriegspolitik in unseren Ländern erwarten.

Ein friedliches Substitut bilden dagegen (sportliche) Wettkämpfe, die zwar körperliche Auseinandersetzungen zwischen Kontrahenten sind, aber gänzlich auf das Element der physischen Vernichtung des Gegners verzichten. An seine Stelle tritt ein sportspezifisch definiertes Ziel, wie beispielsweise eine vorgegebene Strecke zu laufen. Der Gewinner wird anhand eines ebenfalls sportspezifisch definierten Kriteriums, zum Beispiel Zeit, ermittelt. Bei der sportlichen Disziplin des Marathonlaufs etwa wird nicht so lange gelaufen, bis fast alle Teilnehmer an Erschöpfung gestorben sind, sondern es wird im Vorfeld eine Strecke festgelegt. Der Gewinner wird nach dem Faktor Zeit ermittelt, das heißt der Schnellste auf dieser Strecke gewinnt, nicht unbedingt der physisch Stärkste. Einige wenige Sportarten, wie Boxen oder Ringen, zeigen größere Nähe zum Kämpfen und werden deshalb auch als „Kampfsportarten" bezeichnet. Vor allem das „K.O." des Boxens kommt dem Gewinnen durch körperliche Vernichtung des Gegners ziemlich nahe, die Distanz bleibt jedoch eindeutig gewahrt. Die im Vergleich zur Zahl der ausgetragenen Wettkämpfe wenigen Todesfälle beim Profiboxen werden deshalb als Ausnahme, als tragischer Unfall angesehen.[2] Auch die Rahmenbedingungen unterscheiden sich klar von denen eines Nahkampfes: Wie bei anderen sportlichen Wettkämpfen sind beim Boxwettkampf Ort, Zeit und Spielregeln im Vorhinein festgelegt. Ein Kampfrichter sorgt dafür, dass die Regeln eingehalten werden und legt den Gewinner fest. In einem Kampf als körperliche Auseinandersetzung mit dem Ziel der physischen Vernichtung des Gegners gibt es keinen Kampfrichter und keine Regeln, sondern es gewinnt, wer das Kampffeld lebend verlässt. Eine Ausnahme bilden Duelle, die zwar vorgebenen Regeln folgen, aber dennoch eine Auseinandersetzung mit tödlichem Ausgang beinhalten, und (in Deutschland) offenbar noch bis vor dem 2. Weltkrieg (zumindest vereinzelt) stattfanden (Frevert 1991).

Diese beiden Formen sind Ausdruck zweier gegensätzlicher Entwicklungslinien der Gesellschaft in den letzten Jahrhunderten: Einerseits stehen moderne Kriege für eine im historischen Vergleich intensivierte Form des Tötens. Nicht nur sind im Vergleich zu den mittelalterlichen Kriegen zwischen Fürstentümern von den einzelnen Kriegen der Moderne wesentlich

---

[2] So betonten auch die Familien der beiden in den letzten Jahren durch die Beteiligung an Boxwettkämpfen verstorbenen Profiboxer Choi Yo Sam und Leavander Johnson öffentlich, dass den jeweiligen Gegner keine Schuld treffe. Choi Yo Sam war nach einem nach Punkten gewonnen Wettkampf gestorben (Online-Fokus 2.1.08), Leavander Johnson an den Folgen seiner Kopfverletzungen aus dem verlorenen Kampf gegen den Herausforderer Jesus Chavez (Spiegel Online 23.9.05).

mehr Menschen betroffen, sondern es wurden auch durch die technischen Entwicklungen der Waffenindustrie die Möglichkeiten, Menschen zu töten, beträchtlich gesteigert. Das Töten im Rahmen von Kriegen wurde also in der Moderne intensiviert. Andererseits finden sich diverse Versuche der Zivilisierung und Vermeidung von Kämpfen wie etwa die Gründung der UNO und des Roten Kreuzes oder auch die Friedensbewegungen der 1970er-Jahre. Gerade auch der Sport steht für eine Zivilisierung des Zusammenlebens und der Konfliktführung. So bieten sportliche Wettkämpfe die Möglichkeit, sich mit einem Gegner körperlich zu messen, ohne ihn zu verletzen oder gar zu töten. Elias betont in diesem Zusammenhang den erheblichen Spannungsausgleich der etwa im Zuge von Fußballspielen stattfindet, der angesichts gewalttätiger *Rand*ereignisse solcher Spiele wie Massenprügelein immer wieder in den Hintergrund der öffentlichen Wahrnehmung zu geraten scheint (Elias 2006, S. 360f.). Im Gegensatz etwa zu den Kampfspielen der Antike, die Teil der militärischen Ausbildung gewesen waren oder den Wettspielen britischer Adeliger auf die Kampffähigkeit ihrer Bediensteten, in deren Rahmen das heutige Boxen entstanden war, erscheint die Erfindung des modernen Sports als eine „zivilisatorische Leistung" (Elias 2006, S. 361).[3] Beide Entwicklungslinien lassen sich auf die Zentralisierung des Gewaltmonopols im ausgehenden Mittelalter zurückführen. Im Zuge dieser Zentralisierungsprozesse wurde der Stand der Krieger, die Ritter, sukzessive faktisch entwaffnet. Von ihrer früheren Daseinsberechtigung, dem „Kriegshandwerk" (Manzenreiter 2001, S. 16), blieben nur mehr Spuren in Form der Sportarten (Turnier)reiten und Fechten. Aber auch diese stehen bestenfalls in einem losen Zusammenhang mit ihrem Vorgänger, dem einstigen Kriegshandwerk.

---

[3] Pierre Bourdieu (1992, S. 206f.) dagegen betont in einer Nebenbemerkung, dass Sport gerade auch zur Disziplinierung von Körpern für die Zwecke des moderenen Militärs diene: „Indem man darüber nachdenkt, worin das Spezifikum des Sports besteht, das heißt die geregelte Manipulation des Körpers, darüber, daß der Sport, wie alle totalen oder totalitären Institutionen – Kloster, Armee, Gefängnis, Irrenhaus, Partei usw. – eine bestimmte Art und Weise darstellt, vom Körper jene Zustimmung zu bekommen, die der Geist verweigern könnte — wenn man darüber reflektiert, versteht man vielleicht besser, wozu die meisten autoritären Regime den Sport benutzen. Körperliche Disziplin bildet das ideale Instrument jeder Art von 'Domestizierung'."

1.2 Die Zivilisierung der europäischen Krieger

Die Zentralisierung des Gewaltmonopols nimmt in Europa im ausgehenden 11. Jahrhundert ihren Anfang. Am Ende steht der moderne Rechtsstaat auf der Basis eines „Monopols legitimer physischer Gewaltsamkeit" (Weber 1992, S. 6). Krieger sind in dieser Staatsform Untergebene der Öffentlichkeit, Kämpfe haben nur in staatlich regulierter Form stattzufinden, das heißt entweder als Krieg zwischen Staaten oder in friedlicher Form. Alle anderen Formen des Kampfes gelten als illegitim und sind in der Regel illegal. Führten Ritter als adeliger Stand der Krieger im frühen Mittelalter nach freiem Ermessen Kriege untereinander, so verloren sie im Laufe der nächsten Jahrhunderte nach und nach die finanzielle und die militärische Basis ihres gesellschaftlichen Einflusses. Die Zentralmacht gewann unterdessen an Einfluss und konnte so die einst freien und unabhängigen Ritter immer mehr in ihre Abhängigkeit bringen. Es kam, wie Norbert Elias (1997, S. 362ff.) prägnant formuliert, im Laufe einiger Jahrhunderte zur „Verhöflichung der Krieger".

Den Prozess des Erstarkens der Zentralmacht führt Elias (1997, S. 17ff.) auf zwei Entwicklungen zurück: Erstens lebten die mittelalterlichen Ritter größtenteils von den Einnahmen der Lehen, welche sie für die Zentralmacht verwalteten, also auf der Basis eines naturalwirtschaftlichen Einkommens. Seit dem 11. Jahrhundert expandierte jedoch der geldwirtschaftliche Sektor allmächlich auf Kosten des naturalwirtschaftlichen Sektors. Damit sank das Einkommen der Ritter, während das Einkommen der allmählich erstarkenden bürgerlichen Bevölkerungssegmente stieg. Die Zentralmacht konnte von beiden Einkommensentwicklungen profitieren: Sie verdiente aufgrund des Steuersystems am zunehmenden Reichtum des Bürgertums und war deshalb im Gegensatz zum niederen Adel der Ritter nicht von Einkommenseinbußen betroffen. Gleichzeitig konnte sie aber aufgrund der zunehmenden Verarmung des niederen Adels den eigenen gesellschaftlichen Einfluss vergrößern. Zweitens stiegen mit den wachsenden finanziellen Einnahmen auch die kriegerischen Mittel der Zentralmacht. Sie konnte Krieger nach Bedarf „mieten", was die gesellschaftliche Position der ohnehin bereits finanziell verarmenden Ritter zusätzlich verschlechterte. Schließlich wirkte sich auch die Einführung von Feuerwaffen zum Nachteil der Ritter aus. Ihre militärische Vormachtstellung hatte zum einen auf dem Privileg der Nutzung eines Pferdes, zum anderen auf ihrer Schulung im Kriegshandwerk beruht. Sie waren nicht nur im Gebrauch verschiedener Waffen, sondern für Notfälle auch in Techniken des waffen-

losen Kämpfens geschult, während das Fußvolk mit rudimentären Waffen
und geringen Kampfkenntnissen in den Krieg geschickt wurde. Im Vergleich zur technischen Innovation der Feuerwaffen war ihre Schlagkraft
jedoch gering. Das ehemals geringgeschätzte Fußvolk wurde mit der technischen Unterstützung zu einer ernstzunehmenden Kraft in der Kriegsführung und damit zur Konkurrenz für die Ritter.

Diese gesellschaftliche Entwicklung zwang viele Mitglieder des niederen
Adels aus ihrem freien Leben in ein Leben am Hof des Königs, wo sie
sich in direkter Abhängigkeit von ihm befanden (Elias 1997, S. 372). Das
Leben am Hof jedoch brachte eine Veränderung des Lebensstils mit sich.
Die ehemals rauen, kriegerischen Charaktere entwickelten dezente, höfische Verhaltensweisen, wodurch sich eine neue Distinktionschance gegenüber den nicht-adeligen Schichten ergab (Elias 1997, S. 360f.).[4] Auch
die Kriegsführung veränderte sich in dieser Zeit drastisch. Nicht mehr
berittene Adelige führten die Kriege, sondern Generäle und ihre besol-
deten Truppen (Elias 1982, S. 82). Mit der sukzessiven Entwaffnung der
Ritter verlor auch ihr Kriegshandwerk stetig an Bedeutung. Teile dieses
Handwerks, wie die waffenlosen Kampftechniken, gerieten zusehends in
Vergessenheit, während etwa die Kunst der Waffenführung oder das Reiten zu höfischen Spielen zivilisiert wurden, mit denen sich die nun edlen
(statt kriegerischen) Adeligen die Zeit vertrieben. Sie bildeten einen Teil
des exklusiven, höfischen Lebensstils. Am Ende dieser Entwicklung waren die Angehörigen des ehemals unabhängigen Kriegerstandes zivilisiert
und faktisch entwaffnet. Die Kriegsführung war zum Monopol der Zentralmacht geworden, Krieger wurden nun angestellt und bezahlt. Die Angehörigen der im Zuge dieser Veränderungen entstehenden Heere waren
Untergebene, die einer sich nach und nach ausbildenden strikten Disziplin
unterworfen wurden.

Diese Struktur übernehmen die im 19. und 20. Jahrhundert entstehenden
Nationalstaaten. Sicherheit und Verteidigung gelten nun als staatliche
Monopole, die von eigens dafür angestellten oder auch verpflichteten Angehörigen der nationalen Heere und der Polizei unter staatlicher Kontrolle
ausgeführt werden. Die einstige Eigenmächtigkeit und das gesellschaftli-

---

[4] Elias (1982, S. 56ff.) erwähnt ein weiteres Detail am Rande dieser Entwicklung distin-
guierter Verhaltensweisen: Mit dem Lebensstil veränderten sich auch die Zeichnungen,
die „man" anfertigen ließ. Noch im 15. Jahrhundert scheinen Bettler, Krüppel und andere leidende Gestalten kein Mitleid, keine Peinlichkeit zu wecken. Die scheint sich in
den folgenden Jahrzehnten zu ändern, denn sie galten nach und nach als unästhetisch
und wurden deshalb nicht mehr in den Kunstwerken abgebildet.

che Ansehen der mittelalterlichen Ritter hat in der gesellschaftlichen Position der modernen „Krieger" und Wachmänner keine Entsprechung. Mit der zunehmenden Demokratisierung der Staaten verlieren zudem die höfischen Spiele ihre Exklusivität. Von England ausgehend entwickeln sich moderne Sportarten wie Jagen, Reiten, Schwimmen, die zum Teil auf den höfischen Spielen und Turnieren der Adeligen aufbauen. Sie unterscheiden sich von den prämodernen Bewegungsspielen der Neuzeit nicht – wie man annehmen könnte – darin, dass Bewegung einzig um der Bewegung willen praktiziert wird. Schon die Antike kannte Bewegungsspiele und Wettkämpfe. Vielmehr sind folgende beiden Unterschiede bedeutsam: Eine grundlegende Differenz besteht erstens darin, diese Bewegungsspiele als eine zusammenhängende Tätigkeitsform zu begreifen. Diese Wahrnehmung entsteht erst, als sich der Terminus „Sport" nach und nach durchsetzt und verschiedene Tätigkeiten, die wir heute als „Sport" begreifen würden, einer eigenen Kategorie zugeordnet werden (Manzenreiter 2001, S. 15). Die modernen Sportarten orientieren sich zweitens, im Gegensatz zu den prämodernen Bewegungsspielen, an modernen Werten wie Rationalisierung, Gleichheit und Spezialisierung. Diese stehen, so der Sportsoziologe Eric Dunning, in Zusammenhang mit den sich im Zuge der Industrialisierung grundlegend verändernden sozialen Beziehungen zwischen den Gesellschaftsmitgliedern. Besonders prägend für die Entwicklung des Sports sind seines Erachtens die hohe nationale Einheitlichkeit und die überlegenen Transport- und Kommunikationsmittel. Der moderne Sport zeichne sich durch weithin vereinheitlichte Regeln aus und den Ansatz, nicht nur regionale Nachbarn als potenzielle Gegner wahrzunehmen (Dunning 2003, S. 390).

Mit der Zentralisierung des Gewaltmonopols, so lässt sich also zusammenfassend feststellen, verliert das Kriegshandwerk der Ritter in Europa nicht nur seine ursprüngliche Bedeutung, es gerät zu weiten Teilen in Vergessenheit. Teile davon, Reiten und Fechten, bleiben zunächst als höfische Spiele bestehen und werden mit der zunehmenden Demokratisierung zu modernen Sportarten entwickelt. In manchen Kreisen gilt ihre Beherrschung bis heute als „kulturelles Kapital", ähnlich wichtig wie in etwas zivilisierteren sozialen Zusammenhängen Kenntnisse der bildenden Kunst oder des Weins.

1.3 Die Verbeamtung der Krieger in Japan

Eine in mancherlei Hinsicht ähnliche Entwicklung findet in Japan im ausgehenden Mittelalter statt. Auch hier verliert sich die Grundlage für einen eigenen gesellschaftlichen Stand der Ritter, der „Samurai". Es finden jedoch zu zwei entscheidenden Zeitpunkten differierende Entwicklungen statt. Diese bringen mit sich, dass die Kriegskenntnisse der Samurai zunächst zu Kampfkünsten und schließlich zu modernen Kampfsportarten entwickelt werden.

In den friedlichen Zeiten der Neuzeit Japans, der „Edo-Ära" (1603-1868), verloren die Kriegskenntnisse der Samurai zunächst ebenso an praktischer Relevanz. Anders als in Europa wurden die Samurai in Japan jedoch zu Beamten, die das Gewaltmonopol innehatten (Manzenreiter 2001, S. 16). Die Bevölkerung wurde in vier feste Stände eingeteilt, wobei die Samurai zur Spitze der sozialen Hierarchie erklärt wurden. Danach kamen Bauern und Handwerker; Kaufleute wurden der untersten Schicht zugerechnet. Die unteren drei Schichten waren gezwungen, den Samurai in der Öffentlichkeit Respekt zu bezeugen (Schwentker 2003, S. 88). Bis zum Jahr 1871 behielten letztere das Recht, Angehörige der niederen Stände bei Versagung des Respekts körperlich zu züchtigen und zu töten (Schwentker 2003, S. 110). Kampfkenntnisse gehörten weiterhin zu den von einem Samurai erwarteten Fertigkeiten. Mangels kriegsbedingter Möglichkeiten zur Kampferfahrung entwickelten sich deshalb Kampfkunstzentren (dôjôs), in denen Angehörige der höheren Schichten in der Kunst des Kämpfens unterrichtet wurden.

Die Systematisierung von Kampftechniken und erste Schulbildungen lassen sich seit Mitte des 14. Jahrhunderts dokumentieren. Im ersten Jahrhundert der „Edo-Ära" wurden die Kriegskünste noch ernsthaft praktiziert, danach ersetzten philosophische und sportliche Elemente nach und nach die kriegerischen. Stattdessen wurden Spezialisierungen auf einzelne Waffen oder auch waffenlose Kampftechniken ausgebildet und es entstanden Schulen (rhyûha)[5] mit unterschiedlichen Schwerpunkten, auch Abspaltungen waren keine Seltenheit (Manzenreiter 2005, S. 56f.). Mit der zunehmenden Spezialisierung verlor sich nach und nach der Bezug zur Tätigkeit des Kämpfens; das Training spezifischer Techniken und der moralischen Entwicklung trat in den Vordergrund. Der Japanologe G. Cameron Hurst bezeichnet diese Veränderung des Trainingsfokus mit einer

---

[5] In deutschen und englischen Texten findet sich auch oft der Ausdruck „Ryu".

prägnanten Formulierung als Entwicklung „from self-protection to self-perfection" (Hurst 1998, S. 53ff.).

Ab Mitte des 18. Jahrhunderts gerieten die meisten Samurai nach und nach in finanzielle Probleme bis Anfang des 19. Jahrhunderts der Großteil von ihnen soweit verarmt war, dass sich die alte Ordnung nicht mehr aufrecht erhalten ließ. Die zunächst streng getrennten Sphären der sozialen Stände wurden durchlässiger. Zum einen tauschten nun einige Samurai Amt und Würde gegen ein zumindest finanziell sicheres Leben als Handwerker oder Kaufmann; zum anderen interessierten sich die reicheren Bevölkerungssegmente für einen Aufstieg in den Stand der Samurai, der sich durch Adoption oder Heirat bewerkstelligen ließ, sowie durch den Kauf eines an den Samuraistand gebundenen Amtes (Schwentker 2003, S. 97). In der zweiten Hälfte des 19. Jahrhunderts schließlich strebte das Land eine wirtschaftliche und kulturelle Modernisierung an. Die Privilegien der Samurai wurden abgeschafft, der Staat übernahm das Gewaltmonopol und führte eine allgemeine Wehrpflicht ein (Schwentker 2003, S. 105ff.). Die Kampfkünste verloren im Zuge der gesellschaftlichen Veränderungen stark an Ansehen, wie in vielen anderen Ländern wurde Turnen en vogue und legte die Basis für eine breitenwirksame körperliche Ertüchtigung des gesamten Volkes nach englischem und US-amerikanischem Vorbild. „Der 'wehrhafte Körper' einer kleinen Elite", so der Japanologe Wolfgang Manzenreiter (2001, S. 17), „wurde nun abgelöst vom 'gehorsamen Körper' der im Turnen trainierten Massen".

Vermutlich wären die Kampfkünste der Samurai, wie die Kriegskenntnisse der europäischen Ritter, nun in Vergessenheit geraten, hätten ihnen nicht einzelne „Kampfsportunternehmer" eine neue, moderne Existenz verschafft. Sie griffen – in mancher Hinsicht ähnlich wie „Moralunternehmer" (Becker 1991, S. 147ff.) – die bestehenden Regelsysteme auf, veränderten sie nach den ihnen sinnvoll erscheinenden Kriterien und setzten so neue Bewegungsstile durch. Besonders bekannt ist Kanô Jigorô, der Ende des 19. Jahrhunderts mit Bezug auf die alten Kampfkünste einen modernen Kampfsport entwickelte: Judo. Kanô, so argumentiert der japanische Soziologe Inoue Shun (1998, S. 165), beabsichtigte nicht, die Kampfkunst der früheren Meister einfach fortzuführen, vielmehr entwickelte er aus einer Synthese verschiedener Kampfkunstschulen eine moderne Bewegungsschule. Er beanspruchte, auf Basis der modernen Wissenschaften die besten Elemente der verschiedenen Kampfkünste vereinigt zu haben, und erneuerte das Lehrsystem und die Beziehung zwischen Lehrer und Schüler. Ein zentrales Element dieser Erneuerung war, den Stellenwert des Sprechens zu heben. In den alten Kampfkunstzentren war Nachahmung der wichtigste Lernmodus, Kanô dagegen präferierte verbale Kommunikation und rationale Erklärungen. Ein weiteres wichtiges Element war die Einführung eines differenzierten Rangsystems (dankyû), das bis heute in vielen Kampfkünsten eingesetzt wird und vor allem in Form des „schwarzen Gürtels" als ein für die japanischen Kampfkünste charakteristisches Element gilt. In dieser Phase standen die Kampfkünste für eine Kombination aus Modernisierung und Bewahrung alter Traditionen. Kanô Jigorô selbst stand für einen sportlichen Kulturaustausch. Er propagierte westlichen Sport in Japan, öffnete seine Judo-Schulen für Frauen und sandte umgekehrt einen seiner Schüler in die USA, um Judo dort einzuführen (Shun 1998, S. 171ff.). Gleichzeitig aber setzte er aus strategischen Gründen auf eine Verknüpfung des Judo mit der japanischen Tradition. Damit produzierte er, wie Inoue Shun darstellt, eine „erfundene Tradition" (Hobsbawm 1992).[6]

Kanô Jigorôs Konzept wurde fortgeführt. Einige Jahre später entwickelte Morihei Ueshiba eine weitere Bewegungsschule, das Aikido. Auch Aikido wurde aus verschiedenen Elementen der alten Kampfkünste entwickelt, jedoch orientierte es sich nicht so sehr an den Vorgaben für moderne Wettkampfsportarten als am Ideal der Ausbildung einer verantwortungsbewussten und defensiven Persönlichkeit. Die im Aikido versammelten Bewegungselemente aus den alten Kampfkünsten sind deshalb am Ideal der defensiven Abwehr von Angriffen orientiert. Auch die Wiederentdeckung weiterer früherer Kampfkünste wie Kendo, Jiu Jitsu oder Karate orientierte sich zumindest teilweise an Kanô Jigorôs Modell der Vereinigung moderner Wettkampfelemente mit Elementen der alten Kampfkünste, mit denen sie diskursiv in Beziehung gesetzt wurden. Sie alle gelten heute als „Budo", als japanische Kampfkünste.

In den folgenden Jahren zeigte sich nun, wie ein solcher Prozess der Konstruktion einer Tradition aus den Händen des Gründers geraten kann. Die Kampfkünste wurden nämlich nach und nach von militaristischen und nationalistischen Strömungen vereinnahmt und zum japanischen Gegenprogramm zu den westlichen, modernen Sportarten erklärt. Bereits einige Jahre nach Kanô Jigorôs Tod, während des 2. Weltkriegs, wurden

---

[6] Das Konzept der „Invention of Tradition" geht auf den Historiker Eric Hobsbawm zurück. Es bezeichnet Prozesse der Herstellung nationaler „Traditionen" in Zeiten gesellschaftlicher Umbrüche, die in zahlreichen Studien untersucht wurden (u.a. Anderson 1988; Hobsbawm/Ranger 1992; Vlastos 1998).

sie zum Nationalsport erklärt, in die Lehrpläne der Schulen aufgenommen und zur authentischen japanischen Tradition erklärt:

> In the 1930s and 1940s, Western-style sports were discouraged and the state vigorously promoted a nationalistic and essentialist conception of budo. Budo, it increasingly stressed, had an ancient history and embodied *wakon* [japanese spirit, Anm.]. The emphasis on modernity and a discontinuity with tradition, which was so central to Kanô's conception of budo, disappeared. 'Modernity' came to be regarded as a characteristic of 'imported sports,' undesirable and something to be denied (Shun 1998, S. 172).

Während das Kriegshandwerk der europäischen Ritter also größtenteils in Vergessenheit gerät und zu kleinen Teilen in moderne Sportarten transformiert wird, entstehen in Japan Kampfkünste. Diese tragen zunächst zur kulturellen Differenzierung der Samurai von den niederen Ständen bei. Später bieten sie im Übergang zur Moderne eine Gelegenheit, moderne Werte mit japanischer Tradition zu verschmelzen und auf diese Weise den Ambivalenzen gesellschaftlicher Veränderungsprozesse mit einer ambivalenten Haltung zu begegnen. Sie stehen – je nach Kontext – für Modernisierung oder für japanische Tradition.

1.4 Die Erzählung der Ninja

Kommen wir zurück zum modernen Europa: Gerade der mitteleuropäische Alltag ist, wie ausgeführt, seit vielen Jahrzehnten von historisch und geografisch außergewöhnlich hohen Sicherheitsstandards gekennzeichnet. Vor diesem Hintergrund entsteht eine spezifische Faszination für spektakuläre diskursive Darstellungen des Kämpfens. Die prominentesten Formen sind Actionfilme, Comics oder Romane. Neben diesen offen als Fiktion gehandhabten Darstellungen, sind dokumentarische Fiktionen früherer Kriegergemeinschaften als Teil der gesellschaftlichen Auseinandersetzung mit Kämpfen zu nennen, wie sie auch im Umfeld von Kampfkunsttrainings zu finden sind. Fast alle Kampfkünste werden auf eine solche vergangene Kriegergemeinschaft zurückgeführt. Das Kampftraining des Jiu-Jitsu soll auf den waffenlosen Kampfformen der Samurai, der japanischen Ritter, beruhen, Judo und Aikido wurden Anfang des 20. Jahrhunderts aus verschiedenen Kampfkunststilen entwickelt, Karate und Wing Tsung

sehen ihre Wurzeln bei Kampfmönchen,[7] und Capoeira in den Kampfspielen afrikanischer Sklaven im kolonialen Brasilien. Der Kampfkunstverein, in dem die vorliegende ethnografische Studie durchgeführt wurde,
bezieht sich auf eine besonders spektakuläre Erzählung, die Erzählung
über die japanischen „Ninja" und ihre Kampfkunst Ninjutsu. Zwar sind,
wie die nächsten Abschnitte des Kapitels zeigen werden, die Verweise
auf die japanischen Ninja in „meinem" Kampfkunstverein spärlich, die
Selbstverortung der eigenen Tätigkeiten durch den Namen des Vereins
und das Tragen schwarzer statt weißer Trainingsanzüge stellt jedoch eine
Verbindung zur Erzählung über diese Kriegergemeinschaft her. Ich werde
im folgenden drei Versionen der Ninja-Erzählung skizzieren: die Erzählung der Ninja und ihrer Kampfkunst als elitäre und geheime Tradition,
die historisierende Darstellung von Ninja-Kampfstrategien und schließlich
das Genre der Ninja-Filme.

Alle drei Versionen erzählen von einer Gestalt des mittelalterlichen Japans. Der Ninja (oder auch Shinobi)[8] wird als unscheinbares, aber ein-
flussreiches Alternativmodell zu den japanischen Rittern, den „Samurai" beschrieben: als „Schattenkämpfer". Samurai bildeten einen ehrbaren
Stand, dessen Angehörige in der Öffentlichkeit deutlich erkennbar waren.
Sie unterstanden einem Kriegsherren, dem sie selbstlose Treue schuldeten
und hatten sich an einen strengen Regel- und Ehrenkodex zu halten, der
neben allgemeinen Regeln der Lebensführung die Etikette eines standes-
gemäßen Kampfes festlegte.[9] Ninja dagegen wurden eher als Söldner und
Spione eingesetzt, sodass sie nicht oder nur durch wenige Erwähnungen in
die offizielle Geschichtsschreibung eingingen. Die Erzählung der Ninja ist
damit eine besondere Variante der japanischen Erfindung einer Kampf-
kunsttradition. Sie erzählt die Geschichte einer minoritären und geheimen
Kriegerkultur, die zunächst von der offiziellen Geschichtsschreibung igno-

---

[7] Eine Darstellung der verschiedenen mehr oder weniger plausiblen Wurzeln des Karate
findet sich bei Binhack (1998). Er hält jedoch fest, dass keine kontinuierliche Entwick-
lungslinie vorhanden sei (Binhack 1998, S. 197).

[8] In der Literatur gelten diese beiden Namen als korrekte Lesart des selben japanischen
Schriftzeichens (z.B. Turnbull/Reynolds 2003, S. 68; Hatsumi 1981, S. 10).

[9] Dieser Regel- und Ehrenkodex wird als „Bushido" bezeichnet. Er wird aus Texten
abgeleitet, die im 17. und 18. Jahrhundert entstanden, zu einer Zeit als die Samurai
als Kämpfer bereits ausgedient hatten (Bierwirth 2005, S. 38f.). Samurai bilden nicht
nur einen Nationalmythos, sie wurden auch von der Managerliteratur entdeckt. Dieses
Genre bietet Titel wie „Führen wie ein Samurai. Mentale Stärke — Schlagkraft im
Handeln" (Kubat 2007) oder „Der Samurai-Verkäufer. Die sieben Wege des Kriegers
im gnadenlosen Wettbewerb" (Rentzsch 2000).

riert wurde und der später in Legenden übernatürliche und böse Kräfte zugeschrieben wurden. Es wird also keine nationale, sondern zunächst eine elitäre japanische Tradition konstruiert.

Die erste der drei Versionen der Ninja-Erzählung lässt sich als eine eher mythische Erzählung charakterisieren. Sie erzählt die Geschichte einer Kampfkunst, deren Ursprung in der alternativen Lebenskultur einiger Großfamilien im mittelalterlichen Japan liegt. Diese führten auf der Suche nach Erleuchtung ein naturzugewandtes Leben in den bewaldeten Gebirgsregionen Südjapans, Iga und Koga. Die Abkehr von der damaligen japanischen Gesellschaft wurde von den Herrschenden als (illegale) Gegenkultur aufgefasst, sodass die Familien immer wieder Opfer gewaltsamer Überfälle wurden. Um sich gegen solche Angriffe wehren zu können, entwickelten sie eine an Effizienz und Lebensweisheit, nicht an Standesriten, orientierte Form der Kriegsführung. In der Zeit der Kriege im 15. und 16. Jahrhundert wurden die besonderen Kenntnisse der Ninja-Familien von verschiedenen Kriegsherren nachgefragt. In der friedlicheren „Edo-Ära" entwickelten die Familien ihre Kriegskenntnisse zu einer Kampfkunst, welche – wie die Kampfkünste der Samurai – in familienähnlich organisierten, teilweise geheimen Schulen (rhyûha) weitergegeben wurde. In dieser Zeit sollen auch geheime Handbücher, zum Beispiel „Shoninki" (Schedler 2004), geschrieben worden sein. Aktuell vertreten nach dieser Version Großmeister Masaaki Hatsumi und seine Schüler die jahrhundertealte Tradition dieser Kampfkunst und ihre adäquate Lebensweise. Hatsumi selbst versteht sich als Teil einer ununterbrochenen Kette von Kampfkunst-Meistern, die ihr Kampfwissen an nächste Generationen weitergeben. Er gilt als aktueller Meister (Soke) mehrerer Kampfkunstschulen (rhyûha), von denen einzelne auf Ninja-Techniken spezialisiert sind, und die er zu einer Schule namens „Bushinkan" zusammenführte (Hayes 1981, o.S.). Bis ins 20. Jahrhundert hinein sollen Ninja-Meister nur Japaner als Schüler akzeptiert haben, eine Tradition mit der Hatsumi brach.

Hatsumis Erzählung beinhaltet damit auch Elemente, die sich bereits in den Geschichten Kanô Jigorôs, des Judo-Gründers, und Morihei Ueshibas, des Erfinders des Aikido, finden und so auch Hatsumi als „Kampfsportunternehmer" erscheinen lassen. Zum einen vereinigt und systematisiert er wie vor ihm Kanô und Ueshiba das Kampfwissen mehrerer traditioneller Kampfsysteme unter einem spezifischen Gesichtspunkt. Hatte Kanô eine wettkampffähige Version der Kampfkünste gegründet, und Ueshiba ein auf eine defensive und verantwortungsbewusste Geisteshaltung abzielendes Bewegungssystem, so setzt Hatsumi den Schwerpunkt auf eine Rückbesinnung auf die kämpferischen Aspekte der Kampfkünste und ein Leben im Einklang mit der Natur. Zum anderen internationalisiert er das Wissen, indem er auch Nicht-Japaner ausbildet, und indem er die Welt mit Büchern versorgt. Diese beschreiben Kampftechniken, aber auch „Ninpo, die höhere Ordnung des Ninjutsu". Man erlerne Ninjutsu deshalb nicht nur durch körperliches Training, sondern durch die Ausbildung eines „Sechsten Sinns" und eines wachen Bewusstseins für das eigene unbewusste Denken. Man müsse die „Wahrnehmung von richtig und falsch, die Wahrnehmung von Angemessenheit" zu kontrollieren lernen. Diese weite Wahrnehmung sei der entscheidende Unterschied zwischen Ninjas und anderen Kriegstaktikern gewesen (Hatsumi 1981, S. 11ff.). Hatsumi zeichnet in diesem Text das Ideal einer moralischen, auch spirituellen Persönlichkeit, die im Einklang mit den Gesetzen der Natur, der Physik und der Psychologie lebt. Er charakterisiert Ninjutsu als den Weg des Überlebens und „the art of winning" (Hatsumi 1981, S. 3) und stellt es damit in einen Gegensatz zu der im 18. Jahrhundert propagierten, eher morbiden Samurai-Romantik, wonach der Weg des Samurais im Sterben liege (Schwentker 2003, S. 93f.). Er produziert die Erzählung einer Kriegertradition, die sich dem Ständesystem entzog und damit in dieser Hinsicht auch immer schon modern gewesen sei. Die Erzählung der Ninja und ihrer Kriegskunst wird so in einer besonderen Form an die (erfundene) Tradition der japanischen Kampfkünste angelehnt:

Die Erzählung ignoriert die Entwicklung der Tradition der Kampfkünste im späten 19. und 20. Jahrhundert. Stattdessen konstruiert sie eine direkte Linie zu den mittelalterlichen und neuzeitlichen Kampfkünsten, die von einigen wenigen Vertretern im Schutze einer bescheidenen und zurückgezogenen Lebensweise an der Modernisierung der Kampfkünste vorbei fortgeführt worden sei. Diese kultivierten, so die Erzählung, eine nach wie vor an kämpferischer Effizienz statt an sportlichem Training orientierte Kampfkunst. Realitätsnahe Kampfübungen statt des Trainings auf Matten, wie es in den modernen Kampfkünsten üblicherweise praktiziert wird, werden als ein wichtiges Element des Trainings dargestellt. Hatsumis Schüler Stephen Hayes schildert eine nächtliche Übung auf einem Golfplatz folgendermaßen: Zunächst sei Hayes verwundert gewesen, schließlich sei es in den USA verboten, sich nachts auf Golfplätzen aufzuhalten. Sein Lehrer (ein Schüler Hatsumis) habe ihm daraufhin erklärt, es sei in Japan genauso verboten. Sie machten sich deshalb aber keine Sorgen, denn die Wachen würden sie nie ertappen. Hayes sei ihnen durchs nächtliche Gelände gefolgt, bis er plötzlich unversehens in Wasser getreten sei. Darauf habe ihm sein Lehrer zugeraunt, er müsse besser aufpassen und er mache zuviele Geräusche. Auf Hayes Entgegnung, er habe das Wasser nicht gesehen und würde nächstes Mal darauf achten, habe der Lehrer gesagt, es werde nie zwei Mal auf dem selben Gelände trainiert. Das Ziel sei, zu lernen, wie man sich ungesehen in unbekanntem Gelände bewege (Hayes 1981, S 98f.). Hayes Darstellungen beinhalten, das wird bereits deutlich, eine starke Abgrenzung des Hatsumi'schen Kampftrainings von modernen, westlichen Kampfkunststilen. Er betont gleichermaßen die überlegene Effizienz von Hatsumis Kampfschule und die persönliche Größe seines Lehrers.

Beide Autoren produzieren gemeinsam in verschiedenen Büchern eine Erzählung über ein besonders effizientes Kampfsystem auf der Basis einer elitären Tradition. Ninjutsu wird sowohl von den Kampfkünsten der an Standesriten orientierten Samurai seinerzeit als auch von den modernen Kampfkünsten und -sportarten abgegrenzt. Die Ursprünglichkeit der Kampfkunst wird in dieser Erzählung konstruiert, indem die moderne Entwicklung der Kampfkünste, ihre Karriere zu einer japanischen Tradition, ignoriert wird. Gleichzeitig aber sticht die Passung zu westlichen Diskursen ins Auge: Die Bücher erscheinen in westlichen Sprachen, die Erzählung einer unsichtbar agierenden, elitären Kriegerkultur trifft sich mit westlichen Erzählmotiven und Hatsumi vergibt Meistergrade an diverse internationale Schüler. Es lässt sich also auch hier von einer „erfundenen Tradition" sprechen, weil die Autoren beanspruchen, ein modernes, effizientes Kampfkunstsystem als Fortführung der traditionellen Kampfkünste zu vertreten. Ihre Version schreibt die erfundene japanische „Tradition" der Kampfkünste in besonderer Weise fort, weil sie sich selbst als eine elitäre Tradition, nicht als Gewohnheit eines ganzen Volkes darstellt.

Die zweite, militärhistoriographisch orientierte Version versteht die Kriegsstrategien der Ninja zwar ebenso als ein Element der japanischen Geschichte, nicht jedoch als eine auf wenige Regionen Japans beschränkte Alternativkultur. In dieser Version wird Ninjutsu eher als spezifische Form der Kriegsführung angesehen, als eine historische Variante der modernen „Undercover-Operationen" (Turnbull/Reynolds 2003, S. 68f.) oder als die japanische Form der Spione, wie sie auch im Werk „Die Kunst des Krieges" erwähnt werden (Kastiel 2004, S. 32). „Die Kunst des Krieges", ein historisch sehr früher Versuch der systematischen Darstellung von Kriegsstrategien, wird auf einen chinesischen General namens Sun Tsu zurückgeführt und soll etwa 500 v. Chr. für den damaligen Kaiser Wu geschrieben worden sein.[10]

---

[10] Dieses Buch wird bis heute immer wieder übersetzt, z.B: Ralf Löffler (Übersetzer),

Für diese Version steht vor allem der an der Universität Leeds im Fach Geschichte promovierte Autor Stephen Turnbull, der zahlreiche Sachbücher
zu verschiedenen Kriegergemeinschaften publizierte.[11] Seine Darstellung
der Ninja basiert auf japanischen Quellen zur Kriegsgeschichte, aus denen Turnbull im Prinzip „ninja-typische" Passagen, das sind vor allem
Fälle von Spionage oder Überraschungsangriffen, extrahiert. Demzufolge
stammten die ersten Ninja aus Samurai-Familien, die sich auf Überra-
schungsangriffe spezialisierten. Die (berühmten) Kämpfer aus den Regionen Iga und Koga seien dabei am erfolgreichsten gewesen, es habe Ninja
jedoch in allen Teilen Japans gegeben. Ab Ende des 16. Jahrhunderts
hätten einige Kriegsherren sogar gezielt Ninja ausgebildet, die seit der
zweiten Hälfte des 17. Jahrhunderts auch in Gesetzestexten erwähnt worden seien (Turnbull/Reynolds 2003, S. 75). Sie seien eine zwar moralisch
geringgeschätzte, aber offiziell anerkannte Gruppe von Kriegern gewesen.
Wie andere unsichtbare, lose verbundene oder geheime Gruppierungen
seien sie in die Mythen- und Legendenbildung eingegangen, in der offiziellen (Herrschafts-)Geschichtschreibung aber nicht oder nur marginal erwähnt worden. Im Zuge der Romantisierung des mittelalterlichen Lebens
im 19. Jahrhundert seien Samurai zu ruhmvollen Helden stilisiert worden,
während Ninja als unrühmliche Gegenseite in die Erzählungen eingegangen seien (Turnbull/Reynolds 2003, S. 117). Nach und nach habe sich der
eindeutig negative Charakter der Figur zugunsten einer Charakterisierung
anhand ihrer außergewöhnlichen Kriegs- und Strategiekenntnisse verloren, immer wieder wurden ihr auch übernatürliche Kräfte zugeschrieben.
Während Samurai eine sichtbare, an gesellschaftlichen Vorgaben orientierte Rolle spielten, wurden Ninja als unsichtbare Ergänzung oder auch als
Gegenmodell dargestellt. Die Figur des Ninja wird in dieser Version zur
Konstruktion einer historiographischen Erzählung genutzt und schreibt
so die Geschichte der Ninja in die japanische Geschichte der Samurai
ein. Auf dieser Linie liegt auch die bei Turnbull und Reynolds erwähnte
Nachbildung eines Ninja-Hauses, in dem – ähnlich wie in den europäi-
schen Rittermuseen – anhand von historischen Spuren wie Waffen eine
Geschichte der Ninja erzählt wird.[12] Sie beschränkt sich nicht auf Häuser

---

2007, Verlag: RaBaKa-Publishing oder Stephen Sawyer, 2003, Verlag: Barnes & Noble.
Ein Autor namens Werner Schwanfelder „übertrug" das Buch unter dem Titel „Sun Tzu
für Manager. Die 13 ewigen Gebote der Strategie" in die Welt des modernen Managers
(Schwanfelder 2004).

[11] Darunter finden sich Publikationen über Ninjas und japanische Kampfmönche (Turn-
bull/Reynolds 2003) und über Samurai (Turnbull 2005a/b).

[12] Hinweise zu solchen Museen finden sich bei Turnbull/Reynolds (2003, S. 119ff.), sowie

und Artefakte: Ninja und ihre Gewohnheiten werden nämlich auch durch Menschen, gewissermaßen als „verkörperte Rekonstruktion", dargestellt. Man könnte hier in Anlehnung an den Begriff der „oral history" von einer „corporeal history" sprechen, von einer historiographischen Rekonstruktion der Ninja durch die Körper aktuell lebender Menschen.

Die historisierende Erzählung beinhaltet eher als die mythische Version nationalisierende Erzählelemente. Zwar wird die Kriegstaktik der Ninja nicht auf Japan beschränkt, es wird jedoch die japanische Version dieser Kriegstaktik erzählt. Die erwähnte Nachbildung eines Ninja-Hauses schließlich verortet die Geschichte der Ninja auch materiell in Japan, denn zum einen steht das Haus dort, zum anderen ist es optisch primär als japanisches Haus erkennbar. Dass es zudem ein Ninja-Haus ist, zeigt sich erst an der Inneneinrichtung – das Haus sollte schließlich, passend zur Geschichte der Ninja, von außen nicht als Ninja-Haus erkennbar sein. Auch die Ninja-Darsteller sind Japaner. Die Figur des Ninja wird also japanisch aufgefüllt, es fehlen aber Elemente, die diese Version als eine Traditions-Erzählung erkennbar machen würden. Die Reduktion der spektakulären Erzählung auf eine Kriegsstrategie entspricht eher dem Ansatz, die historisch argumentierbaren Elemente eines Mythos festzuhalten. Während die erste Version also einen Mythos untermauert, der westliche Wünsche nach der ultimativen, authentischen Kriegertradition erfüllt, scheint die zweite Version eher dazu geeignet, den Mythos nach Kriterien westlicher Rationalität zu beleuchten. Auch diese Version lässt sich damit als eine primär westliche Erzählung identifizieren, obwohl sie sich japanischer Quellen bedient.

Die dritte Version der Ninja-Erzählung sind Filme und Romane. Hier erlangte die Figur des Ninja zunächst in Japan große Popularität und wurde in den 1960er-Jahren von Ian Flemming für den James Bond-Film „You only live twice" (1967) adaptiert. Dem breiten Kinopublikum des Westens waren Ninjas zu diesem Zeitpunkt vermutlich nicht bekannt, denn der Film führt die Figur „Ninja" explizit ein: James Bond trifft in Japan einen Kollegen, Topagent Tanaka, der ihm Ninjas als Spezialkommando des japanischen Geheimdienstes, als „Experten der Tarnung und des Überraschungsangriffs" vorstellt. Man sieht zunächst ein Kommando junger Männer in den im Westen bekannten weißen Kampfsportanzügen mit schwarzen Gürteln beim Kampftraining. Geübt werden traditionelle waffenlose Kampftechniken und Schwertkampf. In der nächsten Einstellung

---

unter http://www.yamasa.org/japan/english/destinations/mie/ueno_ninja.html.

sieht man das Training mit modernen Schusswaffen in normaler Kleidung. Einige Szenen später sieht man einen einzelnen, gegnerischen Ninja beim Versuch Bond zu töten, indem er von der Zwischendecke des Zimmers aus versucht, an einem Faden ein zähflüssiges, süßes Gift in Bonds Mund zu befördern. Im letzten Moment dreht Bond sich zur Seite, seine Begleiterin dreht sich zu ihm und das tötliche Gift landet in ihrem Mund. Im Showdown schließlich kommt der professionelle Einsatz der Geheimdienst-Ninja. Es erscheint eine unüberschaubare Menge von Kämpfern, die mit grauer Kleidung und grauer Strumpfmütze getarnt, kaum unterscheidbar sind. Man kämpft mit modernen Waffen, aber auch mit „ninja-typischen" Kriegsmaterialien wie Wurfsternen und Schwertern. Darüber hinaus sieht man Ninja als Meister der Körperbeherrschung, sie bewegen sich schnell, koordiniert und lautlos.

Im „Eastern"–Boom der 1970er und 1980er-Jahre setzte sich nach und nach die Farbe Schwarz zur Darstellung von Ninja-Figuren durch. In vielen Filmen tragen sie nicht nur schwarze Kleidung, sondern auch eine Art Strumpfmaske. Sie verfügen über grandiose Kampftechniken, nach wie vor über traditionelle und moderne Waffen und gehören häufig einem Ninja-Clan an. Man findet aber auch Ninjas als „lonly heroes", beispielsweise in „Enter the Ninja" (1981), einem Klassiker des 80er-Jahre Ninja-Booms, oder als erfolglose Gegenspieler eines Helden (z.B. in „Shinobi: Heart under Blade" 2005). Solche Filme sind dem Ursprungsgenre der Ninja-Erzählung, den Legenden und Mythen, sicherlich am nächsten. Sie zeigen zudem am klarsten, die sukzessive westliche Aneignung der Figur durch filmische Darstellungen, die für ein westliches Publikum eine japanische Tradition entstehen lassen.

1.5 Westliche Kampfkunsttrainings

In Europa, wo die Kriegskenntnisse der Ritter vollständig historisiert worden waren, wurden seit Anfang des 20. Jahrhunderts japanische Kampfkünste gewissermaßen importiert. Als Pionier des deutschen Kampfkunsttrainings gilt Erich Rahn, der 1906 die erste deutsche Jiu Jitsu-Schule in Berlin eröffnete. In den 1970er-Jahren erlebten Kampfkunstschulen in Europa und den USA einen Aufschwung und zählen seitdem zu den gängigen Freizeitaktivitäten. Das Angebot beschränkt sich auch längst nicht mehr auf japanische Kampfkünste, sondern beinhaltet Kampfkunststile aus verschiedenen Teilen der Welt. Besonders prominent sind in den letzten Jahren das brasilianische Capoeira und das indonesische Pencak Silat.

Die Grenzen zu zwei anderen, strukturell ähnlichen Freizeitaktivitäten, Kampfsport und Selbstverteidigung, sind fließend. Alle drei beziehen sich in der einen oder anderen Form auf die Tätigkeit des Kämpfens, verstanden als körperliche Auseinandersetzung zwischen zwei Gegnern. Selbstverteidigungssysteme werden auf Basis der Annahme, dass auch im modernen, mitteleuropäischen Alltag ernstzunehmende Gefährdungen der körperlichen Sicherheit stattfinden, entwickelt. Sie entwerfen deshalb Gefährdungsszenarien und erarbeiten – im Sinne dieser Szenarien – realistische Abwehrmaßnahmen. Kampfsport bildet hingegen eine Transformation des Kämpfens entlang der modernen Vorstellungen sportlicher Betätigung. Im Vordergrund steht also nicht ein Kampf zwischen zwei Gegnern, sondern ein sportlicher Wettkampf nach vorgegebenen Regeln und Sicherheitsvorkehrungen. Klassische Kampfsportarten sind Boxen und Ringen.

Kampfkünste lassen sich als eine Art Mittelweg beschreiben. Sie beschäftigen sich (zumindest in abstrakter Form) mit den Möglichkeiten, einen Gegner zu verletzen und beziehen sich, wie eingangs erwähnt, zumeist auf außereuropäische Kampfschulen. Besonders die asiatischen Kampfschulen haben häufig eine religiöse oder zumindest spirituelle Komponente. Sie zielen nicht nur auf die Schulung von körperlicher Abwehr, sondern auch auf die Schulung bestimmter charakterlicher Fähigkeiten und eines spezifischen (teils in fernöstlichen Religionen begründeten) Lebensstils. Manche versuchen eine Verwurzelung in historischen Kampf- und Lebensschulen, andere zielen primär auf einen von westlichen Idealen abweichenden Lebensstil ab. Welche dieser Komponenten in den Vordergrund rückt, unterscheidet die verschiedenen Kampfkunststile, innerhalb der Stile wieder die verschiedenen Trainingsvereine und innerhalb der Vereine legen die einzelnen Schüler unterschiedliche Schwerpunkte. Im Vordergrund des Trainings können also sportliche, spirituelle oder selbstverteidigungsbezogene Aspekte sein.

In diesem Sinne wird im Alltag verschiedener Vereine in unterschiedlicher Form Nähe zur „Tradition" propagiert. Ein athener Verein beispielsweise beansprucht auf seiner Homepage authentisches Ninjutsu zu vermitteln, wie das folgende Zitat zeigt:

> You know them from the movies. You have seen them using weapons that have never existed in reality, wearing uniforms that they have never actually worn, performing outrageous exaggerations in unrealistic scenes.
>
> All these have nothing to do with the true spirit of the ninja warriors and their ancient martial art and philosophy: Ninjutsu or Ninpo.

Abbildung 1.1: Traditionsorientiertes Ninjutsu-Training

Because reality my friends outdoes the movies.

'This is the way to become invisible. Just become a small piece of the night. Go with the wind and the shadows. Do what you have to do, free from all feelings, so that no soul will feel and no heart will hear.' (BDA Ninpo, 2008)

Im ersten Absatz knüpft der Text eine Verbindung zu Ninja-Filmen, indem er sich sofort von ihnen distanziert. Der im Folgenden propagierte „wahre Geist" des Ninjutsu umfasst jedoch genau jene Charakteristika, die Ninjas in Filmen normalerweise innehaben. Der entscheidende Unterschied zwischen Film und (wahrem) Ninjutsu scheint laut diesem Text in den praktizierten Kampfbewegungen zu liegen. Nicht nur die Texte auf der Homepage, auch die Abbildung eines Raumes (ähnlich jenem in Abbildung 1.1) stellt Nähe zu einer japanischen Tradition her: Die Zeichnung an der Wand, die Holzschwerter und das Bild eines japanischen Schriftzeichens vermitteln japanisches Flair.[13] Die schwarzen Kampfanzüge verweisen im Anschluss an die Darstellung in vielen Ninja-Filmen auf die praktizierte Kampfkunst.

Andere Kampfkunstschulen beanspruchen wesentlich weniger Nähe zur Erzählung der Ninja. Sie scheinen eher die Bekanntheit des Mythos zu nutzen als seinen ideologischen Hintergrund. Zu ihnen zählt jener Verein, dessen Kampfkunsttraining ich im Rahmen meiner ethnografischen Studie besuchte. Nähe zur Erzählung der Ninja entsteht hier, wie erwähnt, zum einen über die Verwendung des Namens, zum anderen durch

---

[13] Wie bereits bemerkt, sind die für die Darstellung relevanten Fotos in abgezeichneter Form abgedruckt, um Anonymität der Beteiligten zu gewährleisten.

das Tragen schwarzer Trainingsanzüge. Im Verlauf des Trainings jedoch werden weder Geschichten über Ninja erzählt, noch eigene Geschichtsdeutung präsentiert. Auch die geübten Bewegungsabläufe werden nicht auf spezifische Ninja-Strategien zurückgeführt. Prägend für die Diskussionen unter Schülern und für die Darstellung der geübten Bewegungsabläufe ist vielmehr die Frage der „Straßentauglichkeit", die Frage also, ob die im Training vermittelten Fähigkeiten im Falle eines realen Kampfes zur Selbstverteidigung befähigen. Ein Beispiel dafür gibt der Kommentar eines Ninjutsu-Schülers im folgenden Auszug aus meinen ethnografischen Protokollen:

> Wie in vielen anderen Kampfkunsttrainings wird auch hier fachgerechtes „Fallen" in einer verletzungsfreien Version geübt. Es wird also vorausgesetzt, dass man während eines Kampfes unfreiwillig zu Fall kommen kann und daraus ein Sicherheitsrisiko entsteht. Ich hatte Fallen bereits in einem anderen Kampfkunsttraining gelernt. Dort wurde es vom sogenannten „Abschlagen" begleitet, einem kurzen, hörbaren Schlag auf den Boden. Dieser wird im Ninjutsu-Training vermieden, denn, so erklärt mir ein erfahrener Schüler: „Schlag mal auf der Straße ab! Je lauter du abschlägst, desto mehr verletzt du dich!"

Auch in dieser traditionsfernen Selbstdarstellung steckt ein Moment der Ninja-Erzählung. Zwar wird hier nicht beansprucht, eine bestimmte Tradition fortzuführen. Das Anliegen aber, eine realitätsnahe Kampfkunst zu trainieren, also „straßentaugliches" Kämpfen zu erlernen, findet sich ebenso in Hatsumis und Hayes Darstellung eines „authentischen" Ninja-Trainings.

Was die drei bislang erwähnten Ninjutsu Trainings verbindet, ist die Nutzung eines Namens, das Tragen schwarzer Kampfanzüge und ein Anspruch auf Authentizität. Gerade letzterer wird jedoch sehr unterschiedlich gehandhabt. Er kann sich, wie im Athener Training, als Bezug auf den „wahren Geist" der tradierten Kampfkunst äußern, oder wie in „meiner" Kampfkunstschule im Anliegen, realistische Abwehrtechniken zu trainieren. In beiden Fällen findet sich eine Abgrenzung von der Modernisierung der Kampfkünste, wie sie im Judo und Aikido stattgefunden haben. Ninjutsu-Trainings sind also Veranstaltungen, in denen eine teilweise antiquierte, teilweise realistische Form des Nahkampfs geübt wird. Auch wenn die hier erworbenen Kenntnisse fast nie in realen Kämpfen eingesetzt werden, so existieren sie in den Räumen des Kampfkunsttrainings. Auch sie stellen eine Form von „corporeal history" dar, weil sie nicht nur verbal über die Kampfkunst erzählen, sondern die Kampfkunst als körperliche Praxis fortsetzen.

Hatten wir bislang Ninjutsu-Trainings vor dem Hintergrund der Erzählung der Ninja und Praktiken der Herstellung von Nähe zu dieser Erzählung betrachtet, so soll in den folgenden Kapiteln dieses Buches die Tätigkeit des Kämpfenlernens im Sinne der Ethnomethodologie als eigenständige Praktik mit eigener situativer Ordnung betrachtet werden. Der Fokus liegt nun also auf der situativen Herstellung eines Ninjutsu-Trainings. Ein erster Eindruck mag entstehen, wenn man das Kampfkunsttraining mit der Tätigkeit des Kämpfens und mit Kampfkünsten vergleicht:

Kämpfen ist zunächst eine Tätigkeit, die primär körperlich vollzogen wird und zudem, wie einleitend ausgeführt, in Mitteleuropa nur begrenzt praktiziert wird. Über kindliches Raufen hinaus verfügen die meisten Menschen hier über sehr wenig empirische Kampferfahrung. Unser Wissen beschränkt sich oft auf das Wissen aus den Medien. Diese Beschränkung entsteht jedoch nicht nur durch persönlichen Erfahrungsmangel, sondern auch durch die Struktur der Tätigkeit des Kämpfens, die die Bildung von explizitem empirischen Wissen aus verschiedenen Gründen erschwert: Ein Problem besteht darin, dass die Tätigkeit des Kämpfens ein starkes „Engagement" (Goffman 1980, S. 376ff.) von seinen Beteiligten erfordert, das heißt ihre volle Aufmerksamkeit und ihre Energie bindet. Das starke Engagement unterscheidet die Praxis des Kämpfens von anderen Tätigkeiten wie Gehen oder Essen, die sich mit weiteren Tätigkeiten verbinden lassen. Man kann während des Gehens essen, während eines Flirts oder während des Lesens geht es nur begrenzt, während des Kämpfens geht es nicht. Aus diesem Grund ist auch reflexives Denken während des Kämpfens nur sehr begrenzt möglich. Die Fähigkeit zu kämpfen schreibt sich zwar praktisch in den Körper ein; sie lässt sich aber nur schwerlich in actu von den Beteiligten beobachten. Das erschwert die Ausbildung von reflexivem Wissen beträchtlich. Ein zweites Problem entsteht durch das hohe Verletzungsrisiko. Man könnte theoretisch einfach abwarten bis der Körper im Laufe mehrerer Kämpfe Kampferfahrung sammelt so wie man beispielsweise Tanzen einfach durch häufiges Tanzen lernen kann. Mit einer solchen Lernstrategie entsteht jedoch im Falle Falle des Kämpfens ein erhebliches körperliches Risiko. Tanzenlernen durch „learning by doing" ist dagegen nur durch die Gefahr der Blamage bedroht und ein solches Erlernen von Mannschaftsspielarten wird primär vom Risiko sozialer Konsequenzen begleitet – man wird nämlich unter Umständen das nächste Mal nicht mehr mitspielen dürfen, wenn man sehr viel schlechter als die anderen spielt.

Als drittes Problem ist die geringe Planbarkeit eines Nahkampfes auf der Straße zu erwähnen. Der Großteil der Teilnehmer des Trainings will Selbstverteidigung oder eine Kampfkunst erlernen, und nicht für eine Zukunft in einem Schlägertrupp vorbauen. Sie beschäftigen sich also mit dem Fall, *unschuldig* in eine Schlägerei zu geraten oder überfallen zu werden, was nur ungeplant geschehen kann.

Die Kampfkunst dagegen entsteht erst durch einen Kategorisierungs- und Systematisierungsprozess. Sie stellt den Versuch dar, ein Wissen über Kämpfe und ihre typischen Verläufe zu produzieren, indem Typen von Angriffen und Abwehrstrategien entwickelt werden. Hier treffen also mögliche Kampferfahrungen und theoretisches Wissen über Kämpfe aufeinander. In der Geschichte Japans waren die Kampfkünste, wie gesagt, ein Residuum der kriegerischen Zeiten. Sie wurden in der friedlichen Neuzeit als eine Art kulturelles Kapital der Samurai entwickelt und kultiviert. Aktuell lassen Kampfkünste sich als ein Wissenskorpus verstehen, der den Hintergrund für die Kampfkunsttrainings bildet, denn sie werden aktuell nur im Kampfkunsttraining oder in Form von Wettbewerben praktiziert. Denkbar wären Kampfkünste jedoch auch als eine Art Kampfspiel, im Zuge dessen mögliche Kampfszenen gewissermaßen nachgestellt werden.

Das Kampfkunsttraining schließlich ist eine Veranstaltung, deren Zweck in der Vermittlung von Kampf(kunst)fähigkeit besteht. Deshalb bilden Explikationsprozesse hier die Hauptbeschäftigung, nicht das (unplanbare) Kämpfen selbst. Das gesamte Setting und der Ablauf des Trainings sind an den verschiedenen Tätigkeiten des Explizierens orientiert. Auch jene Schüler, die ohne jegliches Vorwissen kommen, müssen schließlich in die Lage gebracht werden, dem Unterricht zu folgen. Die Tätigkeit des Kämpfens wird dabei in besonderer Form dargestellt: Während Action-Filme eine auf emotionale Spannung abzielende Darstellung einer schnellen, gefährlichen, atemberaubenden Tätigkeit vornehmen, beschreibt das Kampfkunsttraining Kämpfen als eine erlernbare, auf einer spezifischen Bewegungsordnung beruhenden Tätigkeit. Im Kampfkunsttraining wird versucht, die implizite Bewegungsordnung des Kämpfens vorzuführen, d.h. die Zusammenhänge zwischen den Details von Bewegungsabläufen darzustellen und so ein Wissen davon zu vermitteln, wie passende von unpassenden Bewegungsabläufen unterschieden werden können.

Das Tun im Rahmen eines Kampfkunsttrainings ist deshalb von der Tätigkeit des Kämpfens, wie sie in einem Nahkampf stattfinden könnte, leicht zu unterscheiden. Körperliche Unversehrtheit beispielsweise zählt

zu den Grundregeln heutiger Kampfkunsttrainings. Das Verletzungsrisiko entspricht jenem der meisten anderen Indoor-Sportarten. Dies ist aber
nicht der einzige Unterschied. Der gesamte Ablauf eines Trainings, die
Struktur und das Verhalten der Beteiligten und die Zielsetzung sind anders als bei einem Kampf:

Während unterschiedliche Kampfstärke in einem Nahkampf über Sieg und
Niederlage entscheidet, sind Niveau-Unterschiede im Kampfkunsttraining
nur für die Ordnung des Personals entscheidend: Man kann erwarten, dass
unter allen Anwesenden der Trainer über das meiste Kampfwissen verfügt. Unter den Schülern ist das Niveau bestenfalls ausschlaggebend für
die Wahl des Übungspartners. Man kann allerdings für jede Partnerwahl
gute strategische Gründe anführen: Mit einem etwa gleichstarken Partner kann man „realistisch" üben, von einem besseren Partner kann man
lernen, genauso wie man – so wurde mir von erfahrenen Schülern wiederholt versichert – eine Menge lernt, wenn man einem Anfänger die Bewegungsabläufe nahe bringt. Zudem ist es bei einem Nahkampf von Vorteil,
wenn man den Gegner mit überraschenden Zügen beschäftigt halten kann,
wenn man also selbst nicht in die Defensive gerät, sondern den Kampf gewissermaßen „führt". Überraschende Züge sind im Kampfkunsttraining
in aller Regel ausgeschlossen, weil die Bewegungsabläufe vom Trainer
vorgegeben werden. Das zentrale Anliegen von Kampfkunsttrainings ist
schließlich, Kampfstrategien sichtbar, verständlich und nachvollziehbar
zu machen. Ein Kampf dagegen findet einfach statt. Darüberhinaus hat
das Kampfkunsttraining einen festen Ort und eine fixe Zeit, während ein
Nahkampf ohne Vorwarnung ausbrechen würde. Es kommt im Kampfkunsttraining also auch an dieser Stelle nicht zu Überraschungen. Weil
Ort und Zeitpunkt des Trainings festgelegt sind, können alle Teilnehmer die notwendige Ausrüstung mitbringen und einige Gegenstände, wie
Holzschwerter oder -messer, sind in den Räumen des Trainings vorrätig.
Schließlich gibt es im Kampfkunsttraining eine Arbeitsteilung zwischen
Trainer und Schülern und letztere bezahlen für das Training, während der
Trainer in manchen Vereinen für seine Tätigkeit bezahlt wird. Nahkämpfe
hingegen kennen weder Arbeitsteilung noch Bezahlung.[14]

Trotz dieser gravierenden Unterschiede zwischen Nahkampf und Kampfkunsttraining waren sich die Beteiligten (wie in anderen Vereinen auch)

---

[14] Ein Kampfkunstmeister griff dieses Charakteristikum mit der launischen Bemerkung
auf, er weiche Kämpfen außerhalb der Trainings prinzipiell aus, weil er keine Lust habe
dem Gegner unentgeltlich Nachhilfestunden zu geben.

über den genauen Rahmen der Veranstaltung nicht einig: Manche von ihnen wollten im Kampfkunsttraining kämpfen lernen, durchaus mit dem Interesse sich in einem eventuellen Nahkampf verteidigen zu können. Andere aber bezweckten „nur" eine Kampfkunst zu erlernen, ohne die Absicht jemals in einen realen Kampf verwickelt zu werden. Einige von ihnen zweifelten sogar an der Tauglichkeit ihrer Kampfkunst, sollten sie außerhalb des Trainings in einen Kampf verwickelt werden. Einigkeit herrschte dahingehend, dass das zu Erlernende im Tun erlernt werden muss, dass es sich also nicht allein durch die durchaus vorhandenen Handbücher, durch Lehrvideos oder primär verbal vermitteln lässt. Immer wieder hört man den Hinweis, man müsse eine Bewegung „einfach" fühlen oder machen, sie ließe sich nicht erklären. Vielmehr müsse man über jahrelange Teilnahme am Training und eine selbständige Auseinandersetzung den Körper trainieren, also einen kampf(kunst)fähigen Körper entwickeln. In diesem Sinne zitiert der Ethnomethodologe George Girton in einer Studie über Kung Fu seinen Lehrer Ark Wong mit den Worten: „When you are experienced, your body knows how to move" (Girton 1986, S. 60). Das im Kampfkunsttraining zu vermittelnde Wissen wird so von den Teilnehmern als ein stummes, ein in den Bewegungen des Körpers liegendes Wissen dargestellt.

Resümee: Corporeal History

Ich habe in diesem Kapitel historische und gesellschaftliche Hintergründe für das Phänomen der Kampfkünste im modernen Europa beschrieben. Gerade japanische Kampfkünste werden oft als Teil der japanischen Tradition beschrieben, sind aber eher als eine „erfundene Tradition" zu betrachten. Sie bieten Stoff für westliche Erzählungen über mythische Kriegerkulturen der Vergangenheit und sind gleichzeitig für interessierte Schüler ein diskursiver Hintergrund zu einer in ihrer konkreten Ausformung gänzlich modernen Praxis: westlichen Kampfkunsttrainings. Sie bilden eine jener Nischen moderner Gesellschaften, in denen Kämpfe im Sinne eines körperlich ausgetragenen Antagonismus und verstanden als durchaus auch heroische Praktik nach wie vor betrieben werden. Gleichzeitig sind sie in ein modernes Konfrontationsformat eingeschrieben, in dem sie sportlichen und lebens- bzw. denkstilerweiternden Charakter erhalten. Sie sind – ganz im Sinne westlicher Lebensorganisation – zumeist wöchentliche Veranstaltungen, in deren Rahmen eine Art „corporeal history" praktiziert wird, indem den anwesenden Körpern ein spezifisches Wissen antrainiert werden soll.

Dieses Wissen ist vielfältig und widersprüchlich. Sein Referenzpunkt ist die Tätigkeit des Kämpfens, auf die es sich jedoch ebensowenig redu-zieren lässt, wie darauf, ein reines Kunstprodukt, ein Sport oder eine Selbstfindungsform zu sein. Es lässt sich am ehesten mit einem brei-ten Begriff als „praktisches Wissen" bezeichnen und umfasst: Die Kennt-nis einer Kampfkunst, anatomisches Wissen, Bewegungswissen, Kampfer-fahrungen, Kampftheorie. Die Vermittlung dieses Wissens ist nun einer grundsätzlichen Herausforderung ausgesetzt: Es ist in mehrfacher Hin-sicht „implizit" und muss dennoch zum Zwecke der Vermittlung expliziert werden.

2 Schauen

Im Vergleich zur spektakulären Darstellung von Kampfkünsten in Filmen und Büchern sind Kampfkunsttrainings eine relativ unspektakuläre, man könnte fast sagen langweilige Angelegenheit: Wie in den meisten europäischen Bewegungsschulen beginnen die Trainingsstunden zumeist mit Aufwärmen und Vorübungen, bevor – quasi als Herzstück des Trainings – Bewegungsabläufe geübt werden, die in irgendeiner Form die jeweils relevante Kampfkunst charakterisieren. Das kann, wie bereits erwähnt, verschiedene Formen annehmen. In „meiner" Kampfkunstschule wurden an dieser Stelle Bewegungsabläufe geübt, die einen Ausschnitt aus einem möglichen Zweikampf abbilden. Sie wurden zunächst vom Trainer und einem spontan aus der Menge Anwesender ausgewählten Schüler in Demonstrationen vorgemacht und danach von den Schülern paarweise geübt. So entstand eine Abfolge aus einer initialen Demonstration, an die paarweises Üben anschließt, dem neuerlich eine (zumeist auf der vorigen aufbauende) Demonstration folgt, wieder Üben und so fort. Man findet hier also einen fast fabrikähnlich organisierten Versuch, kampfkunstfähige und das heißt in dieser bestimmten Hinsicht wissende Körper herzustellen.

Das folgende Kapitel beschäftigt sich nun mit den empirisch beobachtbaren sozialen Prozessen in jenem Ninjutsu-Training, an dem ich zum Zwecke dieser Studie für einige Monate teilnahm. Dass sich die Vermittlung dieses Wissens verbaler Kommunikation großteils entzieht, wurde bereits einleitend festgehalten. Im Fokus meiner Darstellung steht deshalb die Frage, wie es im Zuge visueller, somatischer und technischer Kommunikation weitergegeben wird. Ich beginne mit einem kurzen Protokoll, das einen ersten Einblick in den typischen Ablauf einer Trainingsstunde vermittelt (Abschnitt 2.1). Darin deutet sich bereits an, dass die Teilnahme am Training nicht voraussetzungslos ist. Es sind zum einen Kompetenzen des Alltags wie Integrationsfähigkeit oder Selbstorganisation gefragt, zum anderen müssen aber auch – wie überall – ortspezifische Fähigkeiten entwickelt werden. Augenfällig ist im Fall des Kampfkunsttrainings, dass die Koordination der Körper hohe Anforderungen an die Situationsteilnehmer stellt. Ein zweites wichtiges Problem ist die Schulung spezifischer Wahrnehmungsfähigkeiten, vor allem ein – dem Nachmachen vorgelagertes – Schauen. Im folgenden Kapitel fokussiere ich auf diese (zu erlernende) Tätigkeit, während sich das Thema der Koordination von Körpern durch das gesamte Buch zieht. In diesem Sinne beschreibe ich im zweiten Abschnitt (2.2) die für das Training zentrale Herausforderung, Details und Zusammenhänge von Bewegungsabläufen zu erkennen und sich die entscheidenden Aspekte zu merken. Daran anschließend wird das Phänomen aus wissenssoziologischer (Abschnitt 2.3) und aus praxistheoretischer (Abschnitt 2.4) Perspektive diskutiert. Abschließend werden zunächst im Rahmen eines Seitenblicks zentrale Charakteristika des Schauens und Lernens in einer Flamencotanzstunde (Abschnitt 2.5) und im Kampfkunsttraining (Abschnitt 2.6) beschrieben.

2.1 Erste Einblicke

Das folgende Protokoll verfasste ich nach meiner ersten Ninjutsu-Trainingsstunde. Es soll einen ersten Einblick in den Ablauf einer solchen Stunde vermitteln, bevor in den weiteren Kapitelabschnitten die Charakteristika des Trainings abstrakt dargestellt werden.

Nach längerem Suchen finde ich einen Ninjutsu-Verein über eine Anzeige in einer Zeitschrift. Ich wähle die Nummer, erfrage die Trainingszeiten und mache mich auf zur empirischen Forschungstätigkeit.

Die erste Hürde besteht für mich darin, die nicht explizit gekennzeichnete Eingangstür im Hinterhaus zu erkennen. Ich entscheide mich nach kurzem Überlegen dafür, dass der einzige offenstehende Raum wohl der Trainingsraum sein muss. Als ich den Raum betrete, sehe ich als Erstes, dass fast alle Anwesenden schwarze Trainingsanzüge tragen. Ich schaue mich fragend um, kann aber unter den Anwesenden keinen Trainer oder Meister ausmachen, der mir weitere Hinweise geben könnte.[1] Der Raum ist kahl, nur an einer Stelle hängt ein Bild von einem alten japanischen Mann. In der Ecke sehe ich ein Regal mit Boxhandschuhen, Holzstöcken und einigen Holzschwertern, der Boden ist mit Sportmatten ausgelegt.

Nach einer Weile kommt ein junger Mann zu mir und fragt, ob ich neu sei. Ich bejahe. Er erzählt mir, dass der Trainer noch nicht gekommen sei, dass ich mich aber

---

[1] Manche Kampfkunstvereine haben statt eines Trainers einen „Meister“. Ein solcher wird man formal durch den Erwerb bestimmter, kampfkunstspezifischer Graduierungen; habituell trifft man normalerweise eine charismatische Erscheinung an. Meister beherrschen häufig die Kunst des sehr leisen Redens, manche unterrichten fast lautlos. Die Schüler erwidern das Charisma ihres Meisters durch erhöhte Aufmerksamkeit. Ohne diese Teilnahmeleistung der Schüler ließe sich der stille Unterricht nicht durchhalten.

Abbildung 2.1: Rollen in zwei Bahnen

schon mal umziehen solle, die Trainingsstunde werde gleich beginnen. Leider gebe es keinen eigenen Umkleideraum für Frauen, ich könne aber die Toilette dafür benutzen. Üblicherweise werden, so erzählt er mir noch, eine schwarze Trainingshose und ein schwarzes T-Shirt getragen. Es gebe auch noch schwarze Trainingsjacken, die aber kaum je zum Einsatz kämen. Man benötige sie nur zum Werfen und das werde nur sehr selten geübt. Auf der Straße seien Würfe nämlich unrealistisch.

Als ich vom Umziehen zurück komme, ist noch immer kein Trainer zu sehen. Dafür haben einige der Anwesenden mit Aufwärmübungen begonnen. Ich fühle mich ein wenig verloren, weil ich niemanden kenne, und beginne deshalb ebenfalls, Aufwärmübungen zu machen. Irgendwann stellen sich alle anderen entlang einer unsichtbaren Linie im Raum auf. Ich kann keine Hierarchie in der Aufstellung erkennen und stelle mich deshalb an ein Ende dieser Reihe. Ein Mann, ebenfalls in schwarzer Trainingshose und T-Shirt, steht uns gegenüber. Ich nehme deshalb an, er ist der Trainer. Alle verbeugen sich kurz, dann beginnt die Stunde.

Zunächst macht der Trainer Aufwärmübungen vor, die wir alle nachmachen. Diese unterscheiden sich in keiner Form von den Aufwärmübungen, die ich etwa aus dem Volleyball-Training kenne. Es werden hier also keinerlei Verweise darauf gemacht, dass ein außereuropäischer Bewegungsstil trainiert wird. Später macht der Trainer Roll- und Fallübungen vor, die die Schüler in zwei Bahnen nachmachen (Abb. 2.1). Einer der Schüler fragt mich, ob ich rollen könne. Als ich verneine, zeigt er mir (und drei anderen) grundlegende Übungen zum Rollen und Fallen und gibt einige Hinweise dazu.

Nach einigen Durchgängen geht der Trainer auf einen Schüler zu, die anderen Schüler versammeln sich in einem Halbkreis um die beiden. Der Trainer und sein Partner zeigen gemeinsam einen Bewegungsablauf, ich kann aber kaum mehr als zwei sich bewegende Körper erkennen, genauer: ein sich bewegendes Körperknäuel. Am Ende dieser Demonstration stehen die versammelten Schüler auf, finden sich in Paaren zusammen und üben den gezeigten Ablauf. Ich stehe wieder etwas unschlüssig herum, solange bis einer der Schüler auf mich zukommt und fragt, ob ich neu sei und ob ich mit ihm üben möchte. Wir beginnen zu üben, aber ich kann mich schon nach dieser kurzen Zeit nur noch vage an den gezeigten Bewegungsablauf erinnern. Mein Partner führt ihn mir noch einmal langsam vor, ich kann mir aber trotzdem die vielen Bewegungen und Positionen nicht merken. War es jetzt zuerst mit dem rechten oder linken Bein, und geht meine Hand über oder unter dem Arm meines Partners durch? Er klärt mich auf, dass es verschiedene Ausgangspositionen und Bewegungsrichtungen gebe, die man sich mit der Zeit leicht merke.

Einige Zeit später beginnt die nächste Demonstration. Wieder versammeln sich die Schüler in einem Halbkreis, der Trainer führt gemeinsam mit einem Partner einen Bewegungsablauf vor und danach wird wieder in Paaren geübt. Demonstrations- und Übungsphasen wechseln sich noch einige Male ab bis die Trainingsstunde nach etwa neunzig Minuten beendet wird, wie sie begonnen hatte. Die Schüler stellen sich wieder in einer Reihe gegenüber dem Trainer auf und verbeugen sich kurz. Während ich mich umziehe, beginnt bereits eine andere Trainingsstunde.

2.2 Die Kunst des Sehens

Auf den ersten Blick scheint das Erlernen einer Kampfkunst ein relativ einfacher Prozess zu sein: Man bekommt etwas gezeigt, macht es nach und entwickelt so nach und nach ein profundes Wissen über den Verlauf und die Logik von Kämpfen. Die Idee ist gewissermaßen, durch das äußere Nachmachen die adäquate innere Haltung zu entwickeln, die wiederum ein eigenständiges, kampfkunstkompetentes Handeln bewirkt – ähnlich wie George Herbert Mead einst proklamierte, Geist entstehe aus der Kommunikation, nicht umgekehrt (Mead 1991, S. 89).[2] Wie das Protokoll bereits andeutet ist das nachmachende Lernen in „meinem" Kampfkunsttraining in mehrere Phasen gegliedert, deren Herzstück das Erlernen kampfähnlicher Bewegungsabläufe bildet. Dabei wechseln sich Demonstrations- und Übungsphasen ab. Diese Praxis ist zwar nicht die einzige Möglichkeit solche Lernprozesse zu organisieren, aber doch eine durchaus verbreitete. Selbst Anfänger kennen sie in aller Regel bereits gut, noch bevor sie das erste Mal am Training teilnehmen. Ohne zu zögern oder zu fragen sammeln auch sie sich mit den anderen Trainingsteilnehmern in einem Halbkreis um den Trainer und seinen jeweiligen Demonstrationspartner, halten still und beobachten deren Tun. Später finden sie sich anstandslos in Paaren zusammen und üben, was sie gesehen haben.

---

[2] Das Zitat legt nahe, an dieser Stelle auch einen körpersoziologischen Einwand gegen eine vorgeblich auf das Kognitive beschränkte Sozialtheorie zu formulieren. Tatsächlich beinhaltet Meads Argumentation aber – zumindest im Hinblick auf die Frage der Kommunikation – auch körperliche und emotionale Reaktionen der Beteiligten. Erst im Hinblick auf die, Mead zentral interessierende, Frage der Entstehung von Geist und Identität kommt ein auf kognitive Reflexivität fokussiertes wissenschaftliches Interesse zum Ausdruck.

Abbildung 2.2: Körperknäuel

Sie haben allerdings trotz lernpraktischer Vorkenntnisse normalerweise in den ersten Stunden ein wichtiges Problem: Man sieht zwar auch ohne jegliche Vorkenntnisse, *dass* ein Bewegungsablauf gezeigt wird, die Details dieses Ablaufs sind der Beobachtung jedoch nicht ohne Weiteres zugänglich. So wohnt man der Demonstration im Kampfkunsttraining bei, sieht jedoch zunächst kaum mehr als ein bewegliches Knäuel aus zwei Körpern (Abb. 2.2). Dieses Bild wird untermalt von (zunächst) unverständlichem Text, den der Trainer dazu spricht. Es entsteht zwar der Eindruck, Gesprochenes und Gezeigtes stehen in irgendeinem Zusammenhang, man kann ihn aber nicht erkennen. Es braucht einige Zeit, bis man den eigenen Blick für die Bewegungsabläufe geschult hat und eine Verbindung zwischen Gesehenem und Gehörtem herstellen kann. Erst dann ist man auch in der Lage, das Gesehene in der folgenden Übungsphase einigermaßen korrekt nachzumachen. Bevor man sich also dem Üben der Kampfkunst widmen kann, muss man die eigene Wahrnehmungsfähigkeit an die Charakteristika der Kampfkunstdemonstration anpassen. Dabei stößt man auf Schwierigkeiten, die auf folgende drei Formen der Sichteinschränkung zurückzuführen sind:

Die erste Einschränkung entsteht durch das Tempo der Bewegungsabläufe und birgt das Problem der Detailwahrnehmung: Wie viele andere Tätigkeiten wird die Demonstration im Ninjutsu-Training in einer gewissen Geschwindigkeit durchgeführt. Das erschwert dem Anfänger das Erkennen von Details. So lässt sich zwar in einem grundlegenden Sinne erkennen, was gemacht wird, nicht aber wie es genau gemacht wird. Beobachten wir beispielsweise jemanden beim Gehen, so sehen wir, dass er geht. Wir meinen es daran zu erkennen, dass er einen Fuß vor den anderen setzt. Tatsächlich ist die Tätigkeit des Gehens wesentlich komplizierter, denn einen Fuß vor den anderen zu setzen, ist nur ein kleiner Teil einer Gesamtbewegung, die das gleichzeitige und konzertierte Bewegen von Armen, Rücken, Hüfte, Beinen und Füßen erfordert. Zahlreiche Gelenke, Muskeln und Nerven sind im Dauereinsatz. In aller Regel sind Tätigkeiten selbst also erkennbar, die Details des Ablaufs aber sind nicht sichtbar. Kann man die relevanten Details der Bewegungsabläufe aufgrund der Geschwindigkeit der Demonstration nicht vollständig wahrnehmen, so steht man beim Nachmachen vor gravierenden Problemen. Die Umsetzung des Gesehenen in eigene Praxis erfordert nämlich, dass man die relevanten Details gesehen und sie sich gemerkt hat. Fehlen sie, so lässt sich der Bewegungsablauf nur fehlerhaft (oft auch gar nicht) nachmachen.

Die zweite betrifft das Beobachten innerer Zusammenhänge von Bewegungen: Man stößt beim Versuch, der Demonstration zu folgen, auf ein altbekanntes Problem der Wahrnehmung, die Gestaltwahrnehmung. Man erkennt Bilder (und ebenso Bewegungen) nicht an der Summe ihrer Einzelteile, sondern als Gesamtzusammenhang. Ein klassisches Beispiel dafür ist, dass wir Gesichter erkennen, sie aber nicht einmal ansatzweise beschreiben können (Polanyi 1985, S. 14ff.). Das Wissen ist visuell vorhanden, nicht aber sprachlich. Dieses Problem zeigt sich an der Tätigkeit des Lesens noch deutlicher: Das Sehen des Textes ist eine Voraussetzung, aber es produziert nicht automatisch einen (erfolgreichen) Leser. Es gibt tatsächlich viele Gründe, einen Text nicht zu verstehen. So kann man etwa die Sprache nicht beherrschen oder den Zusammenhang des Textes nicht erkennen. Wer aber nie lesen gelernt hat, sieht noch nicht einmal einen Text, vielmehr sieht jeder Text aus wie ein Bild. Die Grundvoraussetzung des Lesens ist nämlich das Sehen und das Erkennen von Buchstaben. Routiniertes, flüssiges Lesen erfordert außerdem das gestalthafte Erkennen von Wörtern aus Buchstabenkombinationen, das Verstehen der Wörter im Zusammenhang vollständiger Sätze und schließlich des gesamten Textes. Außerdem lässt sich bei der Tätigkeit des Lesens besonders schwer von außen erkennen, wie man es macht. Man lernt lesen nicht, indem man jemandem beim (stummen) Lesen zusieht, denn bereits die Tätigkeit selbst ist nur über Indizien festzumachen: Ein stiller Körper, ein Text und konstant mit den Zeilen bewegte Augen vermitteln den Eindruck, dass jemand liest. Sicher sagen kann man es jedoch nicht. Kinder lernen Lesen deshalb in Zusammenarbeit mit Lesekundigen: Sie bekommen Bücher vorgelesen und lernen so, dass es einen Unterschied gibt zwischen Bildern und Texten. Später lernen sie Buchstaben als Zeichen für Laute kennen. Nach und nach beginnen sie, Texte ihrerseits laut vorzulesen. So können die beteiligten Lesekundigen kontrollieren, ob richtig gelesen, das heißt richtig erkannt wurde. Oft verstärken wir die Kontrolle, indem wir danach mit den Kindern über den Text sprechen, um sicher zu gehen, dass sie nicht nur die Buchstaben richtig erkannt und in Wörter übersetzt, sondern auch den Sinn des Textes verstanden haben. Die Wahrnehmung ist also zunächst visuell, sie wird jedoch zum Zwecke der Kommunikation, d.h. des gemeinsamen Lernens, in Sprache transferiert. Vielleicht nehmen wir aus diesem Grund Texte später als sprachliche, nicht als visuelle Information wahr.[3]

Die dritte Einschränkung schließlich entsteht durch ein spezifisches Charakteristikum des Kämpfens, das taktische Unterbinden der Bewegungsankündigung: Es ist, wie eben ausgeführt, prinzipiell nicht ganz einfach, die Funktionsweise einer Tätigkeit zu beobachten, zumal wenn sie in (normalerweise) hohem Tempo durchgeführt wird. Beim Kämpfen jedoch wird die Wahrnehmung zusätzlich erschwert, denn man verbirgt tunlichst die eigenen Stärken und die Kampfstrategie um zu verhindern, dass der Gegner sich auf künftige Züge einstellen kann. Ein idealer Zug im Kampf kommt für den Gegner überraschend und bevor er reagiert, kommt bereits der nächste. Vergleicht man die Erfahrung dieses Sichtbarkeitsproblems mit den Seh-Erlebnissen von Kämpfen in anderen Medien, so wiederholt sich das Problem, Kampfstrategien zu beobachten. In Spielfilmen beispielsweise sind Kampfszenen häufig sehr schnell und spektakulär dargestellt. Man kann den Verlauf des Kampfes beobachten, aber kaum die einzelnen Züge. Es wird deutlich, dass Schläge, Tritte und Schwerter (oder andere Waffen) eingesetzt werden, aber die wenigsten Zuschauer könnten die Szene nachmachen oder die Details erklären.[4] Homepages von Kampfkunstvereinen bieten häufig kurze Filme zum Download an, in denen die Kampfkunst des Meisters beobachtet werden kann. Hier treten seine Fähigkeiten in den Vordergrund, die gezeigten Bewegungen lassen sich ohne Kenntnisse der Kampfkunst jedoch genausowenig verstehen, wiederholen oder einordnen wie der Kampf im Film. Auch in (dem Kämpfen nachempfundenen) Brettspielen wie Schach oder Go pflegen Gegner die kommenden Züge nicht anzukündigen. Sie versuchen, ganz im Gegenteil, ihr weiteres Vorgehen und die Spielstrategie verdeckt zu halten. Kämpfen

---

[3] Dass dies nur eine Seite der Medaille ist, beweisen alle jene Kinder, die ihren nur zuhörenden, nicht aber mitlesenden Eltern die schönsten Geschichten erfinden – statt vorzulesen.

[4] Girton merkt an, dass Kampfkunst-Könner auch aus diesen Spielfilmen lernen. Sie erkennen die Szenen nicht nur als Kampfszenen, sondern können auch die einzelnen Bewegungsabläufe sehen. Dadurch erkennen sie mögliche (und unmögliche) Kampfbewegungen (Girton 1986, S. 61f.).

ist also im Vergleich zu anderen Tätigkeiten besonders schwer zu beobachten. Nicht nur sind die Bewegungen schnell und folgen einem inneren
Zusammenhang, der sich nicht immer allein durch Zuschauen erschließt,
sondern es liegt im Wesen einer guten Kampfstrategie, nicht im Vorhinein
erkennbar zu sein. Gewissermaßen beinhaltet das Kampftraining, zu lernen, wie man den eigenen Körper daran hindern kann, die beabsichtigten
nächsten Züge zu verraten.

Die eben beschriebenen drei Sichteinschränkungen tragen zu den Schwierigkeiten von Ninjutsu-Anfängern bei, zu sehen und zu wiederholen, was
in der Demonstration gezeigt wurde. Dabei wird deutlich, dass gerade der
Zweck des Ninjutsu-Trainings, nämlich das Explizieren von Kampfwissen,
gewissermaßen in Konflikt mit dem Unsichtbarkeitsprinzip des Kämpfens
steht. Wir finden hier also ein verbreitetes Problem in intensiverter Form.
Diese Schwierigkeiten gehören zum expliziten Wissen im Kampfkunstverein. So erzählte mir einer der neueren Teilnehmer in einem Gespräch be-
schwichtigend, er habe die ersten drei Monate dazu gebraucht, überhaupt
zu verstehen, was hier gemacht werde. Neulingen wird eine ähnliche Pro-
zedur vorgeschlagen wie die des Lesenlernens, nämlich visuelle und korpo-
rale Eindrücke aus dem Training zunächst einmal in sprachliches Wissen
zu transferieren. Es helfe, so riet mir ein anderer, fortgeschrittener Schüler, wenn man nach jedem Training aufschreibe, was man geübt habe. Ein
dritter Schüler erzählte mir, dass man das Sehen aktiv lernen könne und
beschrieb den Prozess folgendermaßen:

> „Das kann aber auch gelernt werden. Der Peter hat mir mal Tipps gegeben, wie
> ich schauen soll. Zuerst: wie fängt die Übung an, wie hört sie auf? Damit kenne ich
> Anfang und Ende, der Rest dazwischen kommt dann schon irgendwie. Der nächste
> Schritt ist: Welche Hand, welches Bein ist vorne, beziehungsweise agiert? [...] Das
> Ganze war so eine Art 'Blick-Schule'."

Nach einiger Zeit im Training, ausgerüstet mit diesem und ähnlichen
Tipps, verändert sich der Blick des Neulings auf die Demonstrationen. In
den Vordergrund rücken einzelne isolierbare Einheiten wie Schläge und
Tritte, Anfang und Ende einer Bewegungsabfolge und erinnern daran,
wie beim Lesenlernen einzelne Wörter, Satzanfänge und -enden relevant
wurden. Man kann sich diese isolierbaren Einheiten während der Demonstration im Kopf selbst erzählen, ähnlich wie man im zweiten Schritt des
Lesenlernens noch die Lippen bewegt, aber keine hörbaren Töne mehr
formt. Dieser auf verbalisierbare Bewegungselemente geschulte Blick leis-
tet jedoch kein vollständiges Erfassen der Bewegung. In Text transferiert
liest er sich in meinen Feldnotizen folgendermaßen:

Ich kann nun einzelne Elemente unterscheiden. Es scheint aber in den Demonstrationen keinen Anfang des Kampfes zu geben. Der Trainer beginnt stattdessen mitten in einer möglichen Abfolge. Ich habe den Eindruck, es geht um die selbe Schrittfolge wie beim letzten Mal. Nur kommen dieses Mal noch eigenartige Schläge dazu: Der Trainer steht in so einer Art Grundhaltung, die Beine sind stark gespreizt, eines steht weiter hinten, das Gewicht scheint auch auf dem hinteren Bein zu sein. Der vordere Arm ist nach vorne gestreckt, man schlägt mit dem hinteren. Schließlich kommt so eine Schlagkombination. Und dann wieder die Grundhaltung.

Der Text beschreibt die einzelnen Bewegungen nicht im Detail, sondern gibt nur einige Hinweise zum Bewegungsablauf. Man lernt deshalb kaum etwas über die Fertigkeit des Kämpfens und nur wenig über das Training, nämlich im Grunde nur, dass Bewegungsabläufe geübt werden und dass diese keinen ausgewiesenen Anfang haben. Es wird aber immerhin ein Teil des Wissens aus der Trainingsstunde in kodierter Form festgehalten, indem Abfolgen einzelner Positionen und Bewegungen dargestellt werden, wofür der Blick auf einzelne Körperteile und grobe Bewegungen gerichtet wird. Außerdem wird versucht, bereits Bekanntes im gezeigten Bewegungsablauf zu finden („die selbe Schrittfolge wie beim letzten Mal") und so Bekanntes von Unbekanntem zu trennen. Dieses Vorgehen ermöglicht es, die vorgeführten und geübten Bewegungsabläufe einigermaßen festzuhalten. Es stößt jedoch an die Grenzen der Verbalisierbarkeit. Die Bewegungen in der Beschreibung wirken bruchstückhaft, wie die Darstellung einer Bewegung in wenigen Bildern statt in Filmen. Man kann so den Bewegungsablauf nicht erlernen, aber die Notiz kann unter Umständen geringer zeitlicher Distanz das Wiederholen des Ablaufs anleiten.[5]

Transferiert man die Darstellung zurück in Bewegungen, dann kommt – wie in der oben zitierten Erklärung eines Kampfkunstschülers – der Rest „schon irgendwie". Sobald man einzelne Positionen kennt, kann man diese durch Bewegungen verbinden. Zwar lässt sich ohne Hilfe des Trainers nicht feststellen, ob genau dieser Ablauf gezeigt wurde, aber es entsteht immerhin eine Version dessen, was gezeigt worden sein könnte. Wie die Verbindungen der Einzelpositionen beim Nachmachen gefunden werden, lässt sich von den Teilnehmern der Bewegung nur selten explizit formulieren, es wird zum impliziten Wissen – zu einem Wissen, das dazu befähigt,

---

[5] Gesellschaftsspiele wie Activity und Pictionary stellen dazu konträre Fälle dar: Das Spielziel besteht darin, anhand einer schauspielerischen oder zeichnerischen Leistung ein einzelnes Wort zu erraten. Die angeführten Notizen halten – in der Logik dieses Vergleichs – die Wörter fest, zu denen die Bewegungsabläufen gewissermaßen „wiedererraten" werden müssen.

den Bewegungsablauf „nachzustolpern", das jedoch weder die Protokollantin noch ihr Körper besitzen. Es lässt sich nur durch Bewegung des
Körpers realisieren unter Voraussetzungen, die das Kampfkunsttraining
bietet: Es braucht zum einen die Demonstration im Hintergrund und zum
anderen einen zweiten Teilnehmer des Kampfkunsttrainings als Übungspartner. Will man jedoch über das reine Nachstellen vorgeführter Bewegungsabläufe hinauskommen, will man anhand der Bewegungsabläufe
eine Kampfkunst oder auch kämpfen lernen, so bedarf es eines weiteren
Schrittes. Man muss lernen zu sehen, was nicht gezeigt werden kann. Ein
fortgeschrittener Teilnehmer des Trainings beschrieb mir das Problem folgendermaßen:

> „Mit Manuel hab ich mal über Imagination geredet, was da natürlich auch mit-
> spielt, besonders beim Schlagen, wo der Partner ja nicht getroffen werden soll. Der
> hat gemeint, dass man bestimmte Dinge erst nach einiger Zeit sieht. Konkret hat
> er einen Aschenbecher geworfen, ohne einen in der Hand gehalten zu haben. Er
> hat die Bewegung aber so ausgeführt, dass es vollkommen plausibel war."

Die gestische Metapher des Aschenbechers bringt zum Ausdruck, dass
die Schüler nicht nur die schwer wahrnehmbaren Details sehen und die
inneren Zusammenhänge der Bewegungsabläufe erkennen müssen, obwohl
die Tätigkeit des Kämpfens auch vom Verschleiern dieser Details und des
eigenen Könnens lebt. Die Schüler müssen darüber hinaus lernen, mehr
zu sehen und zu verstehen, als gezeigt werden kann, nämlich erstens Bewegungen, die aus Sicherheitsgründen nur angedeutet, nicht vollständig
ausgeführt werden können wie Schläge und Tritte; zweitens allgemeine
interne Zusammenhänge, die am Einzelfall nur illustriert, nicht gezeigt
werden können; sowie drittens die räumliche Umgebung und die emotionale Spannung eines Nahkampfes, die in den Trainingsräumen nicht
einmal simuliert werden können. Das nachahmende Üben ist also keineswegs so voraussetzungslos, wie es auf den ersten Blick erscheinen mag.
George Herbert Mead etwa macht gegen die auf dem Prinzip der Nachahmung basierende Sozialtheorie des französischen Soziologen Gabriel Tarde
(1890) zunächst einen primär motivorientierten Einwand: „Warum sollte
eine Person winken, nur weil eine andere winkt? Welcher Reiz würde eine
Person dazu veranlassen, so zu handeln?" (Mead 1991, S. 92). Im weiteren zeigt er, wie kompliziert und voraussetzungsreich die Tätigkeit des
Nachahmens tatsächlich ist. Im Kampfkunsttraining findet sich darüberhinaus ein in den Gelingenskriterien der Imitation liegendes Problem. Der
Unterschied zwischen einem oberflächlichen und einem tiefen Verstehen,

den Clifford Geertz (im Anschluss an Gilbert Ryle (1971, 480f.)) anhand der Differenzen zwischen dem Zucken eines Augenlids, dem Zwinkern und dem Parodieren eines Zwinkerns darstellt (Geertz 1983a, S. 10ff.), wird hier nämlich verschärft. Die Herausforderung dieses Lernstadiums besteht darin, Kampftechniken im Sinne von „Körpertechniken" (Mauss 1989) des Kämpfens zu erlernen, während man Bewegungsabläufe sieht und übt.

Man muss also, will man im Kampfkunst-Training kämpfen lernen, die vorgeführten, gänzlich aggressionslosen Bewegungsabläufe als (vereinfachte) Darstellung eines möglichen Kampfes sehen. Außerdem muss man aus diesen, in einem sicheren Raum geübten, Bewegungsabläufen ein Wissen über die spezifische Situationslogik von Kämpfen ablesen. Demonstrationen können zwar etwas zeigen, aber sie produzieren nicht automatisch einen verstehenden Zuschauer. Sie verlangen, wie Michael Polanyi (1985, S. 15) in einem Nebensatz treffend formulierte, die „intelligente Mitwirkung des Publikums". In vielen Fällen, so auch in der Kampfkunstdemonstration ist diese Mitwirkung, so muss man präzisieren, nicht nur (wie der Ausdruck „intelligent" nahe legen könnte) kognitiv, sondern vor allem auch somatisch: Man muss die Bewegungen des demonstrierenden Körpers mitvollziehen können, um die Zusammenhänge des Gezeigten zu begreifen und den Bewegungsablauf später selbst nachstellen zu können. Aus einer Demonstration kämpfen zu lernen, geschieht deshalb nicht automatisch, sondern es erfordert einen auf dieses Lernen geschulten Blick und spezifische Verstehensleistungen, die ihrerseits Teil des Lernprozesses im Training sind. Es geht also um das Erlernen einer spezifischen Kompetenz, eines Seh-Sinnes. Dieser ist jedoch keine Kompetenz von Personen, sondern von Körpern. Wie lässt sich nun diese Kompetenz zum einen mit Fragen der Wissenssoziologie und zum anderen mit Fragen der Soziologie des Sehens in Zusammenhang bringen?

2.3 Körpertechniken der Sinne

Die Auseinandersetzung mit der spezifischen Sprachaversion von Kampfwissen bringt uns also zunächst zu Fragen der Kommunikation von Visuellem und damit in die Debatten einer Soziologie des Sehens. Dabei sind wichtige Anhaltspunkte in historischen Beiträgen zu finden, die u.a. die Geschichte des ärztlichen Blicks (Foucault 1988) oder auch der Verdrängung einer somatischen Wahrnehmung einer Schwangerschaft der Frauen durch die oft technisch-visuell gestützte Lehrmeinung (der Männer)

(Duden 1987, 2002, 2007) erzählen. Auch wenn es der Historikerin Barbara Duden primär um die Verdrängung des einen durch das andere geht (Duden 2002, S. 18), so lassen sich ihre Darstellungen zum Wissen von Philosophen, Anatomen oder Ärzten durchaus auch als eine Geschichte der Entwicklung einer visuellen Wahrnehmung von Schwangerschaft lesen und damit als die Entwicklung eines kulturspezifischen Blicks auf das Phänomen. Weniger in gesellschaftskritischer als vielmehr in forschungsprogrammatischer Absicht entwickeln Hans-Georg Soeffner und Jürgen Raab (2004) das Konzept der „Sehtechniken", um die Veränderungen der Sehgewohnheiten durch die „mediale Präsentation von Sehmustern – hier insbesondere von bestimmten Schnitt- und Montagetechniken in filmischen Darstellungen" (Soeffner/Raab 2004, S. 254) analytisch zu fassen. Im Bereich der Mikrosoziologie sind, last but not least, die empirischen Arbeiten Marjorie und Charles Goodwins zu erwähnen, die in der Tradition Goffmans und Garfinkels Sehen als (professionelle) Tätigkeit beschreiben (z.B. Goodwin/Goodwin 1996, 1997; Goodwin 1994, 2003). Ihre Studien sind – im Gegensatz zu jenen Foucaults, Dudens oder Soeffner und Raabs – nicht an einer soziohistorischen Darstellung der Veränderung der Blickgewohnheiten orientiert, sondern an der Entwicklung eines berufsspezifischen Blicks im Alltag der jeweiligen Berufspraxis. Wir finden also in allen erwähnten Ansätzen, trotz inhaltlicher und analytischer Unterschiede, einen gewissen Konsens im Hinblick darauf, dass Sehen als kulturell bzw. gesellschaftlich geprägte Tätigkeit verstanden werden kann. Dieses Phänomen möchte ich im Folgenden mit dem Begriff Seh-Praktiken bezeichnen, womit gleichermaßen die kulturelle Prägung des Blicks wie auch sein ständiges Hervorbringen im Sinne einer Tätigkeit gemeint sein soll. Im folgenden Abschnitt greife ich diesen Gedanken einerseits auf, um die im Training stattfindende Blickschulung analytisch zu fassen. Andererseits werde ich mich im Laufe des Abschnittes auf ihre Verankerung in körperlichen Praktiken konzentrieren, um eine körper- bzw. praxistheoretische Vertiefung der vorhandenen Konzepte zu erreichen. Die Fähigkeit zu sehen gründet sich nämlich, unter anderem, in einer spezifisch zu schulenden Aufmerksamkeit für Körperbewegungen.

Im Kampfkunst-Training soll nun, wie erwähnt, ein auf bestimmte Situationen eingeschränktes Routinewissen der Körper vermittelt werden – ein Wissen also, das sich durch ein besonders hohes Gewicht der stummen Dimensionen auszeichnet und die Fähigkeit beinhaltet, die eigenen Absichten und Strategien zu verschleiern. Die Lerninhalte des Trainings entziehen sich deshalb in mehrfacher Hinsicht der verbalen Explikation, werden aber dennoch im Zuge der Trainingsstunden expliziert. Das geschieht als Teil einer „Sonderaufführung" (Goffman 1980, S. 71ff.), dem Vor- und Nachmachen von Bewegungsabläufen, die Kämpfe abbilden. Gerade das Wahrnehmen der Bewegungsabläufe stellt aber, wie oben dargestellt wurde, bereits eine eigene, im Training zu erlernende Fertigkeit dar. Sie beruht zunächst auf den unterschiedlichen Wahrnehmungskapazitäten der Sinnesorgane, wie sie Georg Simmel (1992) in seinem berühmten „Exkurs über eine Soziologie der Sinne" beschreibt. Für die Wahrnehmungs-Fertigkeiten des Ninjutsu-Trainings ist dabei ausschlaggebend, dass das Auge zu gerichteter Wahrnehmung fähig ist und deshalb das Potenzial zur Selektion von Information besitzt. Es sieht nicht nur, es blickt auch.

Über solche grundlegenden Überlegungen hinaus ist die entscheidende Frage jedoch weniger, wozu die Sinne im Stande sind, als wie sie eingesetzt werden. Man könnte zu diesem Zwecke Marcel Mauss' Konzept der „Körpertechniken" (Mauss 1989) erweitern. Mauss versteht darunter bekanntlich „Weisen, wie sich die Menschen traditionsgemäß ihres Körpers bedienen" (Mauss 1989, S. 199) wie Gehen, Schwimmen oder das Ballen einer Hand zur Faust. Diese Formen, den Körper zu nutzen, seien nach Geschlecht, Lebensalter, Leistungsfähigkeit und Erziehung unterschiedlich. Er erwähnt in diesem Zusammenhang die Verwendung von Sinnesorganen nicht, der Gedanke lässt sich jedoch problemlos erweitern. Man denke etwa an die beruflich geschulten „Körpertechniken der Sinne" wie das professionelle Zuhören der Psychoanalytikerin[6] oder der aufmerksam über die Schar der Kinder schweifende Blick der Kindergärtnerin.

Wenden wir uns zunächst in etwas allgemeinerer Absicht der Tätigkeit des Kämpfens zu: Sie ist wie Schwimmen und Gehen als historisch und kulturell veränderbare Form des Gebrauchs des eigenen Körpers anzusehen, denn sie enthält im engen Mauss'schen Sinne als Körpertechniken zu bezeichnende Gebrauchsformen des Körpers wie Schlagen oder Treten. Darüberhinaus beinhaltet das Kämpfen aber auch einen bestimmten, kulturell und historisch variablen, Gebrauch der Sinnesorgane. Man muss in der Lage sein, die (unter Umständen sehr schnellen) Züge des Gegners wahrzunehmen und kommende Züge zu antizipieren, auch wenn der Gegner (wie man selbst) systematisch versucht, Bewegungsankündigungen zu unterbinden und seine Strategie zu verdecken. Im Kampfkunsttraining

---

[6] Hier wird ein weiterer Aspekt ärztlicher Praktik deutlich, das gezielte Zuhören. Eine an Foucaults Geschichte des ärztlichen Blicks angelegte Geschichte der Technisierung des ärztlichen Hörens schreibt Jens Lachmund (1992, 1997, 1999).

werden solche Fertigkeiten geschult und eigene Trainings-Fertigkeiten ausgebildet. Dazu zählt eine spezifische Seh-Fertigkeit sowie die Herstellung
körperlicher Erfahrung durch gemeinsames Üben. Wenden wir uns zunächst der Herstellung von Seh-Fertigkeiten zu, bei der Blickschulung
und Blickführung ineinander greifen:

Die oben erwähnte Praxis des Lesenlernens ist sicherlich ein besonders
offenkundiger Fall einer Blickschulung. Hier wird Sehen als die Wahrnehmung und das Erkennen von Zeichen als Symbole für Sprache geschult.
Auch für das Kampfkunsttraining, so wurde deutlich gemacht, muss man
einen spezifischen Blick erlernen – hier für die Wahrnehmung dessen, was
in Demonstrationen gezeigt wird. Derartige Blickschulungen werden, das
deutete sich bereits an, häufig im Hinblick auf wissenschafts- oder pro-
fessionsspezifische Sehpraktiken beschrieben. Viele Tätigkeiten erfordern
nämlich einen berufsspezifischen Blick, das heißt eine Form zu sehen, die
erlernt werden muss, und die sich von anderen Formen, die selbe Situation zu sehen, unterscheidet. Charles Goodwin (1994) spricht deshalb von
einer „professional vision". Diese können, wie etwa der von Foucault und
Duden beschriebene medizinische Blick einen gewissermaßen kolonialis-
tischen Charakter haben, also zumindest ansatzweise ins Allgemeinwis-
sen diffundieren. In anderen Fällen, wie etwa dem Sehen des Flugha-
fenpersonals (Goodwin/Goodwin 1996) oder von Naturwissenschaftlern
(Lynch 1985b) hingegen handelt es sich eher um visuelle „Spezialkul-
turen". Sehen ist daher, so argumentieren etwa Goodwin und Goodwin
(1996, S. 77), nicht als voraussetzungsloser Akt einer Wahrnehmung zu
verstehen, sondern als situationsgebundene Tätigkeit. Sie besteht darin,
die je nach den beruflichen Erfordernissen relevanten Sichtgelegenheiten
zu erkennen und in Zusammenhang miteinander zu bringen. In besonders
dramatischer Form wurde das im – ebenfalls von Goodwin und Goodwin (1997) beschriebenen – Gerichtsprozess um Rodney King deutlich, in
dessen Zuge mehrere Sichtweisen auf ein und denselben Videomitschnitt
entwickelt und plausibel gemacht werden konnten. Dieses Video schien
zunächst „beweisen" zu können, dass Rodney King von Polizisten verprü-
gelt wurde. Ein als Experte geladener Polizist konnte jedoch Publikum
und Jury davon überzeugen, dass Kings Körper durch bestimmte Bewegungen nach wie vor Aggressionsbereitschaft angedeutet habe, der die
Polizisten beizukommen versucht hatten. In der nächsten Instanz schließlich argumentierte ein Mediziner, es handle sich bei diesen Bewegungen
um Muskelzuckungen, unwillkürliche Reaktionen des Körpers auf die Prü-
gel der Polizisten. Man kann an dieser Stelle politische Implikationen se-

hen, denn nicht umsonst entlastet die Sichtweise des Polizeiexperten die Polizisten, während die Sichtweise des Arztes selbige belastet. Dennoch scheint mir eine Reduktion auf solche politischen Implikationen einseitig, weil sie die tatsächlich im Zuge beruflicher Tätigkeiten entstehenden, spezifischen (und damit notwendigerweise in gewisser Hinsicht auch einseitigen) Sehfertigkeiten und -gewohnheiten übergeht. Und nicht nur Berufe oder Lerntätigkeiten erfordern einen tätigkeitsspezifischen Blick, selbst weitverbreitete, alltägliche Praktiken wie das Sehen eines Studiopublikums im Rahmen einer Fernseh-Talkshow sind nur auf den ersten Blick eine voraussetzungslose Tätigkeit. In Fernsehshows und professionellen Filmen wird der zweite, eben erwähnte Aspekt, die Blickführung, geradezu perfektioniert.

Die Konstruktion des Studiopublikums als zusammenhängende Menge von Menschen beispielsweise beginnt, wie Mareike Barmeyer (2006) beschreibt, lange bevor die einzelnen Teile dieser Menge das Studio betreten, in Wartebereichen und „Aufwärmprozeduren". Während der Show wird das Studiopublikum von Kameraleuten, Regisseuren und Moderatoren immer wieder zu vorgegebenen Aktivitäten ermuntert. Das Studiopublikum wird dazu angehalten, ein „aktives Publikum" zu sein und sich auf diese Weise vom passiven Publikum vor den Fernsehschirmen zu unterscheiden. In der von Barmeyer untersuchten britischen „Trisha-Show" hebt Gavin, ein „audience researcher", hinter einer Kamera immer wieder die Hand, um das Studiopublikum zu mehr Aktivität zu ermuntern (Barmeyer 2006, S. 156). Diese Arbeit ist in der übertragenen Show für das Fernsehpublikum nicht sichtbar, umgekehrt bleibt die übertragene Show für das Studiopublikum unsichtbar. Die Blickführung des Fernsehpublikums beruht also auf verschiedenen Faktoren. Dazu zählen die professionelle Führung des Moderators durch die Show, die Vorgaben der Regisseurin, die Aktivierung des Publikums, die Kameraführung und (wenn es keine Live-Show ist) der Schnitt. Umgekehrt setzt aber auch die Tätigkeit des Fernsehens einen kompetenten Zuschauer voraus. Er ist darauf konzentriert, nur jene Informationen wahrzunehmen, die im Rahmen der jeweiligen Show für das Fernsehpublikum gezeigt werden. Sollte „Gavins Hand" wider Erwarten einmal zu sehen sein, so übersieht man sie entweder, oder rechnet sie einem Produktionsfehler zu.

Beim Fernsehen kommt – im Vergleich zu den oben skizzierten tätigkeitsspezifischen Sehpraktiken – ein weiterer zeit- und kulturspezifischer Gebrauch des Sehsinns ins Spiel, den man als isoliertes Sehen bezeichnen kann. Fernsehen ist nämlich durch einen klaren und strikten Rahmen begrenzt, den Bildschirm des Fernsehgerätes. Nur was hier zu sehen ist, gilt als relevant, und gleichzeitig ist (fast) alles relevant, was in diesem Rahmen zu sehen ist. Am Bildschirm läuft eine vom restlichen Geschehen im Raum eigenständige Realität ab. Das Sehen in vielen Professionen dagegen muss sortieren. Das jeweilige Blickobjekt muss erkannt werden, obwohl es normalerweise umgeben ist von anderen irrelevanten, aber zumindest potenziell störenden Elementen der Umwelt. So müssen etwa Chirurgen den Operationsgegenstand nicht nur somatisch, sondern auch visuell sezieren (Hirschauer 1991, S. 288f. und 297ff.). Im Kontrast zum isolierten Blick des Fernsehens, kann man hier von einem konzentrierten Blick sprechen, der sich wiederum vom wachsamen Blick eines Kinderbetreuers unterscheiden lässt. Der situativ adäquate Gebrauch des Sehsinns (wachsam, konzentriert oder isoliert) hängt häufig mit dem Einsatz von Blickführungselementen durch das Gegenüber zusammen. Neben der Schulung des eigenen Blicks im Training ist deshalb die Blickführung durch den Trainer ein weiteres, wichtiges Element der trainingsspezifischen Interaktionen. Sie wird im nächsten Kapitel ausführlich dargestellt.

Eine weitere für das Training relevante Körpertechnik der Sinne, die Herstellung von körperlicher Erfahrung, dagegen ist als ein spezifisches Aufmerksamkeitstraining für die Resultate von Körperbewegungen zu verstehen. Dieses ist die Basis fast jeder Aneignung von Körperwissen. Schwimmen beispielsweise erfordert ein tiefes Wissen des Körpers darüber, wie Bewegungen sich anfühlen müssen, mit deren Hilfe man das Untergehen im Wasser verhindern kann. Skifahrer dagegen müssen lernen, wie man ein Paar Ski mittels eigener Körperbewegungen über eine abschüssige Schneefläche steuern kann. Im Kampfkunsttraining wiederum erwirbt man eine spezifische Aufmerksamkeit für die Bewegungsgewohnheiten von Körpern anhand von Partnerübungen, in denen man den Körper des Partners mittels eigener Körperbewegung kontrolliert und bewegt. Man erwirbt so eine spezifische Aufmerksamkeit für Mikro-Bewegungen der Körper, die das eigene Gleichgewicht stören oder fördern könnten. Im Ninjutsu-Training werden nun zum einen Körpertechniken im klassischen Sinn vermittelt wie Schlagen und Treten oder noch grundlegender: die verschiedenen Formen, eine Hand zu einer Faust zu ballen. Zum anderen erfordert die Teilnahme am Training jedoch von Anfang an die Schulung der eigenen Wahrnehmung und damit, um Mauss' Definition zu erweitern, die Ausbildung von „Körpertechniken der Sinne", von Weisen, wie sich die Menschen (traditionsgemäß) ihrer Sinne bedienen.

2.4 Situationsspezifische Lerngelegenheiten

Ich habe die Frage der Sehfertigkeiten oder auch Körpertechniken der Sinne bislang mit Blick auf Einzelne diskutiert, seien es Personen oder Körper, obwohl ich einleitend – unter Bezug auf Praxistheorien – behauptet habe, Lerngelegenheiten entstehen im Zuge von Praktiken und entziehen sich deshalb häufig den Intentionen Einzelner. Wenden wir uns deshalb im Folgenden der Frage nach situationsspezifischen Lerngelegenheiten zu und so auch der Frage, wie im Zuge verschiedener situativer Konstellationen oder Settings Lern- und Sehgelegenheiten entstehen.

Man denkt beim Thema Lernen normalerweise zunächst an schulisches Lernen, an eine eigens für Lernprozesse bestimmte Situation also. Tatsächlich lässt sich anhand zahlreicher anderer empirischer Fälle plausibel machen, dass Lernprozesse sich nicht auf die klassische Lernsituation beschränken – man denke etwa an einen zweiten Standardfall des Lernens, die Familie. Auch hier finden ständig Lernprozesse statt, sie sind aber anders organisiert, weil kein eigener Lernrahmen geschaffen wird, sondern Lernprozesse mit dem Alltag verschwimmen. Ich möchte deshalb im Folgenden vier Varianten von Lernkonstellationen beschreiben, die jedoch nicht als Kategorien, sondern als Punkte auf einem Kontinuum zu verstehen sind.

Beginnen wir bei expliziten Lernsituationen: Sie zeichnen sich dadurch aus, dass Lerntätigkeiten erstens den „Hauptvorgang" (Goffman 1980, S. 224) bilden und die zu erlernenden Tätigkeiten zweitens nicht in ihrem „natürlichen" Umfeld geübt werden, sondern in einem eigens dafür geschaffenen Rahmen.[7] Dazu zählen vor allem das schulische Lernen, Simulationen, Übungsstunden oder Trainings, wie auch das Ninjutsu-Training. Hier wird nicht versucht, den Ablauf und die internen Zusammenhänge der Tätigkeit im Zuge eines Kampfes nachvollziehbar zu machen, sondern die gesamte Situation wird aus ihrem ursprünglichen Zusammenhang gelöst. Nicht Kämpfen, sondern Zeigen, Schauen und Üben werden zum Hauptvorgang der Situation. Goffman kategorisiert solche Tätigkeiten in „Rahmenanalyse" als „Sonderaufführungen" (Goffman 1980, S. 71ff.), denn es geht um Situationen, in denen eine Tätigkeit probehalber durchgeführt, nachgestellt oder dargestellt wird. In den Vordergrund tritt je-

---

[7] Dies ist in einigen Fällen als Charakteristikum der Tätigkeit anzusehen, weil sie entweder – wie Kämpfen – kaum in situ geübt werden kann, oder auch wie Fliegen anfangs noch nicht oder zumindest nicht in diesem Ausmaß.

doch der Zweck der Sonderaufführung, während der ursprüngliche Zweck der Tätigkeit nicht oder nur unvollständig vollzogen wird. Dazu zählt, dass beim Kämpfen-Üben beispielsweise Verletzungen vermieden werden, obwohl sie in einem Nahkampf ein Ziel bilden. Sonderaufführungen werden wie auch Spiele, Wettkämpfe oder Zeremonien als „Modulationen" (Goffman 1980, S. 52ff.), d.h. als Transformation einer anderen Tätigkeit, wahrgenommen. Ausschlaggebend für das Vorliegen einer Modulation ist zum einen, dass es sich um eine „systematische Transformation eines Materials [handelt], das bereits im Rahmen eines Deutungsschemas sinnvoll ist, ohne welches die Modulation sinnlos wäre" und zum anderen, dass die Tätigkeit so weit verändert wird, dass die Wahrnehmung der Situation in den Augen der Beteiligten verändert wird (Goffman 1980, S. 57). Es müssen also gewissermaßen genug Überschneidungen in der Ausführung bestehen, um einen Zusammenhang mit dem Original erkennbar zu machen, und gleichzeitig genügend Differenzen, um einen Unterschied wahrnehmbar zu machen. Im Ninjutsu-Training etwa wird die Lernsituation bereits am Ort, nicht nur im Vollzug der Tätigkeiten sichtbar. Auch finden keine Nahkämpfe statt, sondern es werden anhand von spezifischen Bewegungsabläufen Prinzipien des Kämpfens gezeigt und geübt. Die Praxis des Lernens löst sich so aus dem Funktionszusammenhang des Kämpfens.

Eine besondere Verschärfung des sozialen Drucks finden Lernprozesse in der Praxis der Prüfung (Foucault 1977a, S. 238ff.; Kalthoff 1996). Interessanterweise finden hier während und neben dem Überprüfen vorhandenen Wissens weitere, für solche Situationen charakteristische Lernprozesse statt. Auch hier wird – von Intentionen unabhängig – Erfahrungswissen gesammelt und häufig in situ weiteres Wissen erworben. Darüber hinaus aber wird normalerweise der vergangene und – in mündlichen Prüfungen auch gerne – der innerhalb der Prüfungssituation erzielte Lernerfolg als Hinweis auf die Lernfähigkeit und das Wissen der Kandidaten gewertet.

In anderen Situationen finden zwar ebenfalls explizit Wissensvermittlungsprozesse statt, sie sind jedoch in ihre „natürliche Umgebung" eingebettet. Sie bilden gewissermaßen eine Modulation an Ort und Stelle, weil die zu erlernenden Tätigkeiten zwar in ihrer „natürlichen" Umgebung, aber unter Aufsicht von qualifiziertem Personal geübt werden müssen, bevor man sie allein durchführen darf wie etwa in Form von Praktika, Einschulungen und Lehrausbildungen. Einen empirischen Fall dafür beschreibt Charles Goodwin (2003), die Ausbildung von Archäologen. Archäologische Funde sind, so hält er fest (Goodwin 2003, S. 3f.), nur schemenhaft, zum Beispiel durch Farbänderungen im Boden, zu erkennen. Durch das Ausgraben werden diese Spuren jedoch zerstört, weshalb sorgfältige Aufzeichnungen (Pläne, Fotos) von jedem Ausgrabungsstadium angefertigt werden. Archäologiestudenten lernen das Erkennen und Ausgraben in praktischen Übungen während professioneller Ausgrabungen. Für die Zwecke der Unterscheidung von Lerngelegenheiten lässt sich festhalten, dass im Setting der Archäologiestudenten Lernen zwar zu einer eigenen Tätigkeit wird, diese aber in der üblichen Umgebung archäologischer Ausgrabungen vollzogen wird. Es scheint also notwendig zu sein, den Studenten die Tätigkeit des Sehens eines Fundes visuell nachvollziehbar zu machen. Es wird aber kein eigenes Lernsetting außerhalb der üblichen Umgebung geschaffen.

Als Ende des Kontinuums schließlich lassen sich solche Situationen fassen, in denen implizit, quasi nebenbei, Lernprozesse stattfinden, ohne dass dafür ein eigener Rahmen ausgebildet würde. Ein instruktiver, wenn auch empirisch vielleicht eher außergewöhnlicher, Fall dafür sind die von Melvin Pollner (1973, 1979) beschriebenen Schnellprozesse an englischen Gerichtshöfen. Hier wird deutlich, wie Lernprozesse – ähnlich wie beim familialen Lernen – quasi nebenbei stattfinden und dennoch systematisch zum Bestandteil eines Geschehens werden können: Die Angeklagten werden nämlich erst während der Verhandlung, also in situ, in die Verlaufsregeln dieser Prozesse eingeführt. Es handelt sich deshalb, so Pollner, um Situationen, in denen die Beziehung zwischen einer sozialen Praxis und ihrem Resultat anschaulich werde – für den Teilnehmer sowie für den Beobachter (Pollner 1979, S. 229). Pollner spricht deshalb von „explicative transactions" bzw. – in einer früheren, nicht publizierten Version des Textes – von „selfexplicating settings" (Pollner 1973). Ein zentrales Charakteristikum solcher Settings ist, dass einzelne Rollen mit Neulingen oder Laien besetzt werden, also mit Teilnehmern, die nicht über ausreichende Kenntnisse der typischen Abläufe dieses Settings verfügen. Dies gilt für deutsche ebenso wie für englische Gerichtsprozesse. Wer zum ersten Mal als Angeklagter vor Gericht steht, hat in aller Regel wenig Vorwissen über den Verlauf von Verhandlungen und Gerichtsverfahren.[8] Das vorhandene Vorwissen (etwa aus dem Fernsehen) kann sich als mangelhaft erweisen, etwa wenn man feststellt, dass „Einspruch Euer Ehren" hier völlig fehl am Platz wäre, weil sich die Beteiligten mit Namen oder mit Berufsbezeichnungen wie „Herr Richter" ansprechen. Allenfalls aus früheren Gerichtsprozessen vorhandenes Vorwissen wiederum sollte man nicht allzu deutlich zur Schau

---

[8] In Zivilgerichten gilt dies auch häufig für Kläger.

tragen, will man nicht als Wiederholungstäter eingestuft werden. Ganz im Gegensatz zu Lehrlingen, die nach und nach in das Wissen der Praxis des Berufs eingeführt werden, sollen Angeklagte ohne ausgeprägtes Wissen über den weiteren Verlauf am Prozess teilnehmen. Sie sind Teil des Verfahrens, werden aber nur sehr eingeschränkt aktiv, weil den aktiven Part ihrer Teilnahme ihr Vertreter, der Anwalt übernimmt.[9] Wissensvermittlung zum Ablauf einer Gerichtsverhandlung spielt also in diesem Setting nur ansatzweise eine Rolle, sie bildet einen wenig beachteten Nebenstrang der Interaktion. Die Teilnehmer lernen ohne größeren Aufwand, was es zu lernen gibt. Gleichzeitig lernen sie auch nur das, was sie bei dieser Gelegenheit zu lernen im Stande sind.

Wir können mit Blick auf diese vier Varianten festhalten, dass Lerngelegenheiten innerhalb und außerhalb expliziter Lernsituationen stattfinden. Sie gehen aber, das deutet vor allem das letzte Beispiel der Gerichtsprozesse an, auch über solche Situationen hinaus. Genaugenommen beinhalten *alle* Situationen Lerngelegenheiten, auch wenn ein solches beiläufiges Lernen mitunter bereits einiges Vorwissen erfordert. An dieser Stelle wird auch deutlich, wie stark sich Lehr- und Lernprozesse den Intentionen Einzelner entziehen. Gerade im beiläufigen, häufig im Alltag stattfindenden Lernen beobachten wir immer wieder unwillkürliches und sogar unwillentliches Lehren und Lernen. Ersteres geschieht ohne weiteres Zutun im Zuge alltäglichen Tuns und gibt Gelegenheit dazu, sich etwas „abzuschauen", etwa wenn Kinder Mimik, Gestik oder Bewegungsgewohnheiten ihrer Eltern übernehmen und ihnen so nach und nach ähnlich werden. Schließlich findet sich auch immer wieder dezidiert ungewolltes Lernen und Lehren, etwa wenn man sich verrät oder rot wird. Auf diesem Wege übernehmen gerade Kinder oft Gewohnheiten, die man ihnen eigentlich nicht vermitteln wollte.

Im Sinne einer Systematisierung möchte ich deshalb vorschlagen, situationsspezifische Lerngelegenheiten wie folgt aufzugliedern: In manchen Set-

---

[9] In den von Pollner beschriebenen Schnellverfahren wird das Phänomen des explikativen Settings noch deutlicher, weil die Angeklagten ohne Anwalt vor Gericht erscheinen. Sie sind wegen geringfügiger Verkehrsdelikte angeklagt und die einzelnen Verhandlungen dauern nur wenige Minuten, denn es wird primär erhoben, ob der Angeklagte sich schuldig bekennt oder nicht. Bekennt er sich schuldig, so bekommt er an Ort und Stelle eine Strafe, anderenfalls wird ein neuerlicher Gerichtstermin festgelegt. Da die Prozesse nur sehr kurz sind, werden jeweils mehrere Angeklagte gleichzeitig vorgeladen. Diese befinden sich im selben Gerichtssaal und erlernen das adäquate Verhalten im Rahmen jener Verhandlungen, denen sie beiwohnen, während sie auf die eigene Verhandlung warten.

tings wird der *Erfolg eines Wissensvermittlungsprozesses überprüft* und häufig zur Grundlage weiterer Lebenschancen erhoben. In einigen Settings stellt *Wissenserwerb den deklarierten Zweck der Veranstaltung* dar. Charakteristisch für sie ist, dass das Zeigen und Wahrnehmen der zu erlernenden Tätigkeit zu einer eigenen konzertierten Tätigkeit aller Beteiligten werden. Wie weit Lerntätigkeiten jedoch den situativen Fokus bilden, kann stark differieren. So werden in einigen Fällen, der expliziten Lernsituation, Settings extra dafür geschaffen, eine bestimmte Tätigkeit vorzuführen und den Lernenden in diesem Rahmen Einblick in ihre Abläufe und Zusammenhänge zu geben. In solchen Settings wird die zu erlernende Tätigkeit aus ihrer „natürlichen" Umgebung gelöst, und das Lernen wird zum Hauptvorgang der Situation. In anderen Settings werden die zu erlernenden Tätigkeiten ausgeführt, um den Lernenden einen Einblick in ihren Ablauf und ihre internen Zusammenhänge zu ermöglichen. Es sind also Settings, die am Lernen ausgerichtet sind, in denen das Lernen unterstützt wird, die aber dennoch in der „natürlichen" Umgebung der Tätigkeit stattfinden. Es gibt nicht nur einen Hauptvorgang der Situation, weil das Ausführen der Tätigkeit und ihr Erlernen einen ähnlich hohen Stellenwert haben. In manchen Settings wird der beiläufige Erwerb von Erfahrungswissen zur Voraussetzung für die Teilnahme an der Situation. Hier *muss* man in situ und in actu situationsspezifisches Teilnehmerwissen erwerben, das man außerhalb der Situation nicht erwerben kann. Obwohl Lernprozesse stattfinden (müssen), bilden sie nicht den Hauptvorgang der Situation. Jedes Setting aber erlaubt einen *beiläufigen Erwerb von Wissen.*

2.5 Seitenblick: Tanzen lernen

Kommen wir zum ersten angeküdigten Kontrastfall dieser Studie, der Flamencotanzstunde. Tanzstunden bilden, in der oben vorgeschlagenen Systematik von Lernsituationen, eine Lernsituation mit explizit didaktischem Charakter im Sinne einer klassischen Lernsituation, deren Hauptvorgang die Vermittlung von Tanzwissen ist, nicht das Tanzen selbst, das hier eher instrumentalen Charakter hat. Wie im Kampfkunsttraining wird ein Körperwissen vermittelt, was die Entwicklung einer spezifischen Sehfertigkeit voraussetzt. Dennoch unterscheiden sich Flamencotanzstunden in wesentlichen Punkten vom Kampfkunsttraining: So wird Flamenco erstens, wie viele Kunsttänze, nicht paarweise getanzt. Zweitens müssen die Körperbewegungen mit Musik in Einklang gebracht werden. Flamencotanzstunden

Abbildung 2.3: Tanzstunde

weisen deshalb in mancher Hinsicht Ähnlichkeiten mit Kampfkunstkursen auf, sowohl die Koordination von Blicken als auch die von Körpern wird jedoch in wesentlichen Aspekten anders gehandhabt. Besonders auffällig ist in dieser Hinsicht ein dem Kampfkunsttraining unbekanntes Artefakt, der Spiegel (Abb. 2.3). Betrachten wir zunächst das Protokoll des Anfanges einer Tanzstunde:

> Ana, die Lehrerin betritt den Raum. Die Schülerinnen stehen bereits im Raum, sie plaudern, sind aber in Richtung Spiegel orientiert. Ana geht nach vorne und stellt sich vor den Spiegel. Sie schaut in den Spiegel und darin in die Gesichter der Schülerinnen. Diese schauen ihrerseits in den Spiegel, zu Anas Blick. Stille. Einen Moment später beginnt Ana mit Armbewegungen. Sie hebt die Arme neben dem Körper hoch über ihren Kopf, dreht die Handgelenke, führt einen Arm in einem Bogen vor ihren Körper usf. Die Schülerinnen machen die Bewegungen mit geringer Verzögerung mit. Alle stehen vor dem Spiegel, schauen hinein. Ana schaut auf die Schülerinnen, die Schülerinnen auf Ana – Die Arme bewegen sich nun synchron. Nach einer kurzen Weile verändert Ana die Bewegungen. Wieder folgen die Schülerinnen ihr, koordiniert durch den Spiegel. Dieses Spiel wiederholt sich einige Male. Ana kombiniert im weiteren Verlauf die Armbewegungen mit Schulterbewegungen, Bewegungen des Oberkörpers, später der Hüfte und mit Schritten. Schlussendlich macht sie die Eingangsbewegung einer bestimmten Flamenco-Form, der Alegría.

Hier ist zunächst eine spezifische Lehr- und Lernpraxis auffällig: das zeitgleiche Vor- und Nachmachen. Die Koordination dieser Bewegungen ermöglicht ein spezifisches Artefakt, der Spiegel. Er ermöglicht es der Lehrerin, den Bewegungen der SchülerInnen zuzusehen. Die SchülerInnen wiederum haben aufgrund der Raumordnung zwei Blickgelegenheiten zur Verfügung: Sie können die Rückseite von Anas Körper direkt sehen und die Vorderseite durch den Spiegel. Armbewegungen lassen sich auch von hinten gut verfolgen, viele andere Bewegungen muss man von der Vorderseite des Körpers ablesen. Der Ausdruck der Tänzerin findet fast ausschließlich auf der Vorderseite des Körpers statt.

Die Koordinationsleistung des Spiegels lässt sich als eine Art Re-Entry der Blicke beschreiben: Während sich die Körper nach einem kurzen Moment synchron bewegen, findet eine Art Rückkoppelung vermittelt durch Blicke statt. Die SchülerInnen sehen den Körper der Lehrerin und lassen ihre eigenen Bewegungen dem Gesehenen folgen. Die Lehrerin sieht umgekehrt im Spiegel die Bewegungen der SchülerInnen; sie kann korrigieren, indem sie sich selbst beispielsweise schneller oder langsamer bewegt, und so die Körper der SchülerInnen zu schnelleren oder langsameren Bewegungen animiert. Sie kann aber auch die eigenen Bewegungen einfach fortsetzen und auf diese Weise die synchrone Bewegung der Körper unterstützen.

Das reine Nachmachen der Bewegungen der Lehrerin kann in einem stillen Raum stattfinden.[10] Häufig macht die Lehrerin jedoch nach einiger Zeit Musik an. Die Bewegungen der Körper werden dann weiterhin von ihr vorgegeben, sie werden aber zusätzlich durch den Takt der Musik koordiniert. Das geschieht nicht automatisch: Viele SchülerInnen erlernen die Wahrnehmung des Taktes erst im Rahmen der Tanzstunde, indem sie den Bewegungen der Lehrerin folgen. Sieht die Lehrerin, dass sich einige SchülerInnen außerhalb des Taktes bewegen, so beginnt sie mit den Händen den Takt der Musik mitzuklatschen, mit den Füßen zu steppen oder laut mitzuzählen. Die Vermittlung der Bewegungen findet so in einer gemeinsamen Tätigkeit von Spiegel, Musik und dem Körper der Lehrerin statt.

2.6 Kämpfen lernen

Auch das Kampfkunsttraining ist im Sinne der oben erfolgten Aufgliederung eine (klassische) Lernsituation, in der explizit ein spezifisches Körperwissen vermittelt werden soll. Die Tätigkeit des Kämpfens wird jedoch, im Gegensatz zum Flamenco, grundsätzlich paarweise ausgeübt und erschöpft sich – im Allgemeinen – in der Interaktion der beteiligten Körper. Es findet sich hier also eine besonders körperintensive Praxis, aber weder eine Passung mit Musik noch eine Gleichförmigkeit der Körperbewegungen. Ähnlich der in der Ethnomethodologie gebräuchlichen Unterscheidung zwischen gemeinsamen und konzertierten Tätigkeiten, lassen sich hier gemeinsame und konzertierte Körperbewegungen unterscheiden.

---

[10] Eine weitere, häufige Übung zur Schulung der Wahrnehmung des musikalischen Taktes ist das kollektive Mitklatschen der Hände.

Zielt die Flamenco-Stunde auf synchrone (und damit gemeinsame) Körperbewegungen ab, so widmet sich das Kampfkunsttraining einer paarförmigen Interaktion *zwischen* Körpern, die daher konzertierte Bewegungen erfordert und produziert.[11] Für die Koordination der Körper und der Blicke entstehen deshalb im Kampfkunsttraining besondere Herausforderungen, die ein ständiges Aggreggieren und Zerfallen von interagierenden Körper-Einheiten mit sich bringen. Dieses Phänomen ähnelt in mancher Hinsicht dem von Stefan Hirschauer (1991, S. 293ff.) beschriebenen Aggregieren mehrerer Körper zu einem „Chirurgen-Körper", das eine organisations- und ungleichheitssoziologisch interessante Konsequenz mit sich bringt: Die Hierarchie der chirurgischen Situation beinhalte, so der Autor, nicht nur die Unterordnung einzelner Personen, sondern auch die Unterordnung persönlicher Grenzen unter das Funktionieren des Chirurgen-Körpers (Hirschauer 1991, S. 297). Die im Training entstehenden und sich trennenden Körper-Knäuel sind zwar ungleichheitstheoretisch zumeist wenig aufschlussreich, sie sind jedoch, körpersoziologisch betrachtet, in gewisser Weise die verschärfte Version einer solchen Aufhebung persönlicher Grenzen[12] und sie sind ausschlaggebend dafür, dass im Kampfkunsttraining statt der gängigen zweiteiligen, immer wieder eine dreiteilige Kommunikationsstruktur ausgebildet wird.

Dieses Phänomen soll nun im Rahmen einer allgemeinen Darstellung des Trainings beschrieben werden, bevor die nächsten Kapitel Details der Praxis der Wissensvermittlung analysieren. Ich gehe dafür zunächst auf personale, zeitliche und räumliche Konstellationen des Ninjutsu-Trainings und seiner Phasen ein. Diese bilden ihrerseits jeweils eigene, sichtbar verschiedene Konstellationen aus, weil sie Personal, Zeit und Raum auf unterschiedliche Weise nutzen. Dabei werden sowohl der Rahmen des Kampfkunsttrainings (als spezifisch strukturierte Kette von Interaktionen) als auch die Rahmen der einzelnen Phasen der Wissensvermittlung situativ erkennbar. Das Kernstück des Kampfkunsttrainings ist, wie einleitend erwähnt, das Training von Bewegungsabläufen, die einen Kampf abbilden. Dabei wird nicht versucht, einen Gegner physisch zu beeinträchtigen, aber die Bewegungsabläufe befassen sich mit den Charakteristika des Kämpfens, sie zeigen, wie man verletzen könnte. Dadurch wird das

---

[11] Etwa wenn ein Körper einen anderen wegschiebt, führt oder hochhebt, produziert die Bewegung eines Körpers die passende Bewegung des anderen.

[12] Die Differenz zwischen den Grenzen der Person und eines Körpers fasste Goffman (1974, S. 56) mit dem Begriff des „persönlichen Raums".

Training als *Kampf*kunsttraining erkennbar. Umgekehrt wird das Kampf-kunsttraining zum Training, weil eben nicht gekämpft, sondern kämpfen *geübt* wird.

Das Personal des Kampfkunsttrainings umfasst einen Trainer und zumin-dest einen Schüler. Diese Teilnehmerstruktur erinnert deshalb auf den ers-ten Blick an den uns bekannten westlichen Schulunterricht, unterscheidet sich aber an einem wichtigen Punkt davon: Die funktionale Trennung in Trainer und Schüler wird nämlich nicht – wie in der Schule – durch eine altersspezifische Rekrutierung der Teilnehmer vertieft. Vielmehr kann der Trainer zu bestimmten Gelegenheiten (z.B. wenn ein anderer Lehrer oder ein Meister zu Gast ist) problemlos selbst zum Schüler werden, und um-gekehrt können manche der Teilnehmer sowohl die Rolle des Trainers als auch die des Schülers ausfüllen. Es findet sich also eine funktionale Tei-lung, die nicht mit möglichen sozialstrukturellen Merkmalen der Teilneh-mer korreliert. Stattdessen erfordert die Teilnahme von allen, also Trainer wie Schülern, bestimmte körperliche Voraussetzungen, das heißt ausrei-chend Fitness für Tätigkeiten wie Rollen, Fallen, schnelle Bewegungen, Radschlagen.[13]

Auch die Zeitstruktur des Trainings ist von westlichen Gewohnheiten ge-prägt. Das Training findet an bestimmten Wochentagen zu einer bestimm-ten Uhrzeit, normalerweise abends, statt. Grob lassen sich vier Phasen unterscheiden, die sich in ähnlicher Form in vielen westlichen Bewegungs-trainings finden, nämlich Begrüßung, Aufwärmen, die Vermittlung von Bewegungsabläufen und schließlich eine Verabschiedung. Spezifika des Kampfkunsttraings werden in den Details dieser Phasen erkennbar, wie sich weiter unten in der Beschreibung zeigen wird. Die vier Phasen sind anhand der räumlichen, personellen und zeitlichen Gestaltung schon visu-ell differenzierbar, wobei drei grundlegend verschiedene Konstellationen beobachtbar sind, die sich in der Zeit- und der Kommunikationsstruktur unterscheiden (siehe Abb. 2.4, S. 82).

Wenden wir uns zunächst der Kommunikationsstruktur zu, die – wie erwähnt – aus der grundlegenden Paarförmigkeit der Kampfinteraktion resultiert. Hier lassen sich eine zwei- und eine dreiteilige Konstellation unterscheiden: An der zweiteiligen Konstellation sind im Grunde zwei

---

[13] Eine ausführliche Darstellung der körperlichen Voraussetzungen für die Teilnahme am Training und der daraus resultierenden methodischen Folgen für eine ethnografische Beschreibung von Capoeira-Kampfkunsttrainings findet sich in Delamont (2005), De-lamont/Stephens (2006) und Delamont/Campos/Stephens (2010).

	Zweiteilig	Dreiteilig
Gleichzeitiges Nachmachen	Aufwärmen	—
Zeitlich versetztes Nachmachen	Falltraining	Vor- und Nachmachen von Bewegungsabläufen

Abbildung 2.4: Konstellationen

Parteien beteiligt, sodass die Rollen Trainer und Schüler (auch optisch) deutlich unterscheidbar sind. In solchen Settings lernen die Schüler vom Trainer, wie in der Schule die Schüler vom Lehrer. Umgekehrt beobachtet der Trainer den Wissensstand der einzelnen Schüler. In der dreiteiligen Konstellation hingegen wird zwischen einem Paar und einem Einzelnen kommuniziert, sodass im Grunde drei Parteien beteiligt sind. Während der Demonstration etwa zeigt ein Paar (hier der Trainer und ein Schüler) einen Bewegungsablauf und mehrere Individuen (das Publikum) sehen zu, während des darauf folgenden Übens dagegen machen mehrere Paare den zuvor demonstrierten Bewegungsablauf nach und ein Einzelner (der Trainer) sieht zu. Diese Kommunikationsform ist im Kampfkunsttraining vor allem bei der Vermittlung von Kampfbewegungsabläufen beobachtbar.

Die drei verschiedenen Konstellationen des Kampfkunsttrainings finden sich folgendermaßen im Rahmen des Trainings:

Begrüßung und Verabschiedung bilden die zeitlichen Klammern des Trainings und legen mittels eines (normalerweise relativ kurzen) Rituals Anfang und Ende der Trainingsstunde fest. In der Grundform der Begrüßung stehen sich Trainingsgruppe und Trainer gegenüber und verbeugen sich vor einander. Danach beginnt das Aufwärmen. In dieser Phase wird, das zeigte sich bereits in Abschnitt 2.1, durch die räumliche Positionierung des Trainers, durch das Gegenüber-Stehen deutlich, wer Trainer und wer Schüler ist.[14] In manchen Vereinen gibt der Trainer zudem einen verbalen Hinweis für den Zeitpunkt der Verbeugung. Die zeitliche Dauer und die rituelle Intensität von Begrüßung und Verabschiedung kann eine erste Information über die praktizierte Nähe des jeweiligen Trainingsvereins zu japanischer Traditionalität geben. Die Begrüßung lässt sich rituell inten-

---

[14] In manchen Vereinen stehen alle Teilnehmer mit Meistergrad, also „Schwarzgurte", den Schülern gegenüber. In diesem Fall werden eher potenzielle Trainer sichtbar. Häufig steht in solchen Fällen der höchstgraduierte Lehrer in der Mitte.

sivieren, indem sie nicht im Stehen, sondern kniend durchgeführt wird. Außerdem kann der Verbeugung eine kurze (manchmal meditative) Ruhephase mit geschlossenen Augen vorausgehen. Auch die Zahl der Verbeugungen und die Positionierung von Lehrern und Schülern können als Hinweis auf die Absicht, Traditionalität zu praktizieren, gelten.[15]

Das *Aufwärmen* findet in der gleichen Konstellation wie Begrüßen und Verabschieden statt und ist als Teil einer Vorbereitungsphase anzusehen. Hier wird eine Art „Hilfswissen" vermittelt, nämlich wie man die Muskulatur des Körpers auf die sportliche Betätigung vorbereitet. Dabei ist – strukturell der Flamencostunde ähnlich – das zeitgleiche Nachmachen prägend. Auch hier findet sich eine relativ stabile Verteilung der Trainingsteilnehmer im Raum: Normalerweise steht der Trainer vor den Schülern. Es sind also zwei Gruppen oder genauer eine Gruppe und ein „Vorturner" erkennbar.

Im Zuge des *Falltrainings* wird geübt, wie man möglichst schmerz- und verletzungsfrei auf den Boden fallen und rollen kann, Wissen wird also primär technisch vermittelt, weil Feedback durch den Kontakt mit dem Boden, respektive den Matten entsteht. Hier findet nun eine erste Veränderung der räumlichen Ordnung statt, weil eine räumliche Fortbewegung ausgeführt wird: Die Schüler rollen oder fallen entlang von zwei (unsichtbaren) Bahnen (siehe Abb. 2.1, S. 59). Es entsteht eine zeitliche Differenz zwischen Vor- und Nachmachen: Der Trainer zeigt und danach üben die Schüler; während die Schüler üben, schaut der Trainer ihnen zu. Es bleibt also bei der zweiteiligen Konstellation, Zeigen und Üben finden aber nicht mehr gleichzeitig, sondern zeitversetzt statt.

Auch bei der *Vermittlung von Kampfbewegungsabläufen* ist das Lernen in zwei Schritte unterteilt, denn die (Kampf)bewegungen werden in zwei zeitlich aufeinander folgenden Phasen vermittelt: Der Trainer macht zunächst einen Bewegungsablauf vor, den die Schüler danach üben. Beim anschließenden Üben schaut er den Schülerpaaren zu, gibt an manchen Stellen Hilfestellungen und zeigt einzelne Bewegungen noch einmal. Nach einer Weile folgt eine weitere Demonstration des Trainers, die sich häufig auf den zuvor gezeigten Bewegungsablauf bezieht.

Die zuvor zweiteilige Rollenverteilung (ein Trainer – mehrere Schüler) wird beim Vormachen, der „Demonstration" von Bewegungsabläufen un-

---

[15] Einige Vereinen haben eine rangorientierte Sitzordnung, der zufolge die schlechtesten Schüler nahe am Eingang, die besseren entfernt und der Meister gegenüber dem Eingang Platz nehmen.

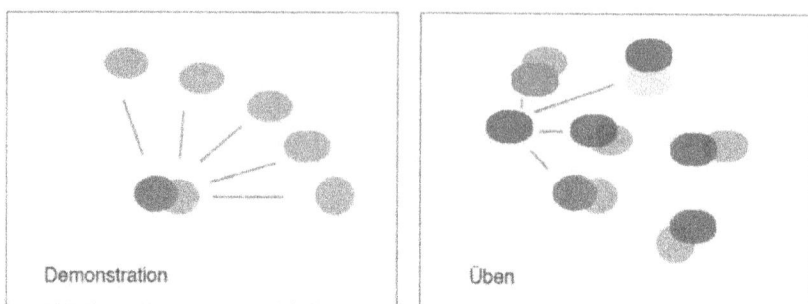

Abbildung 2.5: Dreiteilige Konstellation bei Demonstration und Üben

terbrochen, weil ein Schüler als Demonstrationspartner eingesetzt wird. Er wechselt also für die Demonstration den Status. Ebenso verändert sich die räumliche Anordnung der Situationsteilnehmer: Die Demonstration findet in der Mitte des Raumes statt, die Schüler gruppieren sich in einem Halbkreis, etwa zwei Meter von dem demonstrierenden Paar entfernt. Dadurch entstehen für alle Schüler Blickgelegenheiten auf das demonstrierende Paar (siehe Abb. 2.5). Es entwickelt sich daher sowohl räumlich als auch personell aus einer zuvor zweiteiligen Konstellation (Trainer – Schüler) eine dreiteilige: Trainer, Demonstrationspartner und Publikum. Die Rolle des Demonstrationspartners bewegt sich zwischen den anderen beiden Rollen: Er ist Teil des Vormachens, trotzdem bleibt er in einer passiven Rolle. Es wird an ihm, an seinem Körper vorgemacht. Er erlebt die Demonstration korporal, denn sein Körper wird fast wie eine Marionette vom Körper des Trainers bewegt. Die anderen Schüler erleben die Demonstration indessen visuell. Nicht ihre Körper, sondern ihre Blicke werden bewegt. Der Trainingspartner ist also in der Rolle eines Schülers, weil er aus der Demonstration lernt und nicht selbständig etwas vormacht. Er ist aber räumlich Teil der Demonstration, nicht Teil der ein Publikum bildenden Schüler. Die Zuschauer können so eine – wie das Kämpfen – paarförmige Interaktion sehen.

Beim anschließenden Üben wird diese dreiteilige Konstellation in anderer Form ausgebildet: Nun sind die Schüler in Paare aufgeteilt, sie machen den gezeigten Bewegungsablauf nach, während der Trainer zusieht. Er geht durch den Raum, sieht den übenden Paaren zu, korrigiert hin und wieder eine Bewegung, manchmal zeigt er in einer Art „Privatdemonstration" für ein einzelnes Paar den Bewegungsablauf oder ein Detail daraus noch einmal. Begibt sich der Trainer also zu einem einzelnen Paar, mischt er sich gewissermaßen in ihr Üben ein, so wird eine dreiteilige Konstellation (in dem Fall eine Triade) ausgebildet. Blickt man jedoch nicht auf einzelne Paare, sondern auf die Gesamtszenerie, so besteht die dreiteilige Konstellation darin, dass der Trainer den Paaren zuschaut. Er ist zwar nur *ein* Zuschauer für mehrere Paare; weil er aber potenziell jedes Paar beobachtet und weil sich jedes Paar durch die Tätigkeit des Übens für den Trainer beobachtbar macht, ist die dreiteilige Struktur auch hier gegeben. Im Gegensatz zur Demonstration ist beim Üben jedoch die Rollenstruktur zwischen Lehrer und Schüler wieder hergestellt – man kann sowohl räumlich als auch an der personalen Struktur erkennen, wer Trainer und wer Schüler ist: Wer in Paaren übt, ist Schüler; wer allein im Raum steht und beobachtet, ist der Trainer.

Die Phasen des Trainings unterscheiden sich also, wie wir gesehen haben, durch die jeweils spezifische Nutzung von Raum-, Zeit- und Personalressourcen und machen das Kampfkunsttraining als *Training* erkennbar. Nicht erkennbar wird in der bisherigen Beschreibung, wie das Training als *Kampfkunst*training erkennbar gemacht wird. Es wurde bereits erwähnt, dass beim Üben die Paarinteraktion des Kämpfens abgebildet wird. Solche Konstellationen finden sich jedoch nicht nur in Kampfkunsttrainings, sie sind überall vorzufinden, wo Tätigkeiten vermittelt werden sollen, die auf paarförmigen Interaktionen beruhen: so auch in Paartanz- oder Massagekursen. Ein stärkerer Bezug auf die Tätigkeit des Kämpfens liegt in Bewegungsabläufen wie Schlagen, Treten, Werfen, Fallen, Rollen, etc. Diese werden zudem in Vorübungen isoliert trainiert, so wie in Tanzkursen spezifische Schritte und Schrittkombinationen geübt werden. Auch die Konstruktion eines „Gegners" statt eines „Partners", wie sie in Kampfkunsttrainings manchmal in verbalen Kommentaren zu den Bewegungsabläufen vorkommt, findet sich weder im Paartanz- noch im Massagekurs.

Neben jenen Verweisen auf das Kämpfen, die den im Training praktizierten Tätigkeiten innewohnen, wird das Training auch aufgrund verschiedener Artefakte als Kampfkunsttraining erkennbar. Die Ausstattung des Bodens mit Matten verweist auf die hohe Wahrscheinlichkeit, auch schon einmal unsanft zu Boden zu fallen. Je nach Kampfkunst verschiedene Trainingsanzüge verweisen auf die aktuell trainierte Kampfkunstrichtung,[16] und die im Raum vorhandenen Holzschwerter, -messer, und

---

[16] Weiße Judo-Anzüge finden sich im Karate, im Judo, im Jiu Jitsu; in vielen Aikido-Vereinen sieht man zudem einzelne Teilnehmer mit einem schwarzen Überrock, den

-stöcke verdeutlichen, dass zumindest fallweise eine Auseinandersetzung mit bewaffnetem Kampf stattfindet. Das Tragen einfacher T-Shirts statt der Jacke des Trainingsanzugs wird vereinsintern als Hinweis darauf verstanden, dass hier realistisches („straßentaugliches") Kämpfen geübt werde, weil – so die Erklärung – auf der Straße auch niemand eine solche Trainingsjacke trage. Das Bild eines alten Mannes (Morihei Ueshiba, Gründer der Kampfkunst Aikido) hingegen gehört ebenso wie die Boxhandschuhe nicht in dieses Training. Beide sind Verweise auf andere Kampfkunstrichtungen und verdeutlichen damit, dass auch andere Vereine im selben Raum trainieren.

Resümee: Wahrnehmen lernen

Lernen findet im Ninjutsu-Training also in einem eigens geschaffenen Rahmen und an einem vom Alltag gewissermaßen abgeschnittenen Ort statt. Die Lernprozesse sind damit in ein eigenes Lernsetting eingebunden, und solange die Trainingsstunde andauert, finden nur jene Interaktionen statt, die sich direkt auf das Training beziehen.[17] Zweck der Trainingsinteraktionen ist die Vermittlung des Ninjutsu-Wissens, das sich jedoch in mehrfacher Hinsicht der Verbalisierung entzieht. Im Alltag des Trainings erfolgt die Wissensvermittlung deshalb vor allem über das Vor- und Nachmachen von Bewegungsabläufen, der Schwerpunkt liegt auf der Vermittlung von Bewegungsabläufen, die einen Kampf abbilden. Das Vormachen und Üben dieser Bewegungsabläufe ist in der Regel dreiteilig organisiert, wodurch die zweiteilige Konstellation des Kämpfens abgebildet wird, während jemand Drittes (der Trainer oder das Publikum) zuschaut.

Das Vor- und Nachmachen von Bewegungsabläufen erfordert jedoch in der Praxis des Trainingsalltags eigene Trainingsfertigkeiten, die die Schüler im Laufe ihrer Teilnahme entwickeln. Um die im Rahmen von Demonstrationen gezeigten Bewegungsabläufe detailliert wahrnehmen zu können, müssen sie den Blick für diese Praxis schulen. Sie müssen lernen, das in der Demonstration gezeigte um ihr eigenes Erfahrungswissen zu ergänzen. Nur so können sie nachvollziehen, was zwar gezeigt, aber nur ansatzweise

---

man „Hakama" nennt, der Taekwondo-Kampfanzug besteht aus einer weißen Hose und einem spezifischen T-Shirt, im Capoeira werden je nach Stilrichtung unterschiedlich gefärbte Trainingshosen und T-Shirts ohne Jacke getragen.

[17] In wenigen Fällen warten einige Schüler auf eine spätere Trainingsstunde, normalerweise gliedern sie sich aber stattdessen einfach in die aktuelle Stunde ein.

(verbal und visuell) expliziert werden kann. Dieser Prozess wird umge-kehrt durch die Blickführung des Trainers unterstützt. Das anschließende Üben eines Bewegungsablaufs schult die Wahrnehmung für Bewegungs-gewohnheiten des eigenen Körpers anhand eines fremden Körpers. In den folgenden beiden Kapitel (Kapitel 3 „Zeigen" und Kapitel 4 „Üben") wer-de ich nun auf die Details dieser beiden zentralen Kommunikationsformen des Ninjutsu-Trainings eingehen. In den Vordergrund rücken dabei Fra-gen der situativen Herstellung der jeweiligen Konstellation sowie Fragen zu den jeweils parallel ablaufenden paarinternen Interaktionen.

3 Zeigen

Ich habe einleitend vier Formen der Wissensvermittlung unterschieden: verbale, visuelle, somatische und technische. Im vorigen Kapitel hat sich bereits gezeigt, dass im Kampfkunsttraining primär die zweite und dritte Form der Wissensvermittlung praktiziert werden. Im folgenden Kapitel gehe ich nun, orientiert an den in der Konversationsanalyse üblichen außergewöhnlich kleinteiligen Analysen, auf Details des Zeigens als einer Variante der visuellen Wissensvermittlung ein. Dabei übernehme ich den Ansatz des geduldig zerlegendenden Rekonstruierens von Sequenzzusammenhängen, werde mich aber – im Gegensatz zu vielen konversationsanalytischen Studien – mit einer Praktik beschäftigen, die primär aus visuellen Kommunikationsbeiträgen aufgebaut ist, während die (durchaus vorhandenen) verbalen Äußerungen eher ergänzend eingesetzt werden. In gewissem Sinne verkehrt sich hier das Verhältnis implizit-explizit, weil die Tätigkeit des Explizierens im Fall der Demonstration großteils auf visuellen Kommunikationsbeiträgen beruht, die von verbalen Beiträgen nur, man könnte fast sagen, untermalt werden. Es handelt sich also im starken Sinne um eine Praktik des „teaching by doing". Methodisch stütze ich mich nicht allein auf Beobachtungsprotokolle, sondern auch auf audiovisuelle Aufnahmen. Diese haben vor allem als Erinnerungsstütze für die Ethnografin und für ihre Kommunikation mit wissenschaftlichen Peers verschiedene Vorzüge: So ermöglichen sie eine besonders kleinteilige Darstellung der Ereignisse sowie eine Trennung von verbalen und visuellen Kommunikationsbeiträgen. Dabei deuten sich – quasi nebenbei – auch die Grenzen dieses Verfahrens an, auf die ich im anschließenden Exkurs eingehe.

Nähern wir uns zunächst allgemeinsoziologisch der Praktik der Demonstration und der ihr eigenen Form der Wissensvermittlung: Rahmenanalytisch betrachtet, zeichnet sie sich, wie erwähnt, zunächst dadurch aus, dass sie ein Wissen, eine Tätigkeit oder eine Leistung außerhalb ihres ursprünglichen Funktionszusammenhangs vorführt (Goffman 1980, S. 79). Demonstrationen stellen damit eine eigenständige Tätigkeit, einen spezifischen „Rahmen" dar, sie können aber nicht unabhängig von einer anderen, vorzuführenden, Tätigkeit existieren. Goffmans Terminologie zufolge sind Demonstrationen eine „Modulation", d.h. eine Situation, in der eine Tätigkeit transformiert wird, indem sie in einen neuen Zusammenhang gestellt wird. Der neue Zusammenhang verändert die Tätigkeit soweit, dass sie als Tätigkeit-X-moduliert-zu-Y erkennbar wird. Einen Kampf zu spielen verändert in diesem Sinne nicht nur die Tätigkeit, es führt vor allem auch dazu, dass die Tätigkeit als Spielen wahrgenommen wird, nicht mehr primär als Kampf. Verschiedene Modulationen können unterschiedliche Funktionen haben. Dokumentationen etwa bedienen sich der Spuren und Überbleibsel tatsächlicher Ereignisse, um Beweise für den jeweiligen Hergang zu kreieren (Goffman 1980, S. 82). Die spezifische Funktion von Demonstrationen besteht darin, einen korrekten Ablauf vorzuführen, was diesen und jenen Zweck haben kann. In jedem Fall aber muss ein eigener Rahmen ausgebildet werden, der sich vom einfachen Durchführen der Tätigkeit erkennbar unterscheidet. Goffman erwähnt als Beispiel für solche Differenzen den Fall eines Staubsaugervertreters, der zur Demonstration seines Produktes vor den Augen der Kundin Staub saugt, den er zuvor extra ausgestreut hat (Goffman 1980, S. 79).

Betrachten wir dieses Beispiel genauer: Der Staubsaugervertreter könnte auch einfach dort saugen, wo ohnehin Staub liegt. Das wäre effizienter im Sinne eines Reinigungsprozesses, es würde in unserer Gesellschaft jedoch sehr unhöflich wirken. Der Vertreter würde zum einen die Privatsphäre der Kundin missachten, wenn er sich auf die Suche nach bereits vorhandenem Staub begibt. Zum anderen würde er im Erfolgsfall deutlich machen, dass die Wohnung nicht vollständig gesaugt ist und der Kundin damit nolens volens mangelnde Sauberkeit attestieren. Er würde also die üblichen Umgangsformen verletzen und wäre darüber hinaus nicht mehr von einem Putzmann oder einem Mitbewohner unterscheidbar. Auch wenn es also im Sinne eines Reinigungsprozesses widersinnig erscheinen mag, es ist im Sinne eines Demonstrationsprozesses effizienter, den Staub auszustreuen, bevor man ihn vor den Augen der Kundin wegsaugt. Demonstrationen erfordern, das wird hier deutlich, dass der ursprüngliche Rahmen der Tätigkeit verlassen wird, dass also einige Elemente der Interaktion den Rahmen „Demonstration" erkennbar machen, z.B. weil sie aus der internen Ablauflogik des ursprünglichen Rahmens auf den ersten Blick sinnwidrig erscheinen.

Demonstrationen unterscheiden sich von anderen ähnlichen Tätigkeiten, in deren Rahmen ebenfalls Wissen vermittelt wird. Man kann diese Unterschiede im Sinne einer Kombination des ethnomethodologischen Theo-

rems der „accountability" und Goffmans These der Rahmenanalyse als
ein „Kontinuum des Ostentativen" fassen und folgendermaßen charakterisieren: Die einfachste Form der Wissensvermittlung ist, etwas sichtbar
zu tun. So werden beim Staubsaugen zumindest zwei Informationen implizit weitergegeben: Erstens, dass man saugt und zweitens, wie das geht.
Der Ablauf wird nämlich vorgemacht und wird auf diese Weise zumindest
potenziell beobachtbar. Dass es sich – nebenbei – auch um eine Form der
Wissensvermittlung handelt, wird dabei aber nicht explizit kenntlich gemacht. Das wird etwas 'expliziter' (und die sprachliche Befremdlichkeit
dieser Formulierung zeigt, wie dichotom wir implizit/explizit in der Regel handhaben), wenn eine Tätigkeit von einem verbalen Hinweis begleitet
wird. Mit der Information „Siehst du, dieser Herr saugt gerade" wird zwar
wenig Wissen über den genauen Ablauf der Tätigkeit vermittelt, aber immerhin entsteht ein erster Eindruck über die korrekte Kategorisierung des
Gesehenen. Etwas mehr Wissen über den Ablauf des Saugens entsteht,
wenn auf ein spezifisches Element hingewiesen wird, wie etwa „Siehst du,
hier ist ein Teppich, deshalb verwendet er die andere Bürste". Häufig werden Abläufe eigens vorgeführt, um sie beobachtbar zu machen. Will ein
Vater seiner Tochter das Staubsaugen beibringen, so wird er in aller Regel
– anders als der Vertreter – nicht extra Staub ausstreuen, sondern vor den
Augen seiner Tochter den vorhandenen Staub entfernen. Umgekehrt kann
die Tochter ihrem Vater vorführen, dass sie bereits saugen kann, indem
sie vor seinen Augen saugt. Das Vorführen ist in dieser Hinsicht einer Demonstration relativ ähnlich, denn auch hier verändert sich der Sinn der
Tätigkeit und damit der Rahmen. Sie ist von der Tätigkeit des einfachen
Saugens klar unterscheidbar, weil die Anwesenheit eines deklarierten Zuschauers einen erkennbaren Unterschied zum einfachen Durchführen einer
Tätigkeit macht. Im Gegensatz zur Demonstration des Staubsaugervertreters werden jedoch keine aus der Logik des ursprünglichen Funktionszusammenhangs widersinnig erscheinenden Tätigkeiten durchgeführt.

Die Erkennbarkeit des Rahmens „Demonstration" dagegen entsteht genau dadurch, dass der ursprüngliche Funktionszusammenhang erkennbar
verlassen oder sogar konterkariert wird. So finden sich auch in den Demonstrationen des Kampfkunsttrainings immer wieder Elemente, die in
der Logik des Kämpfens geradezu sinnwidrig erscheinen. Dazu zählt, dass
in der Demonstration niemand verletzt wird, obwohl ein „richtiger" Nahkampf genau das erfordern würde. Die der Demonstration inhärente Wissensvermittlung, wäre in einem Nahkampf ungeschickt. Vielmehr würde
man, wie bereits erwähnt, durch schnelles und flexibles Agieren und Reagieren versuchen, unerwartete Züge zu setzen. Dafür bietet es sich jedoch

an, die eigene Kampfstrategie, besser noch auch die jeweilige Kampffähigkeit vor dem Gegner verdeckt zu halten. Ein überraschter Gegner ergreift
im besten Fall die Flucht (und gibt auf diese Weise den Kampf vorzeitig
auf), oder aber er ist damit beschäftigt, Züge zu parieren und daher seinerseits kaum in der Lage, Angriffe zu starten. Würde man also in einem
„richtigen" Kampf die eigenen Strategien soweit wie möglich verdeckt halten, so zeichnet sich die Demonstration durch die Absicht aus, Prinzipien
des Kämpfens sukzessive sichtbar zu machen. Wie aber geschieht das?
Die zentralen Vermittlungstechniken einer Demonstration, man könnte
auch sagen die Ethnomethoden des Demonstrierens, werden anhand von
empirischen Detailanalysen in den folgenden vier Abschnitten dargestellt:

Ich gehe zunächst in Abschnitt 3.1 auf das visuelle und verbale Ankündigen einer Demonstration ein: Die Demonstration beginnt, indem die
Aufmerksamkeit der übrigen Anwesenden auf die Demonstration gelenkt
wird. Erst dann wird mittels einer konzertierten Tätigkeit aller Teilnehmer des Trainings der Rahmen der Demonstration hergestellt, indem sich
Körperformationen auflösen und neue aufbauen. In Abschnitt 3.2 beschäftige ich mich mit den Praktiken des Kommentierens und Instruierens:
Bewegungen und Bewegungsabfolgen werden für das Publikum kommentiert, während der Demonstrationspartner instruiert wird. Es wird durch
visuelles, vor allem aber durch verbales Zeigen auf wichtige Ereignisse
in der Demonstration hingewiesen. Im Zentrum von Abschnitt 3.3 stehen
Verlangsamen und Zerteilen: Bewegungsabläufe, aber auch einzelne Bewegungen werden zerteilt. Dadurch können auch einzelne Elemente betont
werden. Der gesamte Ablauf wird stark verlangsamt gezeigt, damit die Zuschauer die gezeigten Abläufe überhaupt verfolgen können. So entstehen
beobachtbare Bewegungseinheiten. Die Abschnitte 3.4 und 3.5 schließlich
gehen auf die Praktiken des Wiederholens und Variierens ein: Ganze Bewegungsabläufe, Teile daraus, auch Einzelelemente werden wiederholt und
immer wieder variiert. Dieses Vorgehen bietet weitere Blickgelegenheiten
auf das implizite Bewegungs*programm*.

3.1 Visuelles und verbales Ankündigen

Betritt man den Trainingsraum während eine Demonstration im Gange
ist, so erkennt man diese an einer spezifischen räumlichen Ordnung: Der
Trainer und eventuell sein Trainingspartner befinden sich in der Mitte
eines Halbkreises von Zuschauern. Die Blicke der Schüler sind auf diese

Abbildung 3.1: Visuelles Ankündigen der Demonstration

beiden Körper fixiert. Verfolgt man das Geschehen mit der Kamera, so hat man ideale Bedingungen: Das Publikum bewegt sich körperlich so gut wie gar nicht, das demonstrierende Körperknäuel bleibt in seinen Bewegungen auf einen Radius von etwa zwei Metern beschränkt. Niemand läuft unerwartet durch das Bild, niemand verschwindet aus dem Fokus der Kamera. Es könnte zwar jemand im Raum sein, den die Kamera übersieht. Er würde jedoch nicht fehlen, denn die Szene hat zwei klare Protagonisten, den Trainer und seinen Demonstrationspartner, sowie ein Publikum. Sieht man diese Teilnehmer, so hat man das für das Kampfkunsttraining in dieser Situation Relevante gesehen.

Diese verhältnismäßig starre Raum- und Blickordnung bietet nicht nur der Kamera ideale Bedingungen, sie ermöglicht das gleichzeitige und gleichgerichtete Sehen aller Schüler. Der Trainer wiederum kann in dieser Konstellation sicher sein, dass er von allen gesehen wird. Die Demonstration beginnt deshalb nicht, wie man meinen könnte, mit einer Erklärung oder dem Zeigen, sondern damit, diese spezifische räumliche Ordnung herzustellen. Die ersten Interaktionszüge bestehen deshalb darin, auf die kommende Demonstration aufmerksam zu machen. Dazu werden verschiedene Tätigkeiten konzertiert ausgeführt: Der Trainer lenkt die Aufmerksamkeit weg von der Partnerübung hin zur Demonstration, er kündigt den Inhalt der Demonstration an und rekrutiert einen Demonstrationspartner. Die Schüler werden auf die Demonstration aufmerksam, unterbrechen ihre Partnerübung und begeben sich in den Rahmen und damit auch in die räumliche Position der Demonstration (siehe Abb. 3.1). Im Detail gestaltet sich dieses konzertierte Tun folgendermaßen:

Der Trainer erklärte gerade noch zwei Schülern eine Bewegung. Nun bewegt er sich rückwärts von den beiden weg, bleibt ihnen aber noch einige Schritte lang zugewandt. Dann erst dreht er den Körper in Gehrichtung und entfernt sich. Er geht an den Rand des Raumes und hält einen kurzen Moment inne. Dann bewegt er sich in die Raummitte, wo ein fortgeschrittener Schüler und sein Trainingspartner Clemens üben. Der Trainer bewegt sich auf die beiden zu. Auf halbem Weg sagt er laut, „okay", und einen halben Schritt später, „nächstes. Noch was dazu". Er umkreist das übende Paar und murmelt vor sich hin, „ah, jetzt weiß ich nicht, was wir gemacht haben (2) Genau. Wir sind auf seinem Rücken, er machts wieder falsch". Während der Trainer diesen Satz sprechend um das Paar herumgeht, unterbrechen die beiden ihr Tun. Clemens bewegt sich weg und setzt sich im Abstand von etwa zwei Metern auf den Boden, mit Blick auf den Trainer. Der steht nun vor dem fortgeschrittenen Schüler, der vor ihm auf dem Boden hockt und zu ihm hochsieht.

Während der Trainer sich also in die Mitte des Raumes begibt und verbal die anstehende Demonstration ankündigt, rekrutiert er mithilfe einer Art körperlichen Geste einen fortgeschrittenen Schüler als Demonstrationspartner. Damit diese Tätigkeit des Rekrutierens ohne eindeutigen verbalen Hinweis erfolgen kann, müssen die beiden übenden Schüler die Tätigkeit des Trainers als Ankündigung einer Demonstration verstanden haben und ihr Tun unterbrechen. Außerdem müssen beide verstehen, dass der Trainer um sie herumgeht, um den (fortgeschrittenen) Schüler zum Demonstrationspartner zu machen und nicht etwa Clemens. Die drei Teilnehmer vollziehen dies, indem Clemens sich entfernt, der fortgeschrittene Schüler an seinem Platz bleibt und der Trainer nicht etwa weitergeht, sondern ihm zugewandt stehen bleibt und weiter spricht. Der fortgeschrittene Schüler wendet sich nun dem Trainer zu.

Die räumliche Bewegung eines Körpers, dem des Trainers, der sich in die Mitte des Raumes bewegt, löst die Bewegung von zwei weiteren Körpern aus. Die Bewegungen dieser drei Körper vollziehen sich so unproblematisch, sie geschehen so schnell und konfliktlos, dass man die Komplexität des Ablaufs kaum wahrnimmt. Hatten wir eben noch die notwendigen Tätigkeiten des Trainers und der Schüler unterschieden (der Trainer muss die Demonstration ankündigen, die Schüler müssen ihr Tun unterbrechen, alle gemeinsam müssen die räumliche Ordnung der Demonstration herstellen), so zeigt sich nun, dass das Herstellen dieser Ordnung nicht durch die Tätigkeiten von zwei Gruppen entsteht, sondern nach und nach geschieht:

Zunächst wird der Trainer Teil einer Dreier-Gruppe, aus der sich daraufhin Clemens entfernt. Der Trainer wird damit Teil eines Paares, indem er gewissermaßen aus einem bestehenden Paar einen Teil verdrängt. Dieser bewegt sich in eine Publikumsposition. Das Bild des Trainers als Teil eines Paares und der erste Körper in einer Publikumsposition (Clemens) nehmen die räumliche Ordnung der Demonstration vorweg. Waren gerade noch Clemens und der fortgeschrittene Schüler ein Übungspaar, so bilden der Trainer und der fortgeschrittene Schüler nun das räumliche Zentrum einer anstehenden Demonstration. Clemens beginnt eine Tätigkeit als Zuschauer, indem er sich in einem bestimmten Abstand (etwa zwei Meter) auf den Boden setzt und den beiden zusieht. Es sind also die aufeinander abgestimmten Bewegungen dieser drei Körper, die die Bewegungen weiterer Körper auslösen.

Die Vorwegnahme der räumlichen Ordnung der Demonstration fungiert nämlich als visuelle Ankündigung. Einige der übenden Schüler wurden durch die verbale Äußerung des Trainers aufmerksam, andere reagieren erst als der für das Üben charakteristischerweise hohe Lautstärkepegel abnimmt. Ihr Blick sucht den Körper des Trainers, sie finden ihn gemeinsam mit einem Partner in der Mitte des Raumes als Paar und bewegen ihre Körper Richtung Raummitte. Im Detail gestaltet sich ein solches „opening up openings" folgendermaßen:

> Der Trainer beendet seinen Weg um das nun nicht mehr übende Paar, nur noch der fortgeschrittene Schüler ist an dieser Stelle, Clemens sitzt bereits abseits. Gerade hatte der Trainer mit der Äußerung „Er machts wieder falsch" eine Andeutung über den Inhalt der kommenden Demonstration gemacht, nun wendet er sich dem fortgeschrittenen Schüler zu. Man kann sehen, dass er etwas zu ihm sagt, denn er bewegt die Lippen, und er deutet mit einem Finger. Man kann hören, dass er spricht, aber man kann den Inhalt nicht verstehen. Der fortgeschrittene Schüler legt sich vor dem Trainer auf den Boden. Die restlichen Schüler versammeln sich einstweilen in einem Halbkreis, etwa zwei Meter von den beiden entfernt. Einige sitzen bereits und schauen zum Trainer, einer putzt noch seine Brille, zwei andere unterbrechen ihr Tun, wenden den Blick zum Trainer und gehen mit Blick auf ihn zu den bereits sitzenden Schülern. Es sitzen noch nicht alle Schüler im Halbkreis, als der Trainer sich auf den Rücken des fortgeschrittenen Schülers setzt und die Demonstration beginnt, aber es sind alle Blicke auf ihn gerichtet.

Das Ankündigen der Demonstration geschieht also nicht in einer expliziten verbalen Äußerung, sondern durch drei Arten von Hinweisen: Erstens macht der Trainer Andeutungen über den Inhalt und damit verbale Hinweise, dass nun eine Demonstration folgt. Zweitens entstehen auf diese Weise hörbare Zeichen für die beginnende Demonstration: Der Trainer spricht, die anderen Schüler werden nach und nach still. Statt des akustischen Durcheinanders hört man nun einen Einzelnen sprechen (auch wenn man den Inhalt nicht immer versteht). Das ausschlaggebende Signal ist jedoch, drittens, der visuelle Eindruck einer vorweggenommenen räumlichen Ordnung. Ähnlich wie zuvor die Bewegung des Trainers die

Bewegungen des fortgeschrittenen Schülers und Clemens' Bewegungen ausgelöst hatte, so lösen die Bewegungen dieser drei Körper nun weitere Bewegungen der restlichen Schüler aus. Nach und nach bewegen sich alle in den Halbkreis der Zuschauer. Sie nehmen Platz, sitzen still und beobachten das Tun der beiden Körper mittig vor dem Halbkreis. Diese wiederum lenken durch ihre Bewegungen deren Blicke. Der Wechsel zur Demonstration dauert nur wenige Augenblicke. Dennoch handelt es sich bei genauerer Betrachtung um eine hochkomplexe Tätigkeit, innerhalb derer nicht nur geistig ein Rahmenwechsel durchgeführt wird. Vielmehr stellen die Körper der Anwesenden eine spezifische räumliche und visuelle Ordnung dar und vollziehen so auch materiell einen Rahmenwechsel, der darüberhinaus einen Wechsel der Tätigkeiten beinhaltet: Wer gerade noch geübt hat, schaut jetzt zu; wer gerade noch zugeschaut hat, führt nun vor. Auch die Gruppenkonstellation verändert sich: Aus einer Vielzahl übender Trainingspaare entsteht durch die konzertierte Tätigkeit der Herstellung des Demonstrationsrahmens eine Zuschauermenge, deren Beteiligte (in einer gemeinsamen Tätigkeit) dem Trainer und seinem Partner bei der Demonstration zusehen.

An dieser Stelle wird die – in Abschnitt 2.6 dargestellte – dreiteilige Kommunikationsstruktur relevant: Demonstrationen sind Tätigkeiten vor Publikum. Im Fall der Kampfkunstdemonstration wird Kämpfen *als* Interaktionsform vor einem Publikum gezeigt. Dazu müssen zwei Interaktionen gleichzeitig stattfinden: Erstens befindet sich der Trainer in einer Interaktion mit dem Demonstrationspartner, der, wie wir gesehen haben, aus dem Kreis der Schüler rekrutiert wird. Es ist in der Regel ein fortgeschrittener Schüler, manchmal aber auch ein Anfänger. Der Partner weiß nicht im Vorhinein, was gezeigt werden soll, sondern erfährt es erst im Laufe der Demonstration. Der Trainer muss ihn also durch Körperbewegungen, durch Gesten, durch verbale Hinweise instruieren, während die beiden gleichzeitig die jeweilige Bewegungsabfolge für das Publikum vormachen. Zweitens befindet er sich gleichzeitig in einer Interaktion mit dem Publikum, dem die Bewegungsabläufe vorgeführt werden. Erst durch diese Interaktion mit dem Publikum wird der von den Demonstrationspartnern durchgeführte Bewegungsablauf zu einer Demonstration.

Durch diese doppelte Interaktion (Abb. 3.2) wird zwar der interaktive Charakter des Kämpfens vor Publikum nachgestellt, es entsteht aber gleichzeitig auch eine Differenz zur internen Logik dieser Tätigkeit. Kämpfe zeichnen sich nämlich dadurch aus, dass sie ihre Teilnehmer auf be-

Abbildung 3.2: Doppelte Interaktion im Rahmen einer Demonstration

sonders intensive Art in ihren Ablauf verwickeln. Nimmt man an einem Kampf teil, so hat man – wie erwähnt – in aller Regel weder die Zeit noch die Aufmerksamkeitsressourcen, irgendetwas außerhalb der Kampfinteraktion wahrzunehmen. Die Demonstration des Kampfkunsttrainings dagegen bezweckt explizit, Wahrnehmbarkeit herzustellen.[1] Dieses Herstellen von Wahrnehmbarkeit werde ich im folgenden Abschnitt anhand eines weiteren Blickführungselementes darstellen, der verbalen Äußerungen des Trainers. Die doppelte Interaktion der Demonstration zeigt sich hier besonders deutlich.

3.2 Kommentieren und Instruieren

Sobald der Rahmen der Demonstration hergestellt ist, sobald sich die Schüler in einen Halbkreis um die beiden Demonstrationspartner gesetzt haben, beginnen sie mit der Tätigkeit des Zuschauens. Ihre Körper bleiben still, sie bewegen sich kaum mehr und werden so zu einer Menge, deren einzelne Beteiligte nicht mehr als Einzelne wahrgenommen werden müssen. Gleichzeitig verschwimmen die Körper des Trainers und des fortgeschrittenen Schülers zu einem sich bewegenden Körperknäuel. Es entstehen, wie oben ausgeführt, zwei ineinander verschachtelte Interaktionen. Diese doppelte Interaktion hat eine bemerkenswerte Eigenschaft: Es gibt nur einen Sprecher. Die Körper der Zuschauer sind im doppelten Sinne des Wortes still: Sie bewegen sich nicht, und sie sprechen nicht; der Körper des Demonstrationspartners bewegt sich zwar, aber er spricht

---

[1] Wie weit das gelingt, ist freilich nicht eindeutig zu beantworten. Wichtig für die Differenzierung ist nur, dass im Zuge der Demonstration an der Wahrnehmbarkeit gearbeitet wird.

nicht. Nur der Körper des Trainers bewegt sich und spricht. Der Großteil seiner sprachlichen Äußerungen ist primär an die Zuschauer gerichtet, ein kleiner Teil primär an seinen Partner. Das folgende Protokoll zeigt, wie sich das Sprechen mit den Schülern in die Situation des Demonstrierens einschreibt. Es zeigt, wie der Trainer sein Tun für das Publikum kommentiert, während er gleichzeitig den Partner verbal (und gestisch) instruiert.

> Während sich der Trainer seinem Demonstrationspartner zuwendet, diesen also gleichzeitig rekrutiert und dirigiert, steht er selbst gut sichtbar im Raum und gibt erste Hinweise auf den Inhalt der kommenden Demonstration. Er sagt noch im Gehen halb zu sich, aber auch laut und deutlich vernehmbar: „Genau. Wir sind auf seinem Rücken. Er machts noch mal falsch". Damit schließt er verbal an eine frühere Demonstration an, in der die „falsche" Bewegung bereits gezeigt und als falsch bezeichnet worden ist. Gleichzeitig macht er mit der Hand eine Geste in Richtung seines Partners: Er zeigt nicht auf ihn, aber er deutet in seine Richtung und macht mit der Hand eine schnelle Drehbewegung. Der Trainingspartner dreht sich daraufhin vom Trainer weg. Er macht also die Drehbewegung der Hand des Trainers mit dem eigenen Körper nach und legt sich danach gemächlich auf den Bauch. Der Trainer setzt sich nun langsam auf den Rücken seines Partners und sagt: „Okay. Folgendes. Es geht uns jetzt primär immer noch um die Bewegung". Er schaut ins Publikum und packt den Trainingspartner gleichzeitig mit einem Arm um den Hals. Er hält kurz inne und sagt: „Das heißt: von hier jetzt hoch". Der Partner bewegt sich aufwärts, der Trainer macht eine Bewegung mit dem Fuß und sagt: „von hier sichern".

Für sich allein ist der Zusammenhang zwischen den Äußerungen und den Bewegungen des Trainers aus diesem Protokoll schwer verständlich. Wie bereits in Abschnitt 2.2 diskutiert, würde auch ein Anfänger oder ein Gast, der die Demonstration live sieht, den Zusammenhang nicht erkennen. Das Referenzierungsproblem wiederholt sich im Protokoll.

Als (geübter) Teilnehmer jedoch hört man die ersten verbalen Äußerungen der Demonstration als Ankündigungen und alle weiteren als Kommentar. „Wir sind auf seinem Rücken. Er machts nochmal falsch" etwa hört man als einen Hinweis auf die Ausgangsposition und versteht, dass – wie in der davor gezeigten Demonstration – der Partner auf dem Bauch liegt, man selbst auf seinem Rücken sitzt. Es geht also um einen Ausschnitt aus einer längeren Bewegungskette, in deren Verlauf man irgendwann in diese Position geraten ist. Den darauf folgenden Satz versteht man als Mitteilung, dass nicht nur die Ausgangsposition gleich bleibt, sondern auch die Bewegung des Partners. Das lässt sich am Ausdruck „er machts nochmal" erkennen. Der Ausdruck „falsch" bezieht sich auf die Bewegung, welche der Partner bereits in der eben gezeigten Demonstration gemacht hatte und bedeutet in diesem Zusammenhang, dass eine komplexe Bewegung in einer erleichterten, aber nicht perfekten Version geübt wird. Die Bezeichung fungiert zudem als Marker für genau *diese* Bewegung in *diesem* Bewegungsablauf. Sie ist damit in der aktuellen Demonstration leicht wiedererkennbar. Der nächste Hinweis, „es geht uns jetzt primär immer noch um die Bewegung", gibt Auskunft darüber, weshalb eine „falsche" Reaktion des Partners geübt wird. Es geht nämlich nicht darum, eine bestimmte Reaktion des Partners zu üben, sondern günstige Bedingungen dafür zu schaffen, dass man selbst eine bestimmte Bewegung üben kann.[2]

Die weiteren Äußerungen hört man nicht mehr als Ankündigung der Demonstration, sondern als Kommentar. Man sieht, dass der Trainer die angekündigte Position einnimmt, dass er – wie in der früheren Demonstration – mit einem Arm den Hals des Partners packt. Dann verharren beide kurz in dieser Position. Auf diese Weise wird visuell ein Spannungspunkt gesetzt, den der Trainer verbal mit der Äußerung „das heißt, von hier jetzt hoch" begleitet. „Von hier" sieht man, weil der Trainer einen Moment in einer Position innegehalten hatte, „jetzt" ergibt sich daraus, „hoch" gibt einen Hinweis auf die nächste Bewegung. Man sieht, wie der Partner des Trainers eine Bewegung macht, die man als „hoch" verstehen kann. Auch „hoch" ist damit zu einem Marker geworden, den man sich für das Üben danach merkt. Der Körper des Trainers wurde von der Bewegung des Partners hochgehoben, er sagt „Von hier sichern". Man sieht auf diese Weise, dass jene Bewegung, die der Trainer mit dem Fuß macht, als „sichern" zu verstehen ist.

Die Schüler lernen im Laufe des Trainings, die Äußerungen des Trainers zu verstehen und in Zusammenhang mit seinen Bewegungen und denen seines Partners zu bringen. Hält man die Äußerungen jedoch textuell fest, löst man sie also aus dem Sinnzusammenhang des Trainings, so wird deutlich, dass sie als Musterbeispiel für indexikalische Äußerungen gelten können.[3] Diese ausgeprägte Indexikalität zieht sich durch das gesamte Transkript. Es liest sich folgendermaßen:

Okay. Nächstes. Nochwas dazu. Aalso (2) Ah, jetzt weiß ich nicht, was wir gemacht haben (1) Genau. Wir sind auf seinem Rücken. Er machts nochmal falsch. (2)

---

[2] Auch dies entspricht nicht der Logik eines Kampfes. In Kämpfen können Bewegungen nur nach dem Erfolg des jeweiligen Einsatzes bewertet werden, im Training dagegen werden einzelne, bestimmte Bewegungen geübt, wiederholt und im Hinblick auf eine allgemeine Kampftauglichkeit bewertet.

[3] Zur Funktion indexikalischer Äußerungen im Sprechen siehe Garfinkel/Sacks (1986) und Zimmerman/Pollner (1976).

(unverständlich)(3) Okay. Folgendes. Es geht uns jetzt primär immer noch um die Bewegung. (2) Das heißt, von hier jetzt hoch. (1) Von hier sichern.[4]

Liest man diesen Ausschnitt aus dem Transkript, so kann man leicht erkennen, dass der Text zum größten Teil indexikalisch und sprachlich unvollständig ist. Nicht nur ein Anfänger, auch ein sehr guter Schüler könnte – wäre er auf das Zuhören beschränkt – nicht sagen, was gezeigt wird. Besonders deutlich wird die Indexikalität des die Demonstration begleitenden Kommentars, wenn man einen weiteren, aus dem Zusammenhang der passenden Demonstration gelösten Ausschnitt aus dem Transkript liest:

Wir schauen nochmal. Nochmal! Okay? Noch einmal, ja? Bevor, bevor *ihr* seitlich kullert, ja? (1) Auf die Knie gehen. Okay? Also, noch einmal. Von hier (5) *ich* zeigs von hier. *Ich* zeigs falsch, ja? Von hier. *Ihr* geht hier hoch, *er* hakt sich ein. Und jetzt: *Ich* geh von hier hoch jetzt anstatt= äh bevor *ihr* seitlich kullert, okay? Das heißt, wenn *ich* jetzt hier hoch geh, hier. Wenn *ich* jetzt hier merk oh hoppla *ich* krieg hier Seitenlage, ja?

Auch dieser Text ist ohne Hintergrundwissen nicht verständlich. Es wird zwar auf den Inhalt der Demonstration hingewiesen, das geschieht jedoch nicht primär sprachlich. Der Text ist nur verständlich, wenn man die passenden Bilder aus früheren Demonstrationen selbst beisteuern und mit den verbalen Hinweisen in Zusammenhang bringen kann. Betrachtet man jedoch die Verwendung der Personalpronomen (im Transkript kursiv gesetzt), so zeigt sich eine unerwartete Struktur: Die erste Sinneinheit „*Wir* schauen" zeigt eine Verschränkung der Perspektive von Trainer und Publikum. Der Trainer schaut nicht, er ist im Begriff, etwas zu zeigen. Indem der Trainer sprachlich die Perspektive des Publikums einnimmt, fordert er es zum Zuschauen auf. Im Folgenden lässt er die kollektivierende Wir-Form jedoch sein und spricht das Publikum direkt an, indem er die zweite Person Plural („bevor *ihr* seitlich kullert") benutzt. Danach gibt er einen Hinweis zu seinem eigenen Tun in der ersten Person Singular „*ich* zeigs von hier". In der nächsten Sinneinheit wechselt er nun in die dritte Person Singular. Er spricht seinen Partner nicht direkt in der zweiten Person Singular an, sondern sagt, „*er* hakt sich ein". Diese Äußerung klingt, als beobachte der Trainer aus der Perspektive eines Zuschauers.

Der Wechsel der grammatikalischen Person spiegelt unterschiedliche Perspektiven auf das Geschehen wieder. Mal macht der Trainer auf sein Verhalten aufmerksam, „*ich* zeigs falsch" oder „*ich* geh von hier hoch", mal

---

[4] Eine Liste der Transkriptionssymbole findet sich nach dem Abbildungsverzeichnis.

spricht er aus der Perspektive des Publikums, „*wir* schauen nochmal" oder „*er* hakt sich ein". Beide Formen können als verbale Blickführung verstanden werden. So werden zwar keine Beschreibungen der Bewegungsabfolgen geliefert, aber die Demonstration wird kommentiert. Die Kommentare weisen auf wichtige Stellen hin, sie führen durch die Demonstration, ähnlich wie ein Fernsehkommentar durch das übertragene Fußballspiel führt.

Die verbalen Äußerungen des Trainers richten sich, so wurde eingangs gesagt, primär an das Publikum. Es finden sich aber dazwischen immer wieder auch Hinweise an den Demonstrationspartner, wie „mach mal das Gewicht in die Richtung" oder „geh mal hoch". Solche Äußerungen lassen sich eindeutig als Instruktionen an den Partner verstehen. Darüberhinaus finden sich Instruktionen an den Partner aber auch in einer zweiten, weniger eindeutigen Form, die sich nur mithilfe einer detaillierten Situationsanalyse zeigen lässt. Die folgende Analyse konzentriert sich deshalb auf Details der Sequenzialität von visuellem Zeigen und verbalem Kommentieren. Sie zeigt, dass einzelne Stellen neben ihrer Funktion als Kommentar für das Publikum auch als Instruktionen für den Partner fungieren. Diese Stellen sind im folgenden Ausschnitt des Transkripts kursiv gesetzt.

> Okay. Nächstes. Nochwas dazu. Aalso. (2) Ah, jetzt weiß ich nicht, was wir gemacht haben. (1) Genau. *Wir sind auf seinem Rücken. Er machts nochmal falsch.* (2) (unverständlich)(3) Okay. Folgendes. Es geht uns jetzt primär immer noch um die Bewegung. (2) Das heißt. *Von hier jetzt hoch (1) Von hier sichern* (1).

Das Transkript zeigt zunächst vor allem Lückenfüller wie „Okay", „Also", „Das heißt", indexikalische Aussagen wie „Nächstes", „Nochwas dazu", „Folgendes". Diese kündigen an, dass etwas gezeigt werden wird („Nächstes") und dass an eine frühere Demonstration angeschlossen wird („Nochwas dazu"). Sie geben aber keine Informationen zum Inhalt der kommenden Demonstration. Die erste auffällige Äußerung ist der Satz „Jetzt weiß ich nicht, was wir gemacht haben". Diese Äußerung kommt relativ leise, während der Trainer um das gerade noch übende Paar (Clemens und der fortgeschrittene Schüler) herumgeht. Der Satz scheint einen Moment zu überbrücken, denn ohne dass jemand den Trainer erinnert hat, sagt er, „genau". Streng genommen kommt der Ausdruck „genau" unpassend, denn er würde voraussetzen, dass jemand einen Hinweis gemacht hat. Stattdessen scheint der Trainer einen eigenen, unausgesprochenen Einfall zu kommentieren. Er setzt fort mit: „Wir sind auf seinem Rücken". An dieser Stelle verändert sich das Personalpronomen, der Trainer wechselt von der ersten Person Singular in die erste Person Plural.

Analysiert man aus der Perspektive des Publikums, so findet sich auch
hier eine Verschränkung der Perspektive des Trainers mit der des Publikums. Betrachtet man jedoch den genauen Ablauf dieser Situation, so
wird deutlich, dass sich zu diesem Zeitpunkt keine Person auf dem Rücken
einer anderen befindet. Streng genommen kommentiert der Trainer also
nicht die Bewegung, sondern er nimmt noch nicht Geschehenes verbal vorweg. Der Demonstrationspartner *reagiert* auf die Aussage, indem er sich
selbst auf dem Boden liegend umdreht. Und jetzt erst setzt sich der Trainer auf seinen Rücken. Während der Satz „Wir sind auf seinem Rücken"
formal also wie die Beschreibung einer Körperformation aussieht, zeigt
die Sequenzialität des Textes, dass die Äußerung eher als Hinweis an den
Partner zu verstehen ist.

Die nächste Äußerung des Trainers ist in der dritten Person Singular
formuliert: „Er machts nochmal falsch". Diese Formulierung klingt, als
würde der Trainer das Verhalten des Partners kommentieren. Das Wort
„wieder" gibt an, dass dieses „Falschmachen" bereits zuvor zu sehen war.
Das Gezeigte ist also nach wie vor Teil der Wiederholung einer bereits vorgemachten Bewegungsfolge. Verbal bleibt der Trainer in der Perspektive
des Publikums, er kommentiert das Verhalten des Demonstrationspartners, als könnte er nicht direkt mit ihm kommunizieren, so als würde der
Demonstrationspartner nicht seinen Instruktionen folgen, sondern selbständig (vielleicht sogar überraschend) handeln. Die kommende Handlung des Trainers wird auf diese Weise zur Reaktion auf eine Aktion des
Demonstrationspartners – vorausgesetzt man folgt dieser Perspektive auf
das Geschehen, das heißt man versteht die Äußerung als Hinweis zur Situation. Man kann aus dieser Perspektive im Demonstrationspartner den
eigenen Partner oder auch einen eventuellen Kampfgegner sehen (darum „er" nicht „du"). Folgt man jedoch nicht der Logik des Gesagten,
sondern der Sequenzialität des Gezeigten, so wiederholt sich die Struktur der vorigen Äußerung. Die Bewegungen des Demonstrationspartners
sind „beschrieben", bevor sie ausführt werden. Auch diese „Beschreibung"
ist also gleichzeitig ein Hinweis für den Demonstrationspartner – in der
Logik der Kommunikation zwischen Trainer und Demonstrationspartner.
Die Äußerung, „er machts nochmal falsch", fungiert damit gleichzeitig als
Seh-Instruktion für das Publikum und als Bewegungsinstruktion für den
Partner.

Diese Struktur lässt sich im weiteren Verlauf dieser Situation ebenso zeigen. Der folgende, kursiv gesetzte Text ist ein Ausschnitt aus dem Tran-

skript ergänzt um Beschreibungen des sichtbaren Tuns der Situationsteilnehmer.

> *„Das heißt, er lässt den Kopf unten. Er kann selbst mit dem Kopf auch auf dem Boden sein,*

Der Trainer ist noch auf dem Rücken des Partners. Als er diese Äußerung macht, wippt er selbst mit dem Oberkörper und dem Kopf Richtung Boden. Der Partner stützt daraufhin den eigenen Kopf auf den Boden.

> *okay jetz hat er noch eine Stütze, dann geht er mit dem Gesäß hoch.*

Der Partner streckt vorsichtig die Beine durch und bewegt so das Gesäß hoch. Diese Bewegung würde, wäre sie dezidiert und schnell ausgeführt worden, das Gleichgewicht des Trainers stören. In dieser ruhigen Version könnte der Trainer das Gleichgewicht jedoch leicht halten, trotzdem lässt er seinen Oberkörper demonstrativ nach vorne fallen und fängt sich, indem er sich gut hörbar mit den Händen auf dem Boden abstützt.

> *Dann isses schlechter für mich. Okay? Und jetzt geht er hin. Ich machs jetzt leicht für ihn. Und er krabbelt Stück für Stück mit den Händen.*

Während er das sagt, bewegt der Trainer seine eigenen Finger in einer Krabbelbewegung unter dem Körper des Partners nach hinten.

> *Und geht dann mit den Bei- läuft rückwärts.*

Der Trainer trippelt mit den eigenen Beinen zurück, wodurch er die Beine seines Partners nach hinten drückt.

> *Genau. Okay. Das wäre seine Bewegung."*

Der Ausschnitt zeigt wie der Trainer seinen Partner mal verbal instruiert, dann gestisch seine Bewegungen vorwegnimmt und ein anderes Mal den Körper des Partners physisch in eine bestimmte Bewegung drückt. Während er also das Sehen des Publikums durch verschiedene Elemente der Blickführung sowie durch den verbalen Kommentar lenkt, instruiert er gleichzeitig durch Körperbewegungen, durch Gesten und durch verbale Äußerungen seinen Demonstrationspartner.

Beide Varianten der Äußerungen, Kommentar für das Publikum und Instruktionen an den Partner, sind zwar verbal, sie explizieren das Ninjutsu-Wissen aber nur insofern, als sie indexikalische Hinweise geben. Der Text des Gesprochenen allein könnte weder den Sinn der Bewegung darstellen, noch als verstehbare Instruktion für den Partner fungieren. Sie erfüllen ihre Funktion als Kommentar beziehungsweise als Instruktion also eher in hindeutender als in explizierender Form. Es sind Formen sprachlichen Zeigens.

3.3 Verlangsamen und Zerteilen

Nach den verbalen Elementen der Blickführung im Ninjutsu-Training beschäftigen wir uns nun mit ihren visuellen Elementen. Wir hatten in Abschnitt 2.2 gesagt, dass die inneren Zusammenhänge von Bewegungen in der Regel nicht beobachtbar sind. Wie können sie nun im Rahmen einer Demonstration doch sukzessive sichtbar gemacht werden? Ich werde im folgenden Abschnitt zwei nonverbale Elemente der Blickführung darstellen, nämlich das Verlangsamen und das Zerteilen von Bewegungsabläufen. In Kombination haben diese beiden Blickführungselemente einen zusätzlichen Effekt: Sie tragen dazu bei, Einzelheiten eines Bewegungsablaufs erkennbar zu machen. Genau genommen werden die beobachtbaren Abschnitte eines Bewegungsablaufs überhaupt erst durch das Zerteilen und Verlangsamen erzeugt.

Mit „Bewegungsabschnitten" bezeichne ich im Folgenden Einzelbewegungen oder auch eine Gruppe von Einzelbewegungen. Wichtig ist nur, dass sie von den Situationsteilnehmern als Abschnitte, als isolierbare Einheiten eines zusammenhängenden Bewegungsablaufs wahrgenommen werden können. Man kann so nämlich den Bewegungsablauf als eine Kette einzelner Bewegungsabschnitte sehen und nachmachen. Wie aber entsteht der Eindruck einer solchen Kette und damit auch der Eindruck von Einzelbewegungen? Nutzen wir zur Klärung dieser Frage zunächst noch einmal die Mittel einer sehr kleinteiligen Analyse des empirischen Materials und wenden uns einem Ausschnitt aus der Demonstration eines Bewegungsablaufs zu, deren Schwerpunkt auf einer bestimmten Abwurfbewegung liegt. Der Trainer spezifiziert die Bewegung in diesem Fall nicht weiter, sondern kündigt die Demonstration mit der eher allgemein wirkenden Äußerung: „Es geht uns jetzt primär immer noch um die Bewegung" an. Die folgende Aufzählung zeigt (auch graphisch) die im Zuge der Demonstration sichtbar werdenden Bewegungsabschnitte:

- Der Trainer geht auf seinen Partner zu und sagt: „Okay, folgendes: Es geht uns jetzt primär immer noch um die Bewegung". Noch während er spricht, dreht sich der Partner von ihm weg und legt sich auf den Bauch.

- Er schiebt seine Beine zwischen die Beine des stehenden Trainers. Der Trainer steht nun über seinem Körper, die Füße sind rechts und links von ihm.

- Er greift mit den Händen auf die Schultern des Partners, stellt seine Füße zwischen dessen Knie und geht selbst in die Hocke.

- Danach drückt er die eigenen Knie außerhalb der Beine des Partners auf den Boden, sodass er nun über ihm hockt und die Oberschenkel des Partners mit den eigenen Unterschenkeln fixiert.

- Gleich darauf umklammert er mit den Unterarmen den Hals seines Partners und sagt: „Und von hier jetzt", während er einen kurzen Moment bewegungslos verharrt, als sei er zu einem Bild erstarrt.

- Der Satz geht weiter: „Hoch!", der Partner zieht die eigenen Unterarme vor seinen Oberkörper, stützt sich darauf und hebt den eigenen Körper mitsamt dem Trainer auf seinem Rücken hoch.

- Er steht noch kurz in der Bankstellung, während der Trainer auf ihm sitzt.

Dieser Bewegungsablauf aus sieben Elementen dauert auf dem Videomitschnitt etwa zwölf Sekunden. Sieht man wenig später zwei fortgeschrittenen Schülern beim Üben zu, so dauert derselbe Bewegungsablauf nur mehr etwa vier Sekunden. Man sieht im Grunde nur, wie sich einer der beiden auf den Boden legt und sich der andere auf ihn hockt. Dann stützt er sich gegen den Widerstand seines Partners auf die Unterarme und bewegt den eigenen Körper in die Bankstellung. Wie entsteht diese Differenz?

Die beiden übenden Partner verzichten auf die in diesem Abschnitt interessierenden Blickführungselemente. Weder verlangsamen sie ihre Bewegungen, noch arbeiten sie daran, differenzierbare Bewegungsabschnitte sichtbar zu machen. Stattdessen versuchen sie, mit dosiertem Krafteinsatz den Sinn des vorgeführten Bewegungsablaufs nachzumachen: Einer versucht den anderen abzuschütteln, der andere versucht, auf dessen Rücken sitzen zu bleiben. Tatsächlich ist das Üben der Schüler genausowenig ein „wirklicher" Kampf wie die Demonstration, es sieht aber eher als sie wie ein Kampf aus. Der entscheidende Unterschied zwischen den beiden Szenen ist die Geschwindigkeit, mit der der Bewegungsablauf durchgeführt wird. Wie oben dargestellt, zählt gerade Geschwindigkeit (und damit Überraschung) zu den zentralen Strategien eines Kampfes. Würde der Trainer jedoch in Kampfgeschwindigkeit vorführen, so hätte der Demonstrationspartner wahrscheinlich Schwierigkeiten zu kooperieren, würde vielleicht sogar verletzt werden und die Schüler könnten den Bewegungsablauf keinesfalls verfolgen. Unter anderem sind Demonstrationen am langsamen, aber kontinuierlichen Bewegungsablauf erkennbar. Wie wird diese sichtbare Verlangsamung der Bewegungen hergestellt?

Zum einen spricht der Trainer permanent während er vorführt, er kommentiert für das Publikum und instruiert gleichzeitig seinen Partner (siehe oben). Er bewegt sich dabei nur so schnell, wie es das gleichzeitige Sprechen erlaubt. Die übenden Schüler dagegen sprechen kein Wort, während sie üben. Der Trainer entwickelt die Demonstration während er vorführt und sein Partner muss auf die Instruktionen reagieren, denn er kennt den Ablauf der Demonstration noch nicht. Die später übenden Schüler dagegen kennen beide den Ablauf, und sie setzen voraus, dass der jeweils andere den Ablauf ebenfalls kennt. Schütz' Theorem der reziproken Perspektiven (Schütz 1971, S. 14) lässt sich hier also auf eine somatische Ebene ausdehnen. Auf dieser Basis (vorausgesetzten) geteilten somatischen Wissens wiederholen die beiden die zuvor demonstrierten Bewegungen so schnell es gerade passt, und es besteht für sie keine Notwendigkeit, währenddessen zu kommentieren oder zu instruieren. Zum anderen bewegen sich der Trainer und sein Partner bei der Demonstration fast nie gleichzeitig, sondern einzeln und nacheinander, wie Abbildung 3.3 und das daran anschließende Protokoll verdeutlichen:

Kommentar	Bewegungen Trainer	Bewegungen Partner
Okay, es geht uns jetzt immer noch primär ...		Dreht sich weg, legt sich auf den Bauch, schiebt die ausgestreckten Beine zwischen die Füße des Trainers,
... um die Bewegung.	Greift auf die Schultern des Partners, stellt die eigenen Füße zwischen die Füße des Partners, hockt sich auf ihn und fixiert die liegenden Beine des Partners;	
Und von hier jetzt:	beugt sich vor, umklammert den Hals des Partners und bleibt einen kurzen Moment ruhig, als wäre er zu einem Bild erstarrt.	
hoch!		Zieht die Oberarme und die Beine an, geht mit dem ganzen Körper hoch, hebt den Trainer mit hoch.

Abbildung 3.3: Abwechselndes Bewegen

Der Trainer kündigt die folgende Demonstration an, während der Partner sich in einer langsamen Bewegung wegdreht und auf den Bauch legt. Der Trainer stützt seine Hände auf die Schultern seines Partners, er stellt die Füße zwischen dessen liegende Knie, er geht in die Hocke, lässt die Knie nach außen gleiten, setzt sie auf dem Boden ab. Nun hockt er auf dem Rücken des Partners und fixiert damit die Oberschenkel des Partners am Boden. Jetzt erst beugt er den eigenen Oberkörper nach vorne und umklammert den Hals des Partners. Der Partner liegt während der gesamten Zeit ruhig auf dem Bauch und wartet. Auf das Kommando: „Hoch", zieht der Partner die eigenen Arme vor seinen Oberkörper, zieht die Beine an und hebt den eigenen Körper in die Bankstellung. Der Trainer spricht währenddessen, aber er bewegt sich nicht aktiv. In dem Moment, als der Körper des Partners sich in der Bankstellung befindet, bewegt sich der Trainer weiter, der Partner hält still.

Das abwechselnde Bewegen von Trainer und Partner erlaubt den Zuschauern, einzelne Bewegungsabschnitte als Teil einer Bewegungskette zu beobachten. Diese werden visuell an den Körper des Trainers oder an den Körper des Partners gebunden und lassen sich so einer der beiden Bewegungs-„Rollen" zurechnen. Der Kommentar des Trainers unterstützt diesen Effekt zusätzlich. Aufgrund der Sequenzialität der Sprache kann jeweils nur ein Bewegungsabschnitt kommentiert werden. Die abwechselnden Bewegungsabschnitte entsprechen daher nicht nur der Notwendigkeit, die Bewegungen der jeweiligen Rolle zu trennen, sondern sie ermöglichen zudem das Kommentieren beider Bewegungs-„Rollen".

Die kommentarlosen Bewegungen der fortgeschrittenen Schüler während des Übens dagegen lassen sich fast nur als Gesamtbewegung eines Körperknäuels beobachten. Sie wirken schnell und gezielt und lassen sich kaum in einzelne Bewegungsabschnitte trennen, weil sich beide Partner ständig bewegen. Sie agieren und reagieren gleichzeitig aufeinander. Das Körperknäuel ist für eine kurze Zeit ständig in der ruckeligen Bewegung eines Quasi-Kampfes. Die Bewegungen der beiden Bewegungs-„Rollen" zu beobachten, setzt genaue Kenntnisse des Ablaufs voraus. Nur so kann man die jeweiligen Bewegungsabschnitte bereits im Ansatz erkennen, den Blick daraufhin sofort auf den anderen Schüler lenken, seine Reaktion wiederum bereits im Ansatz erkennen, zurückwechseln und so fort. Der ungeschulte Blick jedoch sieht ein sich bewegendes Knäuel. Ein Anfängerpaar wiederum hält sich an die vorgeführten abwechselnden Bewegungsabschnitte, die Übung dauert dadurch deutlich länger als die Demonstration. Jeder einzelne Abschnitt aus der Demonstration scheint für sich geübt zu werden. Sieht man den beiden zu, so könnte man die Bewegungen der beiden Partner problemlos etwa folgendermaßen kommentieren:

Zuerst außen stehen, auf die Schulter greifen, dann nach innen steigen, hinhocken. Sind die Beine fixiert? Der Partner versucht sich zu bewegen und kann sich freiruckeln. Was war falsch? Nochmal mit mehr Kraft. Der Partner versucht wieder freizukommen, diesmal gelingt es nicht. Also weiter! Nun nach vorne beugen, den Hals klammern. Jetzt zieht der Partner die Arme langsam und vorsichtig an, dann die Beine. Er hebt den Körper in die Bankstellung.

Die einzelnen Bewegungsabschnitte der Partner lassen sich nicht nur deutlich unterscheiden, sondern man kann zudem gut beobachten, wie sie offenbar bewusst nachgemacht und ausprobiert werden. Fast immer bewegt sich nur einer der beiden, der andere wird bewegt. Statt eines Bewegungsflusses werden die einzelnen Abschnitte aus der Demonstration wiederholt und aneinander gekettet. Die Bewegungen dieses Körperknäuels wirken so stark fragmentiert, dass sich auch mit sehr viel gutem Willen kein Kampf erkennen lässt. Eher sieht man eine lose Abfolge einzelner Bewegungsabschnitte. Die Anfänger üben nicht wie die fortgeschrittenen Schüler den Sinn eines Bewegungsablaufs, sondern die Einzelheiten einer Bewegungskette.

Vergleicht man die drei beschriebenen Situationen miteinander, so zeigt sich, dass sowohl Bewegungsabschnitte als auch Bewegungsketten sichtbar gemacht werden, indem die Bewegungsabläufe verlangsamt und zerteilt werden. Verzichtet man – wie die fortgeschrittenen Schüler – auf solche Blickführungselemente, so lassen sich die einzelnen Züge kaum mehr sehen. Je langsamer und fragmentierter der Bewegungsablauf jedoch wird (das zeigt das übende Anfängerpaar) und je genauer die Details durch Verlangsamung und Fragmentierung beobachtbar werden, desto schlechter lässt sich das Element des Kampfes erkennen. Gerade durch die Entschleunigung der Bewegungsabläufe entsteht also ein weiteres Erkennungsproblem.

3.4 Wiederholen und Variieren

Nachdem nun das Kommentieren, das Verlangsamen und das Zerteilen von Bewegungsabläufen als Blickführungsstrategien diskutiert wurden, rücken im folgenden Abschnitt zwei weitere Vermittlungsstrategien in den Fokus der Untersuchung, das Wiederholen und Variieren ganzer Bewegungsabläufe. Dabei sind weniger die Details von Bewegungen im Fokus als die Zusammenhänge zwischen ihnen. Es gibt nämlich zahlreiche „richtige" Bewegungsabläufe, sodass weder Einzelbewegungen noch Bewegungsabläufe eindeutig vorgegeben sind. Nichtsdestotrotz kann man vieles falsch machen. Deshalb geht es in Bewegungstrainings im Allgemeinen nicht darum, einzelne Bewegungsabläufe zu vermitteln, sondern ein „Programm einer sportlichen Praktik" (Bourdieu 1992, S. 201), eine implizite Bewegungsordnung.

Beschäftigen wir uns zunächst mit Wiederholungen. Sie finden sich in drei Formen: Erstens zeigen Demonstrationen häufig nicht den gesamten Bewegungsablauf auf einmal, sondern nur einen Ausschnitt. Direkt im Anschluss startet ein zweiter Teil der Demonstration, der zunächst den ersten, bereits gezeigten Ausschnitt wiederholt, und danach einen weiteren anhängt. Zweitens werden Bewegungsabläufe im Verlauf der Trainingseinheit in mehreren Demonstrationen gezeigt. Das Prinzip ähnelt der ersten Form, nur üben die Schüler das Gezeigte zwischen den Demonstrationen. Wiederholungen finden sich also nicht nur innerhalb einer Demonstration, sie können sich über mehrere Trainingsphasen hinziehen. Drittens tauchen einzelne Bewegungsabschnitte, manchmal auch ganze Bewegungsabläufe in Demonstrationen anderer Trainingseinheiten wieder auf. Wie werden Wiederholungen nun praktisch vollzogen? Fokussieren wir dafür jene Demonstration, die auf die zuvor analysierte Demonstration einer Abwurfbewegung folgt. Der Schwerpunkt lag dabei auf den Bewegungen des Partners. In der nun folgenden (zweiten) Demonstration wird dieser Bewegungsablauf zunächst noch einmal gezeigt:

> Der Trainer sagt: „Das heißt, wir wollen immer noch Bewegungen üben, ja? Also, noch einmal. Das heißt, wir sind hier". Während er das sagt, legt sich sein Partner vor ihm auf den Bauch. Der Trainer setzt sich nun auf den Rücken des Partners. Er spricht weiter: „Er fängt an hochzugehen" und zum Partner: „Geh mal hoch!" Der Partner zieht schnell Arme und Beine an und bewegt sich langsam hoch in die Bankstellung. Der Trainer sagt: „Das heißt, in dem Moment, wo er hochgeht, sofort hier reinsteigen!" Er umschlingt mit einem Bein den Oberkörper des Partners, „und hier sichern!"

Bei dieser Demonstration verändert sich der Bewegungsablauf also zunächst nicht grundlegend, sondern nur die Geschwindigkeit und der Kommentar des Trainers. In diesem Kommentar wird die Tätigkeit des Wiederholens in zwei Formen erkennbar: Zum einen wird die Wiederholung durch die Äußerungen „wir wollen *immer noch* Bewegungen üben" und gleich darauf mit „Also, *noch einmal*" angekündigt. Zum anderen werden leicht merkbare Formulierungen aus der ersten Demonstration erneut eingesetzt, wie „hier reinsteigen" oder „sichern". Es wird also nicht nur ein zweiter Blick auf den Bewegungsablauf ermöglicht, sondern mit der Wiederholung der Formulierungen auch die Wiederholung des Bewegungsabschnittes kenntlich gemacht. Im Tun der Demonstrationspartner zeigt sich die Wiederholung zum einen in der Ausgangsposition, sie ist nämlich die gleiche wie zuvor (der Partner liegt auf dem Bauch, der Trainer sitzt auf seinem Rücken); und zum anderen durch die – im Vergleich zur ersten Demonstration – deutlich gesteigerte Geschwindigkeit. Der Trainer wiederholt damit nicht nur, sondern er zeigt auch, dass er von einem Wiedererkennungseffekt bei den Schülern ausgeht. Die Wiederholung ermöglicht einen zweiten Blick auf den Bewegungsablauf aus der ersten Demonstration und verdeutlicht den Kontrast zum anschließenden zweiten Abschnitt der zweiten Demonstration. Durch die schnellere Bewegung wird zudem die ruckelige Bewegung und damit die Gestalt eines Kampfes etwas eher sichtbar.

Im Anschluss an die geraffte Wiederholung der ersten Demonstration folgt nun eine Variation des Schwerpunktes. Es geht nicht mehr primär um die Bewegung des Partners („Wie kann ich den Trainer abschütteln?"), sondern um die Bewegungen des Trainers („Wie kann ich Kontrolle über den Partner erlangen?"). Abbildung 3.4 stellt die Abfolge der Wiederholungen und Variationen in der zweiten Demonstration in zusammengefasster Form dar, der folgende Protokollausschnitt zeigt die Details des zweiten und dritten Abschnitts der zweiten Demonstration:

	Schwerpunkt	Verbale Ankündigung
Demo 1	Abwurfbewegung des Partners	„Es geht uns jetzt primär noch um die Bewegung [...] Von hier jetzt: Hoch!"
Demo 2 Abschnitt 1	Wiederholung von Demo 1 (Abwurfbewegung des Partners)	„... wir wollen immer noch die Bewegung üben [...] von hier hoch!"
Abschnitt 2	Variation: Abwurf verhindern	„Jetzt von hier! [...] von dieser Position Stück für Stück bauchwärts gehen".
Abschnitt 3	Wiederholung der Variation (Abwurf verhindern)	„Okay. Noch einmal! [...] Einfach hier eine Seite fassen und jetzt anfangen bauchwärts zu drehen!"

Abbildung 3.4: Wiederholung und Variationen

Nach der gerafften Wiederholung der Abwurfbewegung des Partners geht es nun um die Bewegung des Trainers. Dieser leitet den zweiten Abschnitt der Demonstration mit dem indexikalischen Hinweis „jetzt von hier!" ein. Er sagt außerdem, dass im Folgenden unter besonderen Bedingungen geübt werden solle, und zwar solle „simuliert" werden, dass der Gegner sehr stark sei, dass man selbst ihm also kräftemäßig unterlegen sei. Unter diesen Bedingungen solle man versuchen, nicht abgeschüttelt zu werden und den Körper des Gegners unter Kontrolle zu bringen. Das entscheidende Detail in dieser Demonstration ist, so der Trainer abschließend: „Und von dieser Position jetzt Stück für Stück bauchwärts gehen!" Die beiden Körper trennen sich, und der Trainer sagt: „Also Bauch an Bauch", und deutet auf seinen eigenen Bauch. „Und simuliert etwas selbst, okay?"

Er schaut für einen kurzen Moment ins Publikum, dann setzt er jedoch erneut zu sprechen an. Er sagt: „Okay. Nocheinmal". Der Partner legt sich wieder auf den Bauch, der Trainer setzt sich auf den Rücken des Partners. Beide halten einen Moment still, während der Trainer sagt „Er ist wieder auf dem Bauch. Jetzt hier, okay? Nach oben gehen!" Der Partner bewegt sich in die Bankstellung. Er hat diese jedoch noch nicht vollständig eingenommen, als der Trainer sagt: „Und sofort rein". Er umschlingt mit einem Bein den Körper des Partners und kommentiert: „Von hier ist er einfach stabil. Oder mach mal irgendwas! Keine Ahnung". Der Partner bewegt sich, aber der Trainer kommentiert ablehnend: „Nee. Das wars nicht. Okay dann von dieser Position". Der Partner begibt sich zurück in die Bankstellung, der Trainer sitzt auf ihm. „Einfach hier, eine Seite fassen". Er greift mit einer Hand auf das Revers der Jacke seines Partners, hält einen Moment still, „jetzt anfangen hier bauchwärts zu drehen", und lässt seinen Körper langsam vom Rücken des Partners auf den Boden gleiten. Mit den Beinen umklammert er den Partner.

Im zweiten Abschnitt dieser Demonstration wird eine Variation des Bewegungsablaufs aus der ersten Demonstration gezeigt. Bleiben wir jedoch zunächst noch bei Wiederholungen und beschäftigen uns deshalb (gegen die Chronologie der Ereignisse) mit dem dritten Abschnitt. Hier findet nämlich eine Wiederholung der Variation, also eine Wiederholung des Bewegungsablaufs aus dem zweiten Abschnitt statt. Nach der Äußerung des Trainers: „Und simuliert etwas selbst, okay?", könnten die Schüler mit der Übungsphase beginnen, der Trainer setzt jedoch mit der Demonstration fort, und die Schüler bleiben sitzen. Bei dieser Wiederholung wird – im Gegensatz zur ersten – das Tempo nicht nur etwas, sondern deutlich gesteigert. In der ersten Wiederholung war der Trainer noch für einen Moment in der Ausgangsposition geblieben, und der Partner hatte sich nur langsam in die Bankstellung bewegt. Es wurden noch Details gezeigt und kommentiert. Der Trainer hatte die gleichen verbalen Marker wie zuvor verwendet und manche von ihnen auch innerhalb der Äußerung wiederholt („Er fängt an hochzugehen. Geh mal hoch!", und später: „Das heißt in dem Moment, wo er hochgeht, sofort hier reinsteigen"). In der zweiten Wiederholung verwendet er jeden Bewegungsmarker nur noch einmal: „Nach oben gehen", und einen Augenblick später: „Und dann rein!". Die Bewegungen werden in diesem letzten Abschnitt der Demonstration schneller durchgeführt, daher ist auch weniger Zeit zum Kommentieren.

Wenden wir uns nun dem zweiten Abschnitt der Demonstration und damit Variationen zu: Während sich die erste Demonstration auf die Bewegung des Partners konzentrierte, widmet sich die zweite den Bewegungen des Trainers, die darauf abzielen, Kontrolle über die Situation zu erlangen. Eine Variation beinhaltet nämlich, dass der Bewegungsablauf in erkennbarer Form verändert wird. Zum einen wird diese Veränderung durch die einleitende verbale Äußerung: „Jetzt, von hier!", statt „noch einmal" erkennbar gemacht, zum anderen durch die Veränderung des Schwerpunktes, die auch andere Bewegungen in den Fokus rückt, nämlich die Bewegungen des Trainers. Man muss allerdings einschränkend festhalten, dass auch Wiederholungen manchmal neue Bewegungen enthalten können.

Im dritten Abschnitt bleibt der Fokus der Demonstration zwar unverändert, der Trainer versucht jedoch eine zusätzliche Sehgelegenheit unterzubringen, indem er den Partner anleitet, eine Gegenbewegung zu probieren. Der Versuch misslingt, die beiden setzen die Wiederholung der Wiederholung fort. Während Wiederholungen also insofern neue Elemente enthalten können, als neue Perspektiven oder Sehgelegenheiten integriert werden, sind Variationen durch grundlegendere Veränderungen charakterisiert wie die Integration anderer Bewegungselemente oder auch ganzer Bewegungsabschnitte.

Das Wiederholen und Variieren von Bewegungsabläufen bietet also eine besondere Wahrnehmungsgelegenheit: Zum einen kann man durch das Variieren innerhalb einer Wiederholung Bekanntes relativ leicht von Unbekanntem unterscheiden. Man kann so das eigene Sehen auf den Bewegungsablauf besser organisieren. Zum anderen aber wird die implizite Logik des Bewegungsprogramms der Kampfkunst deutlicher erkennbar, wenn man mehrere gültige Versionen eines Problems kennen lernt. Im Gegensatz zu vorgegebenen Bewegungsabläufen (um beispielsweise synchrone Bewegungen bei Auftritten zu gewährleisten) besteht das Ziel dieser Demonstrationen nicht darin, einen einzigen gültigen Bewegungsablauf zu vermitteln. Stattdessen soll das implizite Kriterium zur Einschätzung „guter" und „schlechter" Varianten vermittelt werden.

3.5 Seitenblick: Wiederholen und Variieren in der Flamencostunde

Im Kampfkunsttraining sind sowohl Wiederholungen als auch Variationen ein eher kurzzeitiges Phänomen. Sie können zwar in anderen Trainingsstunden wieder auftauchen, es werden aber nicht systematisch Bewegungsabläufe einstudiert. In der Welt des Tanzens dagegen haben vorab festgelegte Bewegungsabläufe einen hohen Stellenwert und einen eigenen Namen: Choreographien.[5] Sie kommen häufig bei Aufführungen zum Einsatz und koordinieren die Arbeit unterschiedlicher Teilnehmer der Aufführung: Zunächst machen sie die Bewegungen der TänzerInnen erwartbar; der einzelne Tänzer muss die Aufführung nicht improvisieren, sondern kann einem Ablauf folgen. Damit werden die Bewegungen der einzelnen tanzenden Körper auch für andere (tanzende) Körper absehbar. Jeder hat seinen Platz im begrenzten Raum der Bühne. Im klassischen Setting ist damit auch eine Passung zur ebenfalls erwartbaren Musik festgelegt. TänzerInnen und MusikerInnen sind dadurch räumlich aber auch künstlerisch koordiniert. Zuguterletzt wird die Passung zum Publikum hergestellt: Choreographien orientieren sich am Sehen des Publikums, sie sorgen dafür, dass man bestimmte Bewegungen sehen kann, andere nicht.

Neben diesem Einsatz im Zuge von Tanzvorführungen sind Choreographien auch ein fixer Bestandteil der Vermittlung einer Tanzform in Tanzkursen, wie wir im zweiten Kapitel gesehen haben. Tanzstunden sind jedoch im Gegensatz zu Aufführungen nicht „durchchoreographiert", sie setzen Choreographien nur als eines von vielen Elementen der Vermittlung ein. Wir haben bereits gesehen, wie die Lehrerin Bewegungen vormacht und die SchülerInnen diese zeitgleich, koordiniert durch den Spiegel, nachmachen. Beim Vormachen dreht die Lehrerin den SchülerInnen den Rücken zu. Deshalb kann sie ohne Spiegel nicht gleichzeitig sehen, wie sich die Körper der SchülerInnen bewegen. Es braucht die Bewegungen des Körpers der Lehrerin, um die Bewegungen der SchülerInnen auszulösen, und den Spiegel, um die Bewegungen beobachten zu können. So werden jedoch nur (eher mechanische) Bewegungen wie Handbewegungen, Armbewegungen, einfache Schritte vermittelt, es wird nicht getanzt. Es werden zunächst nur die grundlegensten Elemente der Bewegungsordnung des Tanzes vermittelt. Betrachten wir zum Vergleich einen späteren Abschnitt der Tanzstunde:

---

[5] Die Festlegung muss selbstverständlich nicht immer ins Detail gehen, sondern kann improvisierte Abschnitte enthalten, oder auch nur grobe Vorgaben machen.

Abbildung 3.5: Das Üben einer Choreographie

Ana zeigt nun nicht mehr fortlaufend Bewegungen, sondern kurze Bewegungsabläufe von acht oder zehn Schritten. Sie macht jeden Ablauf vor, dann machen
Ana und die SchülerInnen ihn noch einmal gemeinsam und danach machen ihn die
SchülerInnen allein. Ana sieht ihnen zu, sie klatscht laut mit den Händen den Takt.
Dann nickt sie mit dem Kopf und macht einen weiteren Ablauf vor. Irgendwann
geht sie zum CD-Player. Die SchülerInnen bleiben an ihrem Platz. Sie stehen in
zwei lockeren Reihen mit Blick auf Spiegel. Steht man also vor dem Spiegel, so
sieht man die Körper in einer bühnenreifen Formation.

Die Musik geht an, sie beginnen gleichzeitig im Takt zu klatschen. Ohne weiteres
Kommando beginnen sie wenige Takte später die ersten Schritte einer Choreographie. Diese beinhaltet auch die zuvor geübten kurzen Schrittfolgen, ist aber
wesentlich länger. Die Schülerinnen tanzen den gesamten Ablauf ohne Unterbre-
chung, Ana sieht zu und klatscht immer wieder mit den Händen laut den Takt mit.
Hin und wieder macht sie eine Figur mit den SchülerInnen mit, ihr Körper bleibt
aber auch dann den SchülerInnen zugewandt.

Neben dem Spiegel und der Musik sind längere festgelegte Bewegungsabläufe, Choreographien, zunächst eine weitere Form der Koordination der
Bewegungen in der Tanzstunde: Die Lehrerin macht auch beim Vermitteln
einer Choreographie einzelne Bewegungen vor. Diese Bewegungen erfindet
sie jedoch nicht jede Stunde spontan neu, sondern es wird nach und nach
ein längerer Bewegungsablauf festgelegt. Die Lehrerin tanzt jeweils einige
Takte vor, die SchülerInnen tanzen diese Takte mit, wie zuvor koordiniert
durch den Spiegel. Sie lernen beim Mittanzen einen wiederholbaren, zur
Musik passenden Ablauf. Diesen Ablauf werden sie in den nächsten Wo-
chen immer wieder tanzen, wodurch die von der Lehrerin vorgemachten
Bewegungen erinnerbar und erwartbar werden. Irgendwann ist der Ablauf
so gut in die Körper der SchülerInnen eingeschrieben, dass sie ihn auch ohne Vorzeigen wiederholen können. Die Lehrerin kann sich umdrehen und
den SchülerInnen beim Tanzen zusehen und eventuell den Takt der Musik

mitklatschen (Abb. 3.5). Sobald die Choreographie die Bewegungen der SchülerInnen auslöst und leitet, verliert der Spiegel seine Funktion für die Koordinationsarbeit der Lehrerin, er wird in dieser Hinsicht von der Choreographie abgelöst. Sie zieht sich vom Führen des Tanzes zurück und beobachtet das Tanzen der SchülerInnen. Die Choreographie tritt damit an die Stelle des Vormachens. Die SchülerInnen müssen an dieser Stelle ohne vorgegebene Führung gemeinsam tanzen. Diese gemeinsame Tätigkeit wird durch die Choreographie und die Musik geführt, und auch der Spiegel kommt wieder zum Einsatz, er übernimmt aber eine andere Koordinationsleistung: Genau wie zuvor die Lehrerin, können die SchülerInnen sich gegenseitig nicht gut beobachten. Der Spiegel gibt ihnen Gelegenheit, nicht nur die jeweils eigenen Bewegungen zu verfolgen, sondern auch den Ausdruck der gesamten Gruppe im Blick zu behalten. Während die Choreographie den Ablauf der Bewegungen vorgibt und die Musik den Takt bestimmt, erlaubt der Spiegel eine visuelle Kontrolle des „Fine-Tuning" der Bewegungen.

Im Gegensatz zum reinen Nachmachen, bringt das Tanzen entlang einer Choreographie die SchülerInnen in Kontakt mit der Bewegungsordnung des Tanzes. Choreographien bilden ein Ganzes, eine Variante einer Flamencoform, das die Einzelteile der Bewegungen und der Schritte verbindet und in Beziehung zueinander setzt. Die Choreographie wird zudem für ein spezifisches Musikstück geschrieben. Sie lässt sich zwar auch zu einigen anderen Stücken tanzen, zu einem aber passt sie besonders gut. Die SchülerInnen lernen also mit der jeweiligen Choreographie eine Möglichkeit des Tanzens zu einem bestimmten Musikstück im Detail kennen; ähnlich wie man beim Erlernen von Musikinstrumenten einzelne Stücke spielt und auf diese Weise die für das jeweilige Musikstück notwendigen Körperbewegungen erlernt. Spielt man jedoch ein Instrument, so zielt man primär auf einen auditiven Effekt ab, die beobachtbaren Bewegungen des Körpers werden als sekundär wahrgenommen, solange der erzielte Klang stimmt. Es werden also Bewegungen produziert und geschult, die es ermöglichen, bestimmte Töne aus dem Instrument zu holen. Tanzen dagegen besteht in erster Linie aus beobachtbaren Bewegungen. Es werden in der Regel nicht direkt Töne erzeugt, sondern Bewegungen.[6] Sie müssen einer für die jeweilige Tanzform spezifischen Bewegungsordnung entsprechen und werden mit der Musik koordiniert.

---

[6] Eine Ausnahme bilden alle Klatsch- und Steppelemente. Diese entziehen sich einer strengen Trennung von Tanz als visuellem und Musik als auditivem Ausdruck. Hier werden gewissermaßen Körper zu Musikinstrumenten. Umgekehrt gibt es Musikinstrumente wie Kastagnetten oder Zimbeln, die häufig während des Tanzens gespielt werden.

Flamenco tanzen „können" bedeutet, Bewegungsabfolgen zu produzieren, die im Einklang mit der Bewegungsordnung der jeweiligen Flamencoform und mit dem jeweiligen Musikstück sind. Im Tanzunterricht fungieren Choreographien, ähnlich wie Spiegel als ein Medium der Koordination der Bewegungen der TanzschülerInnen mit der Musik und mit den Bewegungen der anderen SchülerInnen. Anders als der Spiegel vermitteln Choreographien aber darüber hinaus einen Eindruck von der Bewegungsordnung des Tanzes. Das Tanzen einer Choreographie schreibt eine mögliche und korrekte Variante der Bewegungsordnung in die Körper der SchülerInnen. Die Bewegungsordnung des Tanzens ist geprägt von der Gleichzeitigkeit von Ordnung und Variation. Mit einer einzigen Choreographie haben TanzschülerInnen die Bewegungsordnung des Flamenco noch keineswegs erlernt. Sie kommen dieser Ordnung aber näher, je mehr Choreographien sie kennen lernen. Bewegungsordnungen scheinen sich nur durch den Kontakt mit Variationen erlernen zu lassen.

Resümee: Die Herstellung von Sichtbarkeit und Unsichtbarkeit

Ich habe in diesem Kapitel eine Kombination der theoretischen Mittel Harold Garfinkels, Harvey Sacks und Erving Goffmans vorgeschlagen, um zu zeigen, wie sich Tätigkeiten in unterschiedlichen Rahmen sukzessive klarer erkennbar und damit lernbar machen. Abstrakt formuliert bedeutet das, dass ein „Kontinuum des Ostentativen" damit beginnt, dass sich eine Tätigkeit (nur) sehen lässt oder auch zu erkennen gibt, dass sie darüberhinaus eigens vorgeführt werden kann oder im Zuge der Demonstration schließlich aus ihrem ursprünglichen Funktionszusammenhang ausgegliedert wird, was unter anderem an sinnwidrigen Elementen erkennbar wird.

Die Demonstration des Kampfkunsttrainings stellt in diesem Sinne den Versuch dar, die inneren Zusammenhänge einer Tätigkeit (kämpfen) beobachtbar zu machen, während die SchülerInnen – im Sinne einer konzertierten Tätigkeit – einen Blick für das Gezeigte entwickeln. Dabei habe ich vier Ethnomethoden des Demonstrierens beschrieben: Die (visuelle und verbale) Ankündigung einer Demonstration, erstens, sorgt für die Herstellung einer spezifischen Blick- und Raumordnung, in deren Rahmen eine explizit didaktische Kommunikation über Kampfwissen stattfinden kann. Das Kommentieren und Instruieren von Bewegungen, zweitens, ist als verbale Unterstützung des Zeigens zu verstehen. Dabei entsteht eine Verschachtelung zweier Interaktionen, die zum einen Sehinstruktionen für das Publikum und zum anderen Bewegungsinstruktionen für den Demonstrationspartner vermitteln. Das Verlangsamen und Zerteilen von Bewegungsabläufen in isolierbare Bewegungsabschnitte, drittens, erleichtert das Beobachten: Ein Fluss von Bewegungen wird in Abschnitte zerlegt und sequenziert, bevor er im Zuge des Übens wieder verflüssigt werden kann. Das beständige Wiederholen und Variieren einzelner Elemente und Abläufe, viertens, legt sukzessive eine Bewegungslogik frei, das heißt: die der Kampfkunstpraxis impliziten Kriterien des Gelingens. Diese kann jedoch nicht direkt sichtbar gemacht, sondern nur in den späteren Übungen der SchülerInnen rekonstruiert werden.

Eine genauere Analyse dieser Herstellung von Sichtbarkeit zeigt deshalb ein bemerkenswertes Charakteristikum der Situation auf: Die Herstellung von Sichtbarkeit geht mit der Produktion von Unsichtbarkeit einher. Dieses Phänomen ist bereits im Wesen der Demonstration angelegt: Demonstrationen sind, so hatten wir im Anschluss an Goffman festgehalten, „aufgabenähnliche Tätigkeiten außerhalb ihres ursprünglichen Funktionszusammenhangs" (Goffman 1980, S. 79). Der Ausdruck „aufgaben*ähnlich*" ist an dieser Stelle ausschlaggebend. Die Demonstration zeichnet sich dadurch aus, dass sie gerade *nicht* genau das tut, was sie vermitteln will. Dieses Charakteristikum wird im Zuge des Kampftrainings besonders deutlich. Man braucht keinerlei Vorwissen, um erkennen zu können, dass in der Kampfkunstdemonstration nicht gekämpft wird. Es wird ganz im Gegenteil ein spezifisches Wissen benötigt, um in der Demonstration Kampfbewegungen zu sehen und so im Kampfkunsttraining kämpfen zu lernen.

Die Demonstration von Kampftechniken ist also einem Grundparadox ausgesetzt: Je sichtbarer man die Kampfstrategien macht, desto weniger sieht man einen Kampf. Und umgekehrt: Je eher eine Demonstration den Anschein eines Kampfes hat, desto schwerer wird es, Kampfstrategien zu beobachten. Fortgeschrittene Schüler unterscheiden sich daher von Neulingen auch dadurch, dass sie genauer wahrnehmen können, was die Demonstration meint, aber nicht zeigt. Sie sehen gewissermaßen, was gar nicht oder nur in Andeutungen zu sehen ist: die beispielhafte Abbildung eines Kampfes oder die Darstellung der inneren Zusammenhänge der Tätigkeit des Kämpfens.

Methodologischer Exkurs: The manufacturing of "vis-ability"

Ich habe in der Einleitung die Praxis der Ethnografie als dritten, empirischen Fall dieses Buches angekündigt, der sich quasi von selbst im Zuge der Studie ergab. Denn auch Ethnografie ist, wie bereits erwähnt, eine Explikationspraktik und beruht, wie sich im Laufe dieses Exkurses zeigen wird, ebenfalls auf feldspezifischen, im Zuge einer teilnehmenden Beobachtung zu erwerbenden Sehfertigkeiten. Im Fokus des folgenden Abschnittes steht eine, in den letzten Jahren besonders prominente Form der empirischen Datenerhebung sowie der wissenschaftlichen Wissensvermittlung, die Videoaufzeichnung.

Ihr Einsatz in der qualitativen Sozialforschung ist seit geraumer Zeit ein wichtiges Thema der soziologischen Methodendiskussion (z.B. Bergmann 1985; Heath 1997; Knoblauch et al 2006). Als zentraler Vorteil gilt die technische Möglichkeit, soziale Ereignisse interpretationsfrei festzuhalten, obwohl sie gleichzeitig auf eine zweidimensionale Abbildung reduziert werden (z.B. Schnettler/Knoblauch 2009). Ich werde im Folgenden die Auffassung vertreten, dass Videoaufzeichnungen zweifellos ein wichtiges Erhebungsinstrument darstellen, dass sie jedoch gleichzeitig einer strukturellen Einschränkung unterliegen, die häufig unterschätzt wird: Nicht die technische Aufzeichnung macht soziale Prozesse beobachtbar, sondern sie selbst produzieren die notwendige Sehfertigkeit („vis-ability"), die Fähigkeit zu sehen und zu verstehen, was vorgeht. Die zentrale Herausforderung qualitativer Videoanalysen besteht deshalb darin, dem Publikum soviel Hintergrundwissen zu vermitteln, dass es befähigt wird, die sozialen Prozesse im Video zu sehen. Dieses Phänomen tritt dann besonders deutlich zu Tage, wenn Videoaufzeichnungen einem unvertrauten soziologischen Publikum unverständlich erscheinen. Diesen Fall werde ich im Folgenden nutzen, um obige methodologische Überlegung zum Umgang mit audiovisuellen Daten zu illustrieren.

Kommen wir zunächst zum Hintergrund der Diskussion um das analytische Gewicht von Videomitschnitten, d.h. um ihren Stellenwert als soziologische Daten. Das methodische Interesse an audiovisuellem Material steht in Zusammenhang mit dem Befund der „Flüchtigkeit des Sozialen" (Bergmann 1985). Soziale Prozesse verschwinden allerdings nicht einfach, sondern sie werden zu „vergangenen Ereignissen", die von den Teilnehmern rekonstruiert werden können. Solche – für den Alltag hochrelevanten und effizienten – Rekonstruktionen enthalten jedoch immer schon eine Deutung der Ereignisse. Konventionelle Formen der Datenproduktion wie Interviews oder nachträgliche Protokolle des Forschers verhindern deshalb die Trennung der Ereignisse von den Interpretationen des Forschers oder der befragten Situationsteilnehmer und stellen die soziologische Analyse, so Jörg Bergmann, vor ein forschungsstrategisches Problem. Diesem soll die deutungsfreie Rekonstruktion von Vergangenem mittels registrierender Datenerhebung abhelfen. In diesem Sinne wurden vor allem Audio-Transkripte von Gesprächen lange Zeit als „rohe", interpretationslose Daten betrachtet.[7] Mit wenigen Einschränkungen ist diese Einschätzung auch für Videomitschnitte anwendbar: So halten sie zwar nur *eine* Perspektive auf das Geschehen fest, weil sie – wie menschliche Beobachter – nur aufnehmen, was aus einer bestimmten Position im Raum sichtbar ist. Auch können Kameras nicht so schnell bewegt werden wie Augen, sodass sie häufig den Beginn der interessierenden Ereignisse „verpassen" (Laurier 2006, S. 182). Aus dieser Perspektive und zum jeweiligen Zeitpunkt allerdings halten sie tatsächlich fest, was zu sehen ist. Sie können in dieser Hinsicht als „harte Daten" bezeichnet werden.

Videomitschnitte bilden also zweifellos wichtige Aufzeichnungsinstrumente für einen empirischen Forschungsprozess, wobei vor allem die technischen Möglichkeiten des wiederholten und des verlangsamten Anschauens der aufgezeichneten Daten zum Einsatz kommen. Die Vorteile dieser technischen Möglichkeiten gerade für Detailanalysen zeigten sich auch im Zuge dieser Studie immer wieder (siehe Kapitel 3 und 4). Daneben bestehen jedoch, wie erwähnt, auch Einschränkungen des Verfahrens. Eine solche Einschränkung, nämlich das Problem unbekannte Praktiken via Videomitschnitt zu beobachten, werde ich im Folgenden darstellen. Zentral ist dafür die Frage, was in einem Videomitschnitt sichtbar ist und was unter-

---

[7] Dem entgegneten George Psathas und Timothy Anderson (1990), dass auch das wortwörtliche Transkribieren von Texten bereits einen Interpretationsprozess darstellt. Rod Watson betont, dass nicht das reine Transkript, sondern das „transcript-as-read" als soziologisches Datum verstanden werden müsse (Watson 1995, S. 309, Fußnote 5).

schiedliche Zuschauer tatsächlich wahrnehmen können. Die dargestellten
Überlegungen schließen damit an die vorherigen beiden Kapitel (2 und 3)
an, in denen die Kunst des Sehens und die Blickführung im Zuge von Demonstrationen diskutiert wurden. Diese im Kampfkunst-Training vorfind-
bare Schulung von „Körpertechniken der Sinne" pflanzt sich, so wird argumentiert, in die soziologische Arbeit mit Videomitschnitten fort. Auch
für diese Arbeit gilt, dass Sehen eine (schulbare) Tätigkeit ist, nicht nur
ein passiver Wahrnehmungsakt (Goodwin/Goodwin 1996, S. 77). Viele
Praktiken erfordern eine spezifisch geschulte Sehfertigkeit. Wie aber lässt
sich eine solche – außerhalb der alltäglichen Praktiken des Untersuchungsfeldes – erwerben? Machen wir, zur Klärung dieser Frage, eine spezifische
soziologische Praktik im Umgang mit visuellen Daten, die Data Session,[8]
ihrerseits zum empirischen Gegenstand soziologischer Analyse, um auf
diesem Wege zu sehen, wie Sehfertigkeiten im Kollegenkreis entstehen –
oder nicht.

Die empirische Basis für diese Analyse bildet meine eigene empirische
Forschung. Ich hatte bereits seit einiger Zeit empirisches Material gesammelt und präsentierte nun einen Videoclip im Rahmen einer solchen
„Data Session". Dafür hatte ich einen Ausschnitt ausgewählt, in dem der
Kampfkunst-Trainer einen Bewegungsablauf demonstrierte. Eine sinnvolle
Analyseeinheit war leicht zu bestimmen, weil Demonstrationen in meinem Material sowie in vielen anderen Fällen einen klaren Anfang und
ein eindeutiges Ende haben, sodass der Ablauf des sozialen Prozesses gut
beobachtbar ist. Anfang und Ende einer solchen Trainingsphase lassen
sich zudem, das wurde bereits im vorigen Kapitel deutlich, auch anhand
der räumlichen und personalen Konstellation der Episode gut zeigen. Die
soziologische Analyse konnte also problemlos beginnen.

Bei der Analyse der Daten zeigte sich jedoch ein schwerwiegendes Problem, mit dem ich nicht gerechnet hatte: Nur einer meiner Kollegen, der
seinerseits Kampfkunsterfahrung mitbrachte, konnte anhand der Video-
clips die Demonstration einer Kampfbewegung verfolgen. Alle anderen
Kollegen konnten zwar wahrnehmen, dass hier etwas vorgeführt wird, der
Inhalt der Demonstration blieb ihnen jedoch verborgen. Sie merkten an,
dass sie nicht erkennen konnten, *was* vorgeführt wurde. Dieses Problem
legte sich auch nicht durch das wiederholte Vorführen der Szene. Statt-

---

[8] Im Laufe qualitativer Forschungsprozesse werden empirische Daten immer wieder in
sogenannten „Data Sessions" einem ausgewählten Kollegenkreis präsentiert und diskutiert.

dessen zeigte sich ein weiteres Wahrnehmungsproblem: Auch die Verbindung zwischen Gesehenem und Gesagten blieb unklar. Wie Anfänger im Kampfkunsttraining sahen sie in den Videos nur sich bewegende Körperknäuel. Im Versuch, der Wahrnehmung meiner Kollegen näherzukommen, drehte ich den Ton ab und schaute den Clip als Stummfilm an. Dieses Vorgehen „ermöglichte" es mir, die Wahrnehmung der Kollegen nachzuempfinden. Man könnte daraus schließen, die ausschlaggebende Information wird verbal übertragen. Dieser Einwand wurde aber bereits in den vorherigen Kapiteln widerlegt, denn die Transkripte zeigen eine fragmentarische und indexikalische verbale Kommunikation. Vielmehr sind die Demonstrationen weder rein auf Basis visueller noch einzig durch akustische Wahrnehmung verstehbar, sondern bilden „symbiotische Gesten" (Goodwin 2003). Diese realisieren sich, so Charles Goodwin, in verschiedenen Medien wie Sprache, Gestik, stoffliche und gegenständliche Umwelt (Goodwin 2003, S. 23) und werden deshalb unverständlich, sobald man sie auf eines der Medien reduziert.

Videoaufzeichnungen zeigen die sichtbaren und hörbaren Details sozialer Prozesse, die Bewegungsabläufe der Kampfkunstdemonstrationen blieben meinen Kollegen dennoch verborgen. Ich ging meine Feldnotizen ein weiteres Mal durch und wurde fündig: Am Beginn meiner teilnehmenden Beobachtung hatte ich Schwierigkeiten beschrieben, den Demonstrationen zu folgen. Ich schaute zu, konnte aber später die Details des Gezeigten nicht mehr erinnern und deshalb das Gesehene nicht nachmachen. Was ich also als typisches Problem eines beginnenden Forschungsprozesses mit wenig Relevanz für die weitere Studie klassifiziert hatte, erwies sich als wichtige Herausforderung für Kampfkunstanfänger (und als wichtiges Thema für die Studie): die Kunst zu sehen, was gezeigt wird.

Wie bereits im zweiten Kapitel dargestellt wurde, ist diese Herausforderung den fortgeschrittenen Schülern bekannt. Sie empfehlen Anfängern deshalb, dem Seh-Prozess eine gewisse Struktur zu geben: Mit welcher Position beginnt und endet die Demonstration? Schlägt die linke oder die rechte Hand? Was kommt danach? Wie reagiert der Partner? Mithilfe solcher Strategien lernen Anfänger nach und nach den Inhalt einer Demonstration zu verstehen. Sie lernen also jene intellektuelle Leistung beizutragen, die eine Demonstration von den Zuschauern erfordert (Polanyi 1985, S. 15), weil im Zuge der Demonstration nicht auf jedes einzelne Detail hingewiesen werden kann. Stattdessen zeigen sie den Bewegungsablauf und betonen wichtige Aspekte. Den Gesamtzusammenhang müssen die Zuschauer jedoch selbst erschließen. Im Laufe mehrerer Trainingsstunden erlernen Anfänger nach und nach Bewegungsabläufe zu sehen, wo sie zuvor nur Körperknäuel wahrnehmen konnten. An diesem Punkt im Lernprozess verändert sich der Blick auf die Situation. Während man anfangs Schwierigkeiten hat, die Bewegungsabläufe zu erkennen und wahrzunehmen, sieht man später nur noch Bewegungsabläufe. Die sich bewegenden „Körperknäuel" entgehen der Wahrnehmung, ganz so wie wir nicht mehr erinnern können, wie eine Buchseite aussah, bevor wir lesen lernten. Sobald man nämlich einen bestimmten Blick erlernt hat, vergisst man den „ungelernten" Blick.

Im Zuge der „Data Sessions" tauchen die Unterschiede in der Wahrnehmung des Videoausschnittes auf. Soziologen, die nie zuvor an einem Kampfkunsttraining teilgenommen haben, sehen das Video ähnlich wie Kampfkunstanfänger. Wer jedoch über eine gewisse Kenntnis von Kampfkünsten verfügt, kann den (mehr oder weniger kompetenten) Teilnehmerblick nur schwer aufgeben. Videoanalyse besteht deshalb auch darin, eine Brücke zwischen den unterschiedlichen Wahrnehmungen ein und derselben Videoaufzeichnung zu schlagen. Auch die Analyse von Videoaufzeichnungen stellt die Forscher also vor eine grundlegende Herausforderung ethnografischen Arbeitens, nämlich ein „Coming Home" (Amann/Hirschauer 1997, S. 28) zu gewährleisten. Damit ist in diesem Fall die Herausforderung gemeint, einen Videomitschnitt mit den Augen anderer Soziologen zu sehen, nicht nur als Teilnehmer. Videos sind deshalb auch Instrumente dafür, Distanz zum erworbenen Teilnehmerwissen des Forschers herzustellen und dieses so an ein unvertrautes, soziologisches Publikum zu vermitteln.

Fassen wir zusammen: Im Zuge eines qualitativen Forschungsprozesses eignet sich der Forscher Wissen über das Feld an und verliert gleichzeitig den unvertrauten Blick eines Fremden, wie Alfred Schütz (1944, 1945) bereits darstellte. Dieses Vergessen ist im Alltag wertvoll, für den Soziologen, der das feldspezifische Wissen rekonstruieren will, jedoch nicht. In diesem Prozess ermöglichen es Videoaufzeichnungen in besonderer Weise, ein flüchtiges Phänomen festzuhalten. Es geht dabei jedoch nicht um ein Wissen über das Feld, sondern um die unterschiedlichen Perspektiven auf den Videomitschnitt, die schließlich auf der Basis des differierenden Hintergrundwissens entstehen. Videoanalysen im Rahmen von „Data Sessions" zeigen diese Unterschiede in der Wahrnehmung des Sichtbaren auf und erleichtern so die Rekonstruktion jenes Hintergrundwissens, das die aufgezeichneten Praktiken auch für den unvertrauten Blick „sehbar" macht. Videoaufzeichnungen sind deshalb ein wichtiges Erhebungsinstrument, sie reproduzieren aber nicht, was geschehen ist.[9] Die Aufzeichnungen unterstützen den Teilnehmerblick ebenso wie den unvertrauten, sie befähigen einen unvertrauten Zuschauer jedoch nicht, zu sehen was ein Teilnehmer sieht. Sie zeigen darüber hinaus Details der Situation, die weder der Forscher noch ein anderer Teilnehmer wahrnehmen. Sie enthalten in dieser Hinsicht mehr Information als die Protokolle einer teilnehmenden Beobachtung, und gleichzeitig fehlt es ihnen an anderer Information, die nur ein verstehender Zuschauer hat, nämlich über den Sinn der Ereignisse.

Ein Blick zurück auf die vorherigen beiden Kapitel zeigt, dass die Herstellung von Sehfertigkeit im Kampfkunsttraining auf zwei gleichzeitig stattfindenden Interaktionen basiert: der Interaktion zwischen dem Trainer und dem Publikum zum einen und der Interaktion zwischen dem Trainer und seinem Partner zum anderen. Erstere erfordert, dass die Schüler sehen, was in der Demonstration gezeigt wird, während der Trainer visuell und verbal ihren Blick auf wichtige Elemente seiner Demonstration lenkt. Letztere besteht aus einer somatischen und manchmal verbalen Interaktion zwischen dem Trainer und seinem Partner, die vom Partner nicht nur Aufmerksamkeit verlangt, sondern auch die Fähigkeit bis zu einem gewissen Grad die nächsten Züge des Trainers zu antizipieren. Die Tätigkeit der Schüler ähnelt also in mancher Hinsicht jener der Kamera: Beide nehmen auf, was in der Demonstration gezeigt wird. Es besteht jedoch ein zentraler Unterschied dahingehend, dass die Schüler das Gesehene mit Charakteristika des Kämpfens und mit früheren Demonstrationen in Zusammenhang bringen, während die Kamera es nach Kriterien der technischen Aufzeichnung sichtbarer Abfolgen ordnet. Das eingangs beschriebene Problem, im Zuge einer soziologischen „Data Session" zu sehen, was auf einem Videomitschnitt aufgezeichnet wurde, kann so als Teil eines allgemeineren Zugs von Videoanalysen verstanden werden: Die Videoaufzeichnung allein vermittelt nur wenig Wissen über das untersuchte Feld.

---

[9] Stefan Hirschauer (2001b, S. 434f.) macht auf ein weiteres Problem bei der Analyse von technischen Aufzeichnungen aufmerksam: Sie vermitteln den Eindruck eines kohärenten Ereignisses, das in der Wahrnehmung der Teilnehmer so nicht existiert. Dies zeigt sich beispielhaft an Ehekonflikten, deren Teilnehmer sehr häufig ganz unterschiedliche Wahrnehmungen des Ereignisses und seiner Hintergründe in der Beziehungsgeschichte haben. Außerdem ignorieren solche Analysen durch ihre Genauigkeit gleichzeitig das Problem der Komplexität sozialer Prozesse und überbieten so gewissermaßen die Wahrnehmung der Teilnehmer.

Es liegt vielmehr am Forscher, zwischen dem unvertrauten Blick der anderen Soziologen und dem situationskompetenten Blick eines Teilnehmers zu vermitteln.

Die Untersuchung von Demonstrationen zeigt, dass zwei Tätigkeiten, nämlich einen Blick für die Demonstration im Video zu entwickeln und eine Demonstration im Training sehen zu lernen, sich in gewisser Weise entsprechen. Ähnlich wie einst Garfinkel und Sacks (1986, S. 171ff.) argumentierten, dass sich das alltagsweltliche Phänomen der Formulierungen im wissenschaftlichen Schreiben und Sprechen wiederholt, so zeigt sich hier, dass die Methoden der Videoanalyse auffällig mit jenen Praktiken korrespondieren, die sich im Kampfkunsttraining beobachten lassen. So entsprechen die Empfehlungen der fortgeschrittenen Schüler grundlegenden Methoden der Videoanalyse wie dem Bestimmen von Analyseeinheiten, dem Eruieren situativ relevanter Inhalte und dem Analysieren der sequentiellen Struktur. Ebenso gleichen die Blickführungselemente der Demonstration (Kapitel 3) wichtigen technischen Möglichkeiten der Videoanalyse: Wiederholen, Verlangsamen und Zerteilen. Auch grundlegende wissenschaftliche Präsentationstechniken wie das Kommentieren der Videomitschnitte korrespondieren mit den Blickführungselementen der Demonstration.

Videoaufzeichnungen scheinen also auf den ersten Blick „harte Daten" zu bieten, mit deren Hilfe das Problem der Flüchtigkeit des Sozialen lösbar wird. Wie ich gezeigt habe, ist das Festhalten sozialer Prozesse jedoch nicht mehr als ein Schritt am Weg, diese detailliert zu beschreiben. Für eine soziologische Analyse müssen nämlich mehrere Wissenstransferprozesse vollzogen werden. Im Fall des Ninjutsu-Trainings geht es um drei Formen von Wissensvermittlung:

Die Wissensvermittlung im Ninjutsu-Training, erstens, steht im Fokus der Untersuchung. Dabei spielen Demonstrationen von Bewegungsabläufen eine wichtige Rolle. Sie erfordern vom Trainer das Zeigen, was gesehen werden muss und das Hervorheben wichtiger Elemente, und von den Schülern das Sehen, was gezeigt wird. Die Wissensvermittlung unter Soziologen, zweitens, erfordert, dass der Forscher Sichtbares für seine Kollegen erkennbar (oder auch „sehbar") macht. Er muss also Sehfertigkeit vermitteln, was häufig durch Kommentare oder visuelle Blickführung geschieht. Das reine Vorführen von Videoaufzeichnungen hingegen genügt in aller Regel nicht. Zwischen diesen beiden liegt, drittens, die Wissensvermittlung des untersuchten Feldes an den Forscher. Auch diese bildet eine zentrale Voraussetzung für die erfolgreiche Vermittlung zwischen dem Wissen der Teilnehmer und der Soziologen und basiert auf der Lernbarkeit von Sehfertigkeiten.

In meiner Studie bilden Wissensvermittlungsprozesse dezidiert den Untersuchungsgegenstand. Dadurch wird die Vermittlung von Sehfertigkeit als Herausforderung für videobasierte qualitative Forschung besonders deutlich erkennbar, sie ist jedoch nicht auf diesen Untersuchungsgegenstand beschränkt. Vielmehr bildet sie einen Teil des Wissensvermittlungsprozesses, der im Rahmen soziologischer Untersuchungen stattfindet.

4 Üben

Kommen wir zurück zum Kampfkunsttraining: Im Zuge von Demonstrationen zeigen der Trainer und ein Partner den Schülern Bewegungsabläufe, die beim darauf folgenden Üben nachgemacht werden sollen. Die Herausforderung für den Trainer liegt bei Demonstrationen also darin, in möglichst klarer Form Informationen über das Ninjutsu-Kampfwissen zu vermitteln, während die Schüler versuchen, möglichst viel des Gezeigten zu verstehen und für das kommende Üben zu memorieren. Die Kommunikation zwischen Trainer und SchülerInnen ist also primär visuell vermittelt. Für das Üben werden die personale und die räumliche Konstellation der Teilnehmer sowie die Blickrichtung verändert. Nun bewegen sich die Schüler, der Trainer sieht zu. Hin und wieder wird er auf ein Paar aufmerksam und gibt diesem weitere Hinweise. Gerade beim Üben in Paaren tritt nun die dritte Form der Kommunikation von Wissen, somatische Wissensvermittlung, in den Vordergrund, man bekommt in erster Linie vom Körper des Partners Feedback zum Gelingen oder Misslingen eines Bewegungsablaufs.[1]

Auch Üben ist in der Goffmanschen Terminologie als Modulation zu verstehen, im Rahmen derer – wie bei einigen anderen Modulationen auch – eine Tätigkeit von jenen Konsequenzen und Risiken befreit wird, denen sie normalerweise ausgesetzt ist.[2] „Man geht davon aus, dass Schnitzer und Versager ohne größeren Schaden und mit belehrender Wirkung eintreten können" (Goffman 1980, S. 72), dass man also zum Zwecke des Lernens Fehler machen darf, die im „Ernstfall" unter Umständen bedrohlich sein könnten. Das Üben ist wie die Demonstration in eine relativ komplexe Interaktion zwischen Trainer und Schülern eingebettet, die wie

---

[1] An dieser Stelle entsteht eine folgenreiche Differenz zur oben beschriebenen Flamenco-Tanzstunde, in der normalerweise nicht paarweise geübt wird und Gelingenskriterien primär visuell-ästhetisch festgelegt sind. Dementsprechend entfällt in diesem Kapitel der „Seitenblick".

[2] Bourdieu (2001, S. 23ff.) charankterisiert (allerdings vor allem schulische und universitäre) Lernsituationen („scholastische Räume") ähnlich und versteht sie als Voraussetzung für die (oft unreflektierte) Entwicklung einer „scholastischen Disposition".

Abbildung 4.1: Polyfokale Situation beim Üben

im zweiten Kapitel dargestellt, dreiteilig aufgebaut ist. Die Schüler interagieren nämlich nicht nur in Paaren, sondern (zumindest potenziell) auch mit dem Trainer. Während sich die Demonstration aber durch eine starke situative Fokussierung auf die beiden demonstrierenden Körper auszeichnet, ist die Situation während des Übens „polyfokal" organisiert: Durch die einzelnen miteinander interagierenden Schülerpaare entstehen mehrere Aufmerksamkeitszentren. Die Tätigkeit der Schüler während des Übens besteht aus einem Nebeneinander mehrerer konzertiert agierender Paare, die – ähnlich wie die verschiedenen Smalltalk-Einheiten einer größeren Party – darüber hinaus, quasi nebenbei, eine weitere konzertierte Tätigkeit ausüben, indem sie gemeinsam den Rahmen „Üben" herstellen.

Für die Kamera ist dieses Setting viel schwerer fassbar als die Demonstrationen. Die verschiedenen Aufmerksamkeitszentren können nicht alle gleichzeitig aufgenommen werden, und die einzelnen Paare bewegen sich ständig und entkommen so immer wieder dem Kamerafokus, während sich andere Paare oder auch Einzelne in den Fokus hinein bewegen (siehe Abb. 4.1). Der Audiokanal ist aufgrund des Stimmengewirrs so gut wie nicht nutzbar. Methodisch sind die Videomitschnitte deshalb fast nur als Erinnerungsstütze für die Ethnografin verwendbar, ihre Funktion als Medien für die wissenschaftliche Kommunikation dagegen ist eng begrenzt. Für Data Sessions oder Vorträge sind die Aufnahmen kaum einsetzbar, weil man – auch mit Teilnehmerwissen – nur sehr wenig darauf erkennen kann. Die folgenden Abschnitte setzen deshalb besonders stark auf die Anreicherung der Beschreibungen durch meine Teilnehmerkenntnisse.

Als Erinnerungsstütze haben die Videoaufnahmen allerdings zwei durchaus bemerkenswerte Funktionen: Weil die Kamera von einem Kollegen geführt wurde, erlauben die Mitschnitte der Ethnografin erstens einen Blick von außen auf ihr eigenes Tun. So entstehen bei einigen Szenen zwei Blick-chancen: Zum einen die auf teilnehmender (Selbst-)Beobachtung beru-henden Protokolle, zum anderen der Kamerablick auf das übende Selbst. Zweitens erlauben die Mitschnitte der (als Schülerin teilnehmenden) Eth-nografin mit der Außensicht auf die Situation einen Einblick in jenes Bild der Situation, das sich dem Trainer bietet. Dieser Einblick ist nun zweifach eingeschränkt: Zum einen taucht der Trainer selbst im Videomitschnitt auf, der dieserart festgehaltene Einblick ähnelt dem Blick des Trainers also nur insofern, als beide – im Gegensatz zu den Schülern – auf die übenden Paare schauen. Zum anderen ist der videogestützte Einblick selbstver-ständlich ebenso auf die technische Konserve beschränkt wie der Blick analysierender Soziologen, der im Exkurs beschrieben wurde. Auch hier konserviert der Videomitschnitt nur eine – für sich allein – verständnis-lose Sehgelegenheit, die mit Teilnehmerwissen angereichert werden muss, um ein gewisses Verständnis der Situation zu ermöglichen. Er konserviert aber – und das ist wichtig für die weiteren empirischen Darstellungen – immerhin eine solche Sehgelegenheit, an die sich soziologische Theoretisie-rungen anknüpfen lassen. Dadurch werden die „Ethnomethoden der Wis-sensaneignung" zwar umfassender beobachtbar oder, will man auf visuelle Beobachtung fokussieren, für die (teilnehmende) Ethnografin überhaupt erst *von außen* beobachtbar. Die auf den Videomitschnitten aufbauen-den Beschreibungen klingen gleichzeitig jedoch an manchen Stellen etwas unbeteiligter als es eine teilnehmende Beobachtung erwarten ließe.

In dem relativ komplexen sozialen Rahmen des Übens im Training wird wie in anderen Bewegungstrainings zweierlei geleistet: Zum einen sollen die Schüler, wie erwähnt, unter risikofreien Bedingungen Erfahrung mit den Bewegungsgewohnheiten von Körpern machen. Zum anderen aber findet ein weiterer Wissensvermittlungsprozess zwischen dem Trainer und den Schülern statt, der eine gewisse Symmetrisierung der Praxis der Wis-sensvermittlung nahelegt: Die Schüler zeigen dem Trainer nämlich durch ihr Üben implizit, was sie können und zwangsläufig auch, was sie nicht können. Umgekehrt kann der Trainer ihnen auf Basis dessen, was er ge-sehen hat, weitere Tipps geben und eventuelle Fehler korrigieren. Wie bereits in der Einleitung (S. 3) erwähnt, kann man Stefan Hirschauer (2008) folgend, drei zentrale Verknüpfungen von Körper und Wissen kon-statieren, nämlich das Wissen über Körper, jenes in den Körpern und schließlich jenes, das Körper kommunizieren. In Bewegungstrainings tref-fen zwei dieser Verknüpfungen aufeinander: Die Körper der Schüler ver-mitteln dem Trainer implizit ein Wissen darüber, welches Wissen bereits in ihnen vorhanden ist.[3] Auf diese Weise kann er einen momentanen Wissensstand sowie Lernfortschritte der Schüler wie auf einem „display" (Goffman 1979a) von ihren Körpern ablesen. Er kann darauf Folgedemonstrationen aufbauen und schult zudem längerfristig eine weitere, spezifische Sehfertigkeit, nämlich den korrekturfokussierten Blick eines Lehrenden. In diesem „learning teaching by doing" wird das einleitend dargestellte didaktische Grundmoment von Praktiken in anderer Form spürbar als in den zuvor dargestellten Demonstrationen des Trainers: Das explizite Zeigen der Demonstration gelingt nur, weil das ohnehin vorhandene didaktische Grundmoment durch die beschriebenen Ethnomethoden des Demonstrierens ausgebaut und betont wird. Die Explikation beruht jedoch auf dem Vor*machen*, nicht auf einer Transformation in eine eigene, komplett andere Praxis wie etwa einer Verbalisierung. Beim impliziten Zeigen der Schüler jedoch werden keinerlei didaktische Elemente eingesetzt und dennoch lernt man auch Lehren primär im Tun.

Der Fokus der folgenden Ausführungen liegt auf dem Wissensvermittlungsprozess zwischen Schülern und Trainer im Rahmen des Übens. Zuvor werde ich jedoch die Herstellung dieses Rahmens im Übergang von einer Demonstration beschreiben (Abschnitt 4.1). Danach konzentriere ich mich auf die drei zentralen Interaktionsformen während des Übens: Die primär somatische Wissensvermittlung im Rahmen der paarinternen Interaktionen (Abschnitt 4.2), die triadischen Interaktionen zwischen dem Trainer und einem Paar (Abschnitt 4.3) und schließlich jene weitere, flüchtige Interaktionsform, die zwischen der Gesamtheit der übenden Paare und dem Trainer (Abschnitt 4.4) stattfindet, in deren Rahmen nicht nur die Schüler, sondern „nebenbei" auch der Trainer ständig dazulernt.

4.1 Den Rahmen herstellen

Betritt man den Trainingsraum während die Schüler einen Bewegungsablauf üben, so erscheint der Raum unübersichtlich. Es gibt keinen geteilten Aufmerksamkeitsfokus wie bei der Demonstration, es gibt keine klaren Bewegungsbahnen wie beim Rollen. Die Schüler sind paarweise über den Raum verteilt und bewegen sich. Die Bewegungen der einzelnen Paare sind nur in minimaler Form miteinander koordiniert: Man achtet zwar

---

[3] Die dritte mögliche Verknüpfung, das diskursive Wissen über den Körper taucht vor allem in Manuals, aber auch im Training immer wieder mal auf, wird jedoch in den meisten Interaktionen nicht relevant gemacht.

darauf, das Üben der benachbarten Paare nicht zu stören, von dieser geringen Aufmerksamkeit für Außenstehende abgesehen sind die einzelnen
Paare jedoch unabhängige *Bewegungseinheiten*. Als solche geben sie ein
eher ungewöhnliches Bild ab, sind wir doch aus dem Alltag eher einzelne Körper oder Artefakte als „Fortbewegungseinheiten"[4] und umgekehrt
Paare oder Gruppen als „Partizipationseinheiten" (Goffman 1974, S. 26ff.)
gewohnt. Letztere werden zwar als zusammengehörig wahrgenommen, ihre Bewegungen hängen aber normalerweise nicht zusammen: Man kann
sich im Zug bewegen ohne die Bewegung des Zuges zu beeinflussen.[5] Der
Fahrer dagegen ist als Bewegungseinheit mit dem Zug zu verstehen, weil
seine Bewegungen mit den Bewegungen des Zuges zusammenfließen. In
einigen Fällen nehmen wir auch mehrere Körper als *eine* Bewegungseinheit wahr: beim Paartanz, bei manchen akrobatischen Übungen oder
eben beim Üben im Kampfkunsttraining. In der Öffentlichkeit finden sich
Arm in Arm gehende Paare, Erwachsene mit einem Kind am Arm oder
Fahrrad-Fahrer. Auch hochschwangere Frauen können als Bewegungseinheit mit dem Kind gesehen werden, sobald die Bewegungen ihres Körpers
an das Ungeborene angepasst werden müssen.

Die Bildung solcher Bewegungseinheiten aus zwei (oder mehreren) Körpern im Kampfkunsttraining geht mit einer ungewöhnlichen Nähe zwischen den beteiligten Personen einher, wie sie normalerweise nur im Zuge besonders enger sozialer Beziehungen eingegangen wird. Schon die
im Vergleich dazu geringe Verringerung von Körperabständen in Fahr-
stühlen, erfordert hochkomplexe Umgangsformen, um die Beziehung der
Fremdheit trotz körperlicher Nähe aufrecht zu erhalten, ein Stillstellen
der Personen (Hirschauer 1999). Die im Zuge von paarförmigen Bewe-
gungspraktiken wie eben Paartanz oder Kampfkunstrainings gebildete
Nähe der Körper hingegen wird erstens durch eine hohe Konzentration
auf die Bewegungstätigkeiten und zweitens durch aufwendige, gleichzeitig

---

[4] Erving Goffman (1974, S. 27f.) spricht von einem „Gehäuse, das (gewöhnlich von innen)
von einem menschlichen Piloten oder Navigator gelenkt wird. [...] Aus dieser Perspektive gesehen läßt sich auch das Individuum selber, das Fahrbahnen überquert und die
Straßen entlanggeht – das Individuum als Fußgänger –, als ein Pilot ansehen, der in
eine weiche und empfindliche Schale eingeschlossen ist, nämlich seine Kleider und seine
Haut".

[5] Die Wahrnehmung als Partizipationseinheit bedarf deshalb nicht nur der Darstellung,
sondern auch der Wahrnehmung durch die Umwelt. So nehmen wir ein Kind und
einen Polizisten, die im Abstand von zwei Metern auf einer Straße gehen nicht als
zusammengehörig wahr, eine Frau und ein Kind im selben Abstand jedoch schon (Rya-
ve/Schenkein 1974).

aber flexible Interaktionen zur Übungspaarbildung hergestellt und sozial verträglich gehalten. Im Kampfkunsttraining ergibt sich beim Üben, bei der somatischen Wissensvermittlung ein weiteres, hochkomplexes Interaktionsphänomen, das an die im zweiten Kapitel beschriebenen Sichteinschränkungen und die infolge zu erwerbenden Sehfertigkeiten anschließt: Wie man lernen muss, in der Demonstration mehr zu sehen als gezeigt werden kann, so muss man während des Übens weniger tun als man lernen will. Man muss etwa den in der Demonstration angedeuteten Schlag ebenso angedeutet durchführen und die für einen Nahkampf ausschlaggebende emotionale Spannung in nur sehr geringer Dosis entwickeln. Blicken wir zurück auf die Demonstration, so wird deutlich, dass auch die so reibungslose, in manchen Zügen marionettenhaft wirkende Interaktion zwischen dem Trainer und seinem Partner, in der ständig verletzungsfrei Kampf(kunst)bewegungen vorgeführt werden, eine hochkomplexe Kommunikation zwischen den Körpern erfordert.

Der Übergang von einer Demonstration zum Üben ist im Kampfkunsttraining davon gekennzeichnet, dass die als Publikum versammelte Schülermenge zunächt in Bewegung gerät und dann in Einzelne zerfällt, ähnlich wie Clifford Geertz (1983b, S. 205) über das Publikum des Hahnenkampfes schreibt, es sei „zu einem einzigen Körper, einem wahren Superorganismus verschmolzen" bevor die Menge im Zuge der Razzia auseinanderstiebt. Im Training freilich fehlt die, Geertz' Razzia prägende, Dramatik der Situation. Vielmehr finden sich die Einzelnen im nächsten Moment zu Paaren zusammen und bilden ein Körperknäuel, um den gesehenen Bewegungsablauf nachzumachen. Im Detail läuft ein solches Zerfallen und Aggregieren von Handlungseinheiten beispielsweise folgendermaßen ab:

> Noch sitzen die Schüler in einem Halbkreis um das demonstrierende Paar. Der Trainer und sein Partner lösen sich von einander, die Distanz zwischen ihren Körpern wird langsam größer. Während sich der Demonstrationspartner rückwärts gehend – mit Blick auf den Trainer – langsam entfernt, sagt dieser: „Wir schauen, wir schauen dann nochmal. Übt jetzt mal so, wie ihrs verstanden habt". Die Schüler stehen langsam auf, der Trainer geht an seinem Partner vorbei an den Rand des Raumes. Sein Demonstrationspartner und die anderen Schüler wenden sich jeweils einem zweiten Schüler zu. Sie verteilen sich paarweise im Raum. Am jeweiligen Platz im Raum angekommen, setzt sich einer der beiden auf den Boden, der andere umklammert von hinten dessen Hals. Sie beginnen ihre Bewegungen damit genau in der Position, in der der Trainer und sein Partner die Demonstration begonnen hatten.

Auch diesen Prozess löst der Trainer wie den Beginn der Demonstration durch seine verbale Äußerung aus und er unterstreicht sie gemeinsam mit dem Demonstrationspartner dadurch, dass die beiden sich aus dem

Mittelpunkt des Halbkreises entfernen. Damit gehen sie sichtbar zu einer anderen Tätigkeit über. Auch die beteiligten Schüler verlassen die räumliche Anordnung der Demonstration, den Halbkreis. Sie stellen die räumliche Ordnung des Übens her, indem sie sich in dreierlei Hinsicht koordinieren: Sie finden sich in Paaren zusammen, begeben sich auf die Suche nach einem Platz zum Üben und legen den Beginn des Übens fest, indem sie die im Alltag übliche Distanz zwischen den Körpern eines Paares aufgeben und „Körperknäuel" bilden.

Das Finden eines Partners gestaltet sich ab der zweiten Übungsphase jeder Trainingsstunde relativ einfach, denn in der Regel trainiert man in diesem Verein mit dem Partner aus der ersten Übungsphase weiter.[6] Der Paarfindungsprozess findet deshalb zunächst zu Beginn der ersten Übungsphase statt. Er ist vor allem für Anfänger wenig planbar und erzeugt Unsicherheiten. So finden sich in meinen Protokollen folgende Notizen:

> „Ich weiß nicht, ob Simon [ein sehr fortgeschrittener Schüler, Anm.] das wollte, denn er schaut sich noch einmal kurz um, aber dann trainiert er doch mit mir." (3. Trainingseinheit)

> „Ich sehe, dass Simon kurz zu mir schaut, aber Julia kommt gleich auf mich zu. Ich freue mich, sie zu sehen; letzte Woche hatten wir ganz gut miteinander trainiert. Simon wendet sich einer anderen Anfängerin zu und trainiert schließlich mit ihr. Ob er offiziell für die Integration neuer Schüler zuständig ist?" (5. Trainingseinheit)

> „Als ich, eine halbe Stunde zu spät, ankomme, sind bereits alle am Üben. Martin sagt, ich solle mich ein wenig aufwärmen und dann Handschuhe für das Boxtraining suchen. Als ich aufgewärmt bin, erklärt er gerade einen Bewegungsablauf. Am Ende dieser Demonstration stehe ich etwas verloren im Raum; ich bin nämlich die Fünfte, so dass ich ohne Partner bleibe. Martin stellt sich zu mir und beginnt, mit mir zu üben. Er schaut aber gleichzeitig den anderen beim Üben zu und wirkt deshalb ein wenig unruhig." (7. Trainingseinheit)

Die Bildung eines Paares ist als Vorgriff auf die Bildung eines Körperknäuels mit einem wenig oder gar nicht bekannten anderen Menschen anzusehen und deshalb, wie erwähnt, tendenziell heikel. Die Verringerung der sonst üblichen Körperdistanz wird ein wenig erleichtert, indem durch die einheitlich schwarze Kleidung eine gewisse Anonymität der Körper gewährleistet wird. In „meinem" Trainingsverein war es zudem nicht üblich, nach dem Vornamen des Trainingspartners zu fragen, wodurch zusätzlich eine gewisse Anonymität der Person entsteht. In anderen Vereinen gilt jedoch genau umgekehrt, dass man zumindest die Vornamen austauscht

---

[6] In anderen Vereinen werden die Partner ständig gewechselt, um zu verhindern, dass man sich an einen Partner und seine spezifischen Charakteristika wie Größe oder Beweglichkeit gewöhnt.

und sich so im Zuge eines minimalen Kommunikationsaktes im Vorfeld des gemeinsamen Übens gegenseitig Respekt vor der Person des Partners versichert. In situ werden Partner deshalb zumeist auf eher unaufdringliche Weise gefunden: Man sucht, wie beim Kennenlernen in einer Bar, zunächst den Blick eines Gegenübers und „trifft" diesen gewissermaßen im Sinne eines visuellen Einverständnisses zum personalen „sich treffen", das durch Zunicken oft zusätzlich bekräftigt wird. Die andere Variante, nämlich gezielt auf jemanden zuzugehen und ihn oder sie direkt zu fragen, findet eher dann statt, wenn man sich bereits kennt.

Das zweite Koordinationsproblem, die „Suche" nach einem Platz zum Üben, kann anhand von verschiedenen pragmatischen Überlegungen gelöst werden, z.B. anhand dessen, wo andere Paare mit einem ähnlichen Wissensstand üben oder auch, wo man gerade steht und wo noch genügend Platz frei ist. Das interaktive Problem besteht darin, jede Art von Kollision mit anderen Körpern und Gegenständen im Raum zu vermeiden, während die am jeweiligen Paar beteiligten Körper ständig zumindest sachte kollidieren. Das im Alltag stets relevante interaktive Problem, die „Territorien des Selbst" (Goffman 1974) anderer Situationsteilnehmer zu respektieren, verschärft sich im Kampfkunsttraining so wie in anderen paarweise organisierten Bewegungstrainings. Die sich bewegenden Paare sind nämlich zum einen stark aufeinander konzentriert; die beteiligten Körper bewegen sich, sie fallen, sie rollen, und nicht immer kann man dabei auch noch die Bewegungen der benachbarten Paare im Blick haben. Zum anderen besteht ein Ziel der Veranstaltung darin, die manchmal eigenwilligen Bewegungsgewohnheiten und Reaktionen von Körpern kennen zu lernen, sodass weder die eigenen noch die fremden Bewegungen gänzlich voraussehbar sind. In dieser Hinsicht gleicht das Koordinationsproblem der Übungspaare jenem von Fußgängern auf der Straße (Ryave/Schenkein 1974), denn auch die Übungspaare sind der dynamischen Ordnung sich bewegender Körper ausgesetzt. Gleichzeitig befinden sie sich, wie bei einer Fahrstuhlfahrt, in einem begrenzten Raum, den sie teilen müssen. Die Trainingsteilnehmer lösen dieses Koordinationsproblem, indem sich die Paare annähernd gleichmäßig im Raum verteilen, wodurch „Bewegungsflecken" vergeben werden. Wie die Teilnehmer anderer Situationen mit begrenzten Raumkapazitäten, zum Beispiel der von Stefan Hirschauer (1999) beschriebenen Fahrstuhlfahrt, Äquidistanz zu den anderen Anwesenden halten, bleiben die übenden Paare im Kampfkunsttraining auf Äquidistanz zu benachbarten Paaren und halten – ganz anders als beim fahrstuhlfahren – auch einen deutlichen Abstand zu den

Wänden des Raumes. Statt eines „persönlichen Raumes" (Goffman 1974, S. 56f.) um jeden einzelnen Körper achten die Teilnehmer also auf Bewegungsraum rund um die einzelnen Körper-Paare.

Ist der Platz zum Üben gefunden, so stehen die Partner sichtbar beieinander und sind deshalb auch räumlich als Paar erkennbar. Zunächst einigen sie sich, wer welche Rolle innerhalb des Bewegungsablaufs einnimmt, wer also den Part des Trainers und wer den des Demonstrationspartners für diesen Übungsdurchgang übernimmt. Damit wird auch eine Art zeitlich begrenzter Führung festgelegt: Wer die Bewegungsrolle des Trainers übernimmt, wird im weiteren Verlauf dieser Übungsphase führen, d.h. er wird versuchen den Körper seines Partners so zu bewegen, wie der Trainer es zuvor demonstriert hatte. Der andere wird dieses Tun unterstützen, indem er seinen Körper zur Verfügung stellt und gegebenenfalls sein eigenes Wissen in Form von Feedback oder Hinweisen einbringt. Auch der vorgegebene Bewegungsablauf dient dabei als Evaluationsinstrument, weil er als externer Maßstab für die Performance des übenden Partners fungieren kann.

Die Interaktion innerhalb des Paares ist also asymmetrisch, Symmetrie zwischen den Partnern entsteht durch den ständigen Rollentausch. Die Vergabe der Bewegungsrollen kann verbal geschehen („Fängst du an?"), erfolgt aber häufig nonverbal, indem sich einer der beiden in die Ausgangsposition begibt und damit gleichzeitig eine der beiden Rollen einnimmt. Er setzt damit gewissermaßen einen Interaktionszug, den der andere normalerweise beantwortet, indem er die zweite, komplementäre Rolle einnimmt. Zu diesem Zeitpunkt erfolgt eine weitere Veränderung des „persönlichen Raumes", dieses Mal innerhalb der Paare. Die beiden Partner verringern den Abstand zwischen ihren Körpern noch einmal deutlich, sobald sie mit dem Üben eines Bewegungsablaufs beginnen. Aus den Paaren werden Körperknäuel, die sich im Zuge des Bewegungsablaufs verengen und wieder ausdehnen, die zwischendurch inne halten und sich manchmal über die Grenzen des eigenen „Fleckens" hinausbewegen.

Auch die Unübersichtlichkeit der räumlichen Ordnung des Übens, die in diesem Training mit der polyfokalen Situation einhergeht, ist also das Produkt einer konzertierten Tätigkeit der Trainingsteilnehmer. Sie sichert den einzelnen Körperknäueln den notwendigen Platz für das Erlernen und damit auch das Erfahren der Bewegungsgewohnheiten eines Körpers im Zuge einer Interaktion, die sich mit dem Ablauf und der internen Logik der Interaktionsform Kämpfen beschäftigt.

4.2 Somatische Wissensvermittlung in der Paarinteraktion

Die Interaktion innerhalb der übenden Paare ist davon gekennzeichnet, dass nicht nur zwei sich bewegende Körper koordiniert werden müssen, sondern dass die Bewegungen dieser Körper zudem an die Erinnerungen zweier Personen angepasst werden müssen, die diese beiden von dem vom Trainer gezeigten Ablauf haben. Es treffen also zwei Körper, ihre Bewegungen und zwei Erinnerungen aufeinander, um gemeinsam einen Bewegungsablauf zu üben. Das im Rahmen der Demonstration zwischen Trainer und Demonstrationspartner quasi nebenbei ablaufende Moment der somatischen Wissensvermittlung bestimmt nun die Kommunikation zwischen den beiden Trainingspartnern. Zwar wird auch hier visuell kommuniziert und nachgeahmt oder gesprochen, auch Artefakte wie etwa Matten oder Trainingskleidung spielen eine durchaus wichtige Rolle, der primäre Kommunikationskanal jedoch ist die Interaktion zwischen zwei Körpern.

Die erste paarinterne Interaktionsleistung nach der bereits skizzierten Aufteilung der Rollen innerhalb des Bewegungsablaufs besteht darin, einen Startpunkt für das gemeinsame Üben zu setzen. Dies geschieht in zwei Schritten, die sich am Ablauf der Demonstration orientieren: Zunächst begeben sich beide Übungspartner in die vom Trainer und seinem Partner zuvor gezeigte Ausgangsposition. Einer der Partner setzt die erste Bewegung und stößt damit den Bewegungsablauf des Paares an. Auf seine Bewegung folgt eine Bewegung des Partners, das Körperknäuel bewegt sich. Die danach folgenden Interaktionen sind an der Koordination der Körper und ihrer Bewegungen sowie am Sinn der Bewegungsabläufe orientiert. Die Bewegungen der Körperknäuel können sehr unterschiedlich aussehen. Wie in Kapitel 3.3 erwähnt wurde, machen manche Paare den gezeigten Bewegungsablauf wesentlich schneller und flüssiger nach, als er in der Demonstration gezeigt wurde. In anderen Fällen aber ist der Bewegungsablauf stockend, langsam und wird immer wieder von Gesprächen unterbrochen. Das Tun der Körper beim Üben ist von folgenden Phänomenen geprägt:

Besonders charakteristisch ist das vielfache Wiederholen des gleichen Ablaufs, wobei die Bewegungsrollen immer wieder getauscht werden. Dadurch entsteht eine essentielle Differenz zu einem Nahkampf, in dem es nur einen, den alles entscheidenden Durchgang gibt. Auch würde man in einem Nahkampf auf der Straße körperliche Überlegenheit vermutlich be-

Abbildung 4.2: Gelingender Wurf

denkenlos ausspielen, während sie beim Üben eher überspielt wird. Zudem setzen die Teilnehmer im Kampfkunsttraining ihre Kräfte so sparsam ein, dass sie die gesamte Trainingsstunde durchhalten können. Die meiste Zeit über wirkt ihr sichtbares Tun deshalb zwar konzentriert, aber nicht angestrengt. Die Bewegungsabläufe werden oft mitten im Geschehen verlangsamt oder stocken. Die Partner warten aufeinander, das heißt sie nützen die Vorteile, die sich durch das Zögern des Partners ergeben, nicht für eigene Züge aus. Sie helfen sich darüberhinaus, was in einer tatsächlichen Kampfsituation ebenso unvorstellbar wäre, mit Tipps in verschiedenen Formen aus. Das können Gesten sein, wie zum Beispiel ein kurzes Klopfen auf eine Hand um zu vermitteln, dass nun ein Schlag mit dieser Hand an der Reihe wäre, oder auch verbale Andeutungen wie „ jetzt die *Hand!*". Auch der eigene Körper kann in der Form von Schmerzen, nicht durchführbaren Bewegungsversuchen oder Muskelkater Hinweise auf missglückte Bewegungsversuche geben. Immer wieder werden die Bewegungsabläufe durch Gespräche unterbrochen, in denen entweder das bisherige Tun evaluiert wird oder kommende Elemente der Bewegungskette besprochen werden. Manchmal nutzen die Partner dann die Gelegenheit um zu sehen, wie ein benachbartes Paar den Ablauf oder eine spezifische Stelle im Ablauf durchführt.

Wir finden also im Sinne von Goffmans Modulations-These einige wichtige Unterschiede zwischen dem Üben im Training und jener Interaktionsform, die einen Nahkampf prägen würde. In beiden Fällen, dem Üben wie dem Nahkampf, handelt es sich jedoch um körperintensive Interaktionen, die stark von somatischer Kommunikation geprägt sind. Diese besteht im Training wesentlich aus dem Feedback des Partnerkörpers auf die eigenen Bewegungen:

Wir üben einen Bewegungsablauf, der einen Wurf beinhaltet. Würfe bestehen darin, das Gleichgewicht des Partners so stark zu stören, dass man ihn (zumeist im Rahmen einer runden Bewegung) zu Boden bringen kann (siehe Abb. 4.2, S. 137). Dazu muss man - ähnlich wie beim Paartanz - den Körper des Partners führen,

Abbildung 4.3: Misslingender Wurf

das heißt, man muss seine Bewegungen über einen längeren Zeitraum lenken. Im Gegensatz zum Paartanz, wo man der Partnerin das Folgen im Grunde ermöglichen muss, sollte der Wurf auch gegen Widerstand des Partners/Gegners durchgeführt werden können. Werfen erfordert deshalb eine raffinierte und kleinteilige Bewegungskoordination, die einigen Übens bedarf. An diesem Abend üben mein Partner und ich primär den „Wurfeingang", also die Phase kurz vor dem Wurf, im Zuge derer die Partnerkörper zunächst in eine gemeinsame Bewegung gebracht und dann mittels einer schnellen Drehbewegung auf den eigenen Rücken geladen werden soll. Dieser Moment der Drehbewegung erscheint mir besonders schwierig, weil man während der Drehbewegung leicht den Einfluss auf den Partnerkörper verliert, der sich dann nicht mehr auf den Rücken laden lässt. Tatsächlich „verliere" ich den Körper meines Partners immer an dieser Stelle des Bewegungsablaufs und kann ihn deshalb nicht auf meinen Rücken laden (siehe Abb. 4.3).

Der Ausschnitt zeigt, wie ein Körper dem anderen Feedback gibt, indem er sich in bestimmte Bewegungen ziehen lässt und stehenbleibt, sobald er nicht mehr richtig bewegt wird. An dieser Stelle lässt er sich nur mehr mit immenser Kraft oder mit der Kooperation des Partners auf den eigenen Rücken laden. Die Bewegungen geraten deshalb an dieser Stelle ins Stocken, oder der Bewegungsfluss reißt vollständig ab. Das – von außen beobachtbare – Bild der Übungsphase ist deshalb vor allem vom stetigen Unterbrechen, Wiederaufnehmen oder Neuanfangen von Bewegungsabläufen geprägt. Aber auch Gespräche während oder nach einem Bewegungsablauf lassen sich immer wieder beobachten. Oft greifen somatische und verbale Interaktion ineinander, etwa um einen Bewegungsablauf zu verbessern, wie das folgende Protokoll zeigt:

Wir machen einen, in meinen Augen, ziemlich komplizierten Ablauf. Man nähert sich dem Partner von der Seite, macht sich klein, packt den Oberschenkel, täuscht eine Bewegung nach vorne an, um sich schließlich hinter den Partner zu bewegen und ihn zu werfen. Während der Anfang relativ gut geht, schaffen meine Partnerin und ich es nicht, die jeweils andere zu werfen. Unsere Kraft scheint nicht auszureichen und meine Oberschenkel beginnen immer mehr zu schmerzen. Wir fragen einen fortgeschrittenen Schüler, der gerade vorbeikommt. Er korrigiert eine unsere Bewegungen. Gleichzeitig hören wir einen weiteren Tipp, den der Trainer einem anderen Paar gibt. Mit diesen beiden Informationen ausgerüstet, schaffen wir den Wurf schließlich.

Somatische Wissensvermittlung wird bei Schwierigkeiten im Bewegungs-ablauf besonders deutlich erkennbar: In der beschriebenen Szene gibt der Körper der Partnerin zunächst ein klares Feedback darüber, wie der Bewegungsablauf *nicht* funktioniert, indem er sich nicht werfen lässt. Später kann man am fallenden Körper der Partnerin erkennen, dass der Bewegungsablauf richtig, zumindest erfolgreich durchgeführt wird. Die Verkoppelung von verbaler, visueller und somatischer Kommunikation ermöglicht hier die erwünschte Veränderung des praktizierten Bewegungsablaufs. Somatische Wissensvermittlung bleibt in dieser Szene aber die primäre Kommunikationsform, sie wird nur vorübergehend unterbrochen. An anderen Stellen tritt in einer ähnlichen Situation die somatische Kommunikation in den Hintergrund. Der folgende Protokollausschnitt zeigt, wie in das Gespräch eines Paares über einen Bewegungsablauf zunächst ein weiteres Paar, dann der Trainer integriert wird und in der Folge eine weitere Demonstration ausgelöst, in der speziell dieses Problem adressiert wird. Die Diskussion über ein Problem, das zunächst nur bei einem Paar auftritt, ufert gewissermaßen aus, indem sie sich auf das gesamte Trainingsgeschehen ausbreitet:

> Zwei Paare üben nebeneinander. Immer wieder unterbrechen sie ihr Tun und setzen es wieder fort. Irgendwann scheint bei einem der beiden Paare ein schwierigeres Problem aufzutauchen, denn es unterbricht den Bewegungsablauf vollständig und spricht über ein Element der Bewegungskette. Man kann sehen, wie die beiden Partner sprechen, aber vor allem auch, wie sie gestikulieren und sich gegenseitig Bewegungen in der Luft zeigen. Das benachbarte Paar wird aufmerksam, es unterbricht nun ebenfalls seine Übung und schließt sich dem Gespräch an. Aus den beiden Paaren bildet sich eine Vierer-Runde, deren Teilnehmer teils auf dem Boden sitzen, teils knien, miteinander sprechen und gestikulieren. Der Trainer, kommt vorbei und steigt ebenfalls in das Gespräch ein. Er sagt: „Ja genau, entweder ist man parallel oder man ist versetzt" und macht dabei die beiden Bewegungsmöglichkeiten gestisch vor. Ein Schüler fragt nach, der Trainer antwortet jetzt ausführlicher, ohne dabei Bewegungen vorzumachen. Es entspinnt sich ein kurzes Gespräch, an dessen Ende der Trainer nach kurzem Überlegen eine Demonstration für alle Trainingsteilnehmer beginnt, in der das eben besprochene Problem thematisiert wird.

In den meisten Fällen verbleiben die Gespräche jedoch innerhalb des Paares und bilden nur eine Art und Weise, das eben erfolgte Tun im Paar zu evaluieren. Eine zweite Möglichkeit solcher Evaluation besteht darin, dem Partner einzelne Elemente des Ablaufs besonders leicht oder besonders schwer zu machen. Auf diese Weise evaluiert der Partner nicht nur abstrakt, sondern verschafft dem Übenden Feedback in Form des Erfahrens eines Bewegungselementes oder auch eines gesamten Ablaufs. Die Tätigkeit des Übens besteht also nicht nur im einfachen Wiederholen des Gesehenen, sondern auch im Evaluieren und Korrigieren von Bewegungen. Das geschieht auf drei Ebenen: Erstens schauen zumindest potenziell Dritte, wie der Trainer oder auch andere Schüler, zu. Zweitens besteht ständig physischer Kontakt zum Körper des Partners. Vor allem dann, wenn der Ablauf langsam und stockend durchgeführt wird, ergeben sich für den unterstützenden Partner auch Beobachtungs- und Sprechgelegenheiten. Drittens ist das Tun einer ständigen Selbstbeobachtung ausgesetzt und damit einer primär leiblichen Wahrnehmung, einem Experimentieren mit dem eigenen Körper mittels eines fremden.

Die Tätigkeit des Übens und die paarinterne Interaktion sind also an zwei Zielen ausgerichtet: Zum einen sollen die in der Demonstration gesehenen Bewegungsabläufe in leibliche Erfahrung umgesetzt werden, zum anderen wird ständig evaluiert, wie gut der jeweilige Bewegungsablauf durchgeführt wurde und was sich verbessern ließe. Gerade diese Tätigkeit des Korrigierens ist auch ein zentrales Element der Interaktionen des Paares mit dem Trainer. In einer frühen konversationsanalytischen Studie (Sacks u.a. 1977) wurde die interaktive Präferenz für Selbstkorrekturen (vor Fremdkorrekturen) hervorgehoben. Direkte Fremdkorrekturen werden tendenziell vermieden und tauchen deshalb nur selten auf. Die Autoren äußern jedoch die Vermutung, dass einzelne Interaktionstypen durchaus Fremdkorrekturen zulassen (Sacks u.a. 1977, S. 380). Das trifft partiell für Lernsituationen wie das Ninjutsu-Training zu: Zwar werden auch hier Selbst-Korrekturen sowohl in den Gesprächen als auch bei den körperlichen Bewegungen präferiert, Fremdkorrekturen sind jedoch durchaus erwünscht und können deshalb relativ unkompliziert interaktiv umgesetzt werden.

Die somatische Form der Wissensvermittlung, die bereits in der Beschreibung der Demonstration erwähnt worden war, lässt sich also in der Paarinteraktion des Übens besonders gut beobachten. Zwar bildet sie nicht die einzige Kommunikationsform dieser Konstellation, sie ist aber doch in erster Linie prägend für diese Phase der Wissensvermittlung, erlaubt sie doch das Erfahren des eigenen Körpers an einem anderen und damit die direkteste Ausbildung eines Wissens im Körper.

Abbildung 4.4: Triade

4.3 Korrigieren

Auf den ersten Blick sieht das Üben des Paares wie eine rein auf sich selbst bezogene Interaktion aus. Die Partner sind nicht nur physisch in die Bewegungen des Körperknäuels integriert, sondern auch ihre Blicke bleiben innerhalb ihrer Paarinteraktion. Weder schweifen sie im Raum, noch suchen sie die Blicke anderer Paare. Wenn sie aber, was immer wieder vorkommt, benachbarten Paaren zuschauen, unterbrechen sie ihr eigenes Üben und geben so die intensiv betriebene Paarinteraktion auf. Blickt man jedoch auf den gesamten Raum, so sind diese Interaktionen nur ein Teil der doppelten Interaktion der Übungssequenzen. Die Paare üben nämlich nicht nur, sondern alle üben zur gleichen Zeit. Außerdem zeigen sie dem Trainer durch ihr Tun, wieviel sie bereits beherrschen. Diese Interaktion mit dem Trainer während der paarinternen Interaktion, habe ich in Kapitel 2.6 als „doppelte Interaktion" bezeichnet. Während also die paarinterne Interaktion, die Produktion von leiblicher Erfahrung, primär auf der Basis somatischer Kommunikation stattfindet, entstehen parallel verschiedene Gelegenheiten für visuelle Kommunikation zumeist mit dem Trainer. Dabei kommt es auch, wie sich im nächsten Abschnitt zeigen wird, zu jenen Kommunikationsbeiträgen, die sich als „implizites Zeigen" bezeichnen lassen.

Aus der doppelten Interaktion wird im Laufe der Übungsphasen immer wieder eine triadische Interaktion, ein Gespräch zwischen drei Personen (Abb. 4.4). Dies geschieht, wenn die Schüler den Trainer in ihr Tun integrieren, indem sie ihm eine Frage stellen, oder wenn der Trainer von sich aus auf ein übendes Paar aufmerksam wird und den beiden übenden Schülern weitere Tipps gibt oder sie auf einen Fehler aufmerksam macht.

Die Triade entsteht also, wenn die primär visuelle doppelte Interaktion
(die Schüler zeigen, der Trainer sieht zu), um verbale Interaktion, manchmal auch somatische Kommunikation mit dem Trainer ergänzt wird. Auch
dieser Übergang geschieht zumeist nicht von selbst, sondern muss interaktiv hergestellt werden. Der Trainer muss sich dazu in die Interaktion
des Paares geradezu einmischen:

> Zwei fortgeschrittene Schüler beginnen den Bewegungsablauf, den der Trainer eben
> gezeigt hatte. Der Trainer scheint auf ein Element ihrer Bewegung aufmerksam zu
> werden, denn er geht direkt auf die beiden zu und sagt: „Aber da musst du mit
> beiden, wart mal!", er bückt sich und tippt den am Boden liegenden Schüler kurz
> an. Die beiden unterbrechen ihre Bewegungen und schauen zum Trainer. Der sagt:
> „Also die Idee ist nicht einfach ...", er bricht seine Äußerung mitten im Satz ab,
> springt an der Säule im Raum hoch, rutscht an ihr herunter und setzt den begonnen
> Satz fort mit „ähm, abzurutschen." Er dreht sich wieder zu den beiden Schülern, die
> ihm nun beide zugewandt sind: „Sondern die Idee ist, deine Position zu verändern,
> ja?"

Der Trainer initiiert also durch eine verbale Äußerung und physisches An-
tippen eine Veränderung der Konstellation. Auf diese Weise entsteht eine
Interaktion zu dritt, im Zuge derer er ein Element des Bewegungsablaufs
der beiden Schüler korrigiert. Er geht damit auf den Wissensstand ein,
den die Schüler durch ihr Tun zeigen. Wie aber können die mit sich selbst
beschäftigten Paare Informationen über ihren Wissensstand vermitteln,
was genau machen sie durch ihr Tun wahrnehmbar?

Beim Üben rekonstruieren die Schüler im doppelten Sinn des Wortes, was
sie gesehen haben. Sie rekonstruieren, indem sie im Tun aber auch in ihren Gesprächen versuchen nachzuvollziehen, was gezeigt wurde, und sie
re-konstruieren, indem sie mit ihrem Körpern nachstellen, was sie gesehen
haben. Sie bringen auf diese Weise mittels ihrer Körperbewegungen zweierlei zum Ausdruck: Erstens, was sie in der Demonstration gesehen haben
und zweitens, was sie nachzumachen im Stande sind. Diese Kommunikation des eigenen Wissensstandes erfolgt durch verschiedene, manchmal auch
mehrdeutige Indikatoren. Dazu zählen Geschwindigkeit und Korrektheit
der Bewegungsabläufe sowie das Betonen einzelner Elemente daraus: Gerade Anfänger sind, wie beschrieben, häufig mit den einzelnen Elementen
der Bewegungskette und der richtigen Reihenfolge beschäftigt. Die starke Konzentration auf die Bewegungskette bringt zumeist ein langsames,
stockendes Üben mit sich. Das Nachmachen des Bewegungsablaufs dauert
dann oft deutlich länger als die Demonstration. Umgekehrt kann man das

Gesehene ohne Hast deutlich schneller durchführen, wenn die Einzelbewegungen flüssig aneinandergereiht werden, wenn also ein Bewegungs*ablauf* zu sehen ist, nicht eine Kette von Einzelbewegungen. Flüssigkeit und *Geschwindigkeit* des Bewegungsablaufs deuten also an, ob die Paare sich auf die Reihenfolge der Einzelbewegungen konzentrieren (müssen) oder ob sie den Ablauf verstanden haben und ohne Probleme wiederholen können. Mit der Frage der Geschwindigkeit hängt die Frage der *„Korrektheit"* eng zusammen. Mit dem Rekonstruieren des Bewegungsablaufs zeigen die Schüler nämlich auch, an welcher Stelle des Ablaufs genau ihre Probleme liegen. Jede Einzelbewegung, die nicht der gezeigten Bewegungskette entspricht, deutet darauf hin, dass die Bewegung entweder für den jeweiligen Übenden zu schwierig ist, oder auch, dass in der Demonstration ein wichtiges Charakteristikum dieser Einzelbewegung oder des Ablaufs untergegangen ist. Das *Betonen einzelner Elemente* schließlich gibt in folgender Form Auskunft: Häufig üben die Paare ein bestimmtes Element aus der Bewegungskette und führen dann den Ablauf an dieser Stelle langsamer und vorsichtiger durch. In manchen Fällen unterbrechen die Schüler ihn auch, üben die Einzelbewegung mehrere Male isoliert und erst später wieder im Zuge des gesamten Bewegungsablaufs. Das Verlangsamen des geübten Ablaufs und stärker noch das isolierte Üben von Einzelbewegungen zeigt daher dem Außenstehenden, welche Elemente gut verstanden wurden und wo Probleme bestehen.

Für diese Kommunikation des eigenen Wissensstandes gilt jedoch, was auch für den Ausdruck des Selbst durch Mimik gilt: Allein der Empfänger sieht die übermittelte Botschaft, der „Sender" dagegen kann nur aus der Reaktion des „Empfängers" auf die von ihm selbst übermittelte Botschaft schließen.[7] In Lernsituationen verstärkt sich dieser Effekt zusätzlich. Vergleicht man nämlich den Sichtbereich des Trainers mit dem der Schüler, so zeigt sich, dass er über zwei Sichtvorteile verfügt: Er sieht erstens den Bewegungsablauf von außen, während die beteiligten Schüler zum einen stark auf ihr Tun konzentriert sind und zum anderen ihre Sicht durch die physische „Insider-Position" stark eingeschränkt ist. Manchmal lassen sich Schüler deshalb während des Trainings filmen, um später auf der Basis des Videomitschnitts eine Außensicht auf ihre Bewegungen zu erlangen.[8]

---

[7] Hier geht es zunächst nur um den visuell an den Trainer übermittelten Wissensstand. Darüberhinaus erhält der Teilnehmer selbst auch Feedback von seinem eigenen Körper, denn man kann in vielen Fällen fühlen, ob man eine Bewegung beherrscht oder nicht. Der „gefühlte" Wissensstand kann sich aber durchaus vom Eindruck des Trainers unterscheiden.

[8] Eine andere Gelegenheit, den eigenen Körper während des Übens zu sehen, bietet in

Zweitens weiß er besser als die Schüler, wie der Bewegungsablauf genau aussehen soll und er verfügt im Training über die Definitionsmacht. Zwar haben sein Partner und er die eigene Demonstration nicht gesehen (hier haben die Schüler einen Sichtvorteil auf Basis der Position eines Außenstehenden), aber nur dem Trainer wird das entscheidende Hintergrundwissen über die Kampfkunst zugeschrieben.

Die triadische Interaktion zwischen dem Trainer und dem übenden Paar besteht insofern zunächst nur potenziell. Die Schüler-Paare üben und verschaffen damit dem Trainer ein Bild von ihrem Können, sie setzen – in Termini der Konversationsanalyse – ständig einen ersten „Interaktionszug". Hin und wieder geht der Trainer auf dieses visuelle Interaktionsangebot ein und beginnt eine triadische Interaktion, indem er Elemente des Bewegungsablaufs, den er gesehen hat, korrigiert. Auf diese Weise bringt er eine qualifizierte Außensicht in die Paarinteraktion ein.

4.4 Doppelte Interaktion

Die Paare zeigen jedoch nicht nur in Form der triadischen Interaktion zwischen einem Paar und dem Trainer „was sie können", sondern sie triggern außerdem im Kollektiv einen weiteren Wissensvermittlungsprozess. Das Hintergrundwissen des Trainers stammt nämlich nicht nur aus einer externen Ausbildung, sondern entsteht auch im Zuge des Unterrichtens.[9] Man kann davon ausgehen, dass Lehren – wie jede andere Tätigkeit – im Tun geübt und professionalisiert wird. Dem schulischen Referendariat beispielsweise liegt der Gedanke zugrunde, dass das in Didaktikkursen theoretisch erworbene Wissen nicht einfach direkt umsetzbar ist, sondern erst durch eigenes Unterrichten unter Beobachtung und Anleitung erfahrener Lehrkräfte nach und nach erarbeitet wird (siehe dazu Pille 2009; Alkemeyer/Pille 2008). Auch hier scheint also die Zeit, die man mit der Tätigkeit des Unterrichtens verbringt, als qualifizierend zu gelten. Universitäre Lehre baut sogar beinahe ausschließlich auf einem selbständigen Lernprozess, ohne didaktische Einführung und ohne Lehrbücher, auf. Es

---

vielen Tanztrainings der Spiegel. Diese Praxis ist im Kampfkunsttraining jedoch stark eingeschränkt, weil die übenden Körperknäuel in der Regel sich selbst zugewandt sind. Außerdem ändern sie immer wieder die Bewegungsrichtung, was den Blick in einen statisch an der selben Stelle stehenden Spiegel zusätzlich erschwert.

[9] Diese Einsicht führte zu einer ironischen Wendung des Ausdrucks „learning by doing" zu „learning by earning" (z.B. Der Spiegel 50/1998).

wäre aber meines Erachtens falsch deshalb zu behaupten, man erlerne das Lehren im Alleingang. Vielmehr findet dieser Lernprozess in der Unterrichtssituation und damit gemeinsam mit den anwesenden Lernenden statt. Im Kampfkunsttraining basiert dieser „umgekehrte" Wissensvermittlungsprozess auf der doppelten Interaktion zwischen dem Trainer und der Gesamtheit der übenden Paare.

Während jede einzelne der Interaktionen im Paar und im Trio über einen eigenen Aufmerksamkeitsfokus verfügt, hat die zweite, gleichzeitig stattfindende Interaktion zwischen dem Trainer und den übenden Paaren kein festes Zentrum und keinen einzelnen, fixen Aufmerksamkeitsfokus. Der Blick des Trainers ist deshalb nicht zielstrebig auf ein bestimmtes Ereignis gerichtet, vielmehr schweift sein Blick solange über das Geschehen bis sich eine Gelegenheit zum Korrigieren ergibt. Dabei geht es eher um einen Überblick, ähnlich wie wenn man auf eine größere Menge Kinder aufpasst oder wenn man sich auf einer Party nach einer interessanten Small-Talk-Gruppe umschaut. Es findet „unfokussierte Interaktion" (Goffman 1963, S. 31ff.) statt, die auf visueller Kommunikation beruht und sich hier im Blicken des Trainers und im Üben der mit sich selbst beschäftigten Paare zeigt. Visuelle Kommunikation mag flüchtiger erscheinen als andere Formen der Kommunikation, weil das Auge sich schnell und gewissermaßen „unverfänglich" bewegt, sie ist aber tatsächlich ein ständiger Bestandteil fast aller kopräsenter Interaktionen und bezieht sich nicht selten auf die anwesenden Körper. Wie Erving Goffman (1971a, S. 43) pointiert formuliert, kann ein Mensch „zwar aufhören zu sprechen, er kann aber nicht aufhören, mit seinem Körper zu kommunizieren". Im Kampfkunsttraining stellt die auf Körper bezogene, aber primär visuelle Interaktion zwischen dem Trainer und den übenden Paaren ein wichtiges Element des Wissensvermittlungsprozesses dar. Im Laufe des Beobachtens der verschiedenen Paare erhält der Trainer nämlich zusätzliche Informationen über die vorangegangene Demonstration, den Ablauf und das Korrigieren:

Das laufende Beobachten mehrerer Übungspaare vermittelt dem Trainer erstens ein differenziertes Bild davon, wie seine *Demonstration* aufgenommen wurde. Machen im Extremfall alle Paare den gleichen Fehler, so kann er daraus schließen, dass dieses Element des Bewegungsablaufs für die Schüler in der Demonstration nicht klar genug erkennbar war. Machen alle Anfänger einen bestimmten Fehler, so zeigen sie damit, dass dieses Element Anfängern besondere Schwierigkeiten bereitet. Der Trainer bekommt also sowohl Feedback darüber, was seine Demonstration *diesen*

Schülern gezeigt hat,[10] als auch Hinweise dazu, was er in einer folgenden Demonstration zeigen oder hervorheben sollte. Ein Beispiel dafür findet sich im eben zitierten Protokollausschnitt über das Ausufern der Diskussion einiger Schüler in weitere Gespräche und das anschließende Entstehen einer Folgedemonstration. Das qualifizierte Beobachten mehrerer Übungspaare vermittelt zweitens ein differenzierteres Bild über den *Bewegungsablauf*. Der Trainer kann sehen, wie der gezeigte Bewegungsablauf von unterschiedlich großen, starken oder schweren sowie von unterschiedlich kompetenten Schülern umgesetzt wird. Er ist also zunächst der Einzige, der den Bewegungsablauf in verschiedenen Versionen sieht, während die Schüler nur eine Version, nämlich die des Trainers in der Demonstration, gesehen haben. Auch so entsteht weiteres Wissen über den Bewegungsablauf, über seine interne Logik und über mögliche Schwierigkeiten und Fehlerquellen. Für neue Schüler besteht, wie in Kapitel 2 dargestellt wurde, eine erste Herausforderung darin, zu sehen, was in der Demonstration gezeigt wird. In ähnlicher Form erfordert drittens das *Korrigieren* der übenden Paare vom Trainer einen spezifischen Blick für die sich paarweise bewegenden Körper, zumal die übenden Paare – im Gegensatz zum Trainer in der Demonstration – in aller Regel keine Blickführungselemente einsetzen. Für diesen Blick sind zum einen Fertigkeiten in Bezug auf die adäquate Positionierung des eigenen Körpers, also die physischen Voraussetzungen des Sehens ausschlaggebend, zum anderen die Fokussierung des Blicks auf die relevanten Details der Bewegungen des Paares. Auch die eingangs erwähnten Videomitschnitte können deshalb den Blick des Trainers auf die Situation nur teilweise wiedergeben. Während des Korrigierens der übenden Paare setzt sich der Trainer ständig beobachtend, zeigend und sprechend mit der Frage auseinander, was er neuen, besonders kleinen, großen, leichten oder schwachen Schülern zusätzlich erklären muss. Er erhält zudem Feedback zu seinen Korrekturen, wenn er den Paaren später noch einmal beim Üben zusieht.

Ich habe oben Sichtvorteile des Trainers gegenüber dem übenden Paar aufgezählt und damit festgehalten, dass der Trainer durch das Zuschauen Informationen über das Tun des übenden Paares erhält, die dem Paar selbst nur teilweise zugänglich sind. Dieser Effekt ist bei den Informationen, die der Trainer durch das Beobachten mehrerer Paare erhält, noch stärker ausgeprägt. Die einzelnen Paare haben gar keine Information darüber, wie sich das Bild ihres eigenen Übens in das Gesamtbild einträgt, das

---

[10] Die Frage, was er tatsächlich gezeigt hat und was er zeigen wollte, bleibt davon jedoch unberührt.

der Trainer beim Beobachten und Korrigieren mehrerer Paare erhält. Die Körper der Schüler werden deshalb im Zuge dieser doppelten Interaktion in einem streng metaphorischen Sinn zu „Displays" (Goffman 1979a), auf denen der Trainer „lesen" kann, die aber ihrerseits nicht wissen können, was sie darstellen.[11]

Resümee: Explizites und implizites Zeigen

Im Laufe des Trainings wechseln Demonstrations- und Übungsphasen einander ab. Während einer Demonstration finden zwar zwei Interaktionen gleichzeitig statt, sie haben aber ein gemeinsames Aufmerksamkeitszentrum. Beginnen die Schüler zu üben, so verändert sich die Situation gerade auch in dieser Hinsicht merklich, denn aus einem Aufmerksamkeitszentrum entwickeln sich mehrere. Die polyfokale Situation des Übens setzt sich aus folgenden drei Interaktionsformen zusammen: Erstens finden wir eine ständige Interaktion innerhalb der Paare, wodurch mehrere Aufmerksamkeitszentren entstehen. Dazu kommen, zweitens, die laufend entstehenden, aber nur sehr kurzlebigen triadischen Interaktionen zwischen dem Trainer und einem Paar, und drittens die unfokussierte Interaktion zwischen allen Paaren und dem Trainer, im Zuge derer der Trainer aus der Gesamtheit der Bewegungen der Schüler über die Demonstration, den Bewegungsablauf und die Tätigkeit des Unterrichtens lernt.

Diese komplexe Interaktionsform während des Übens ist, wie die Demonstration, Teil des Wissensvermittlungsprozesses im Kampfkunst-Training. Im Gegensatz zur Demonstration, im Zuge derer ein stark gelenkter Wissensvermittlungsprozess stattfindet, liegt der Schwerpunkt beim Üben auf eigenständigen Wissens*aneignungs*prozessen. Dabei dominiert in der „Innenkommunikation" der Paare somatische, in der „Außenkommunikation" findet sich primär visuelle Wissensvermittlung. Während des eigenen Übens lernen die Schüler aus jenen Bewegungen, die ihre Körper durchführen, bzw. aus dem Feedback des Partnerkörpers. Gleichzeitig vermitteln sie aber – ob sie wollen oder nicht – auch dem Trainer in gewisser Weise Wissen, indem sie nichts weiter tun als sichtbar nachzumachen, was sie zuvor wahrgenommen haben. Wir finden hier also neben dem lehrer-

---

[11] Auch an dieser Stelle haben die nach wie vor immer wieder bemühten Sender-Empfänger-Modelle der Kommunikation einen empfindlichen Schwachpunkt: Der Trainer sieht ein Gesamtbild, nicht einzelne gesendete Botschaften. Die von ihm „empfangene" Botschaft lässt sich deshalb in keiner Form auf die Einzelbeiträge zurückführen.

haften Demonstrieren ein schülerhaftes, neben dem expliziten Zeigen ein implizites, und es sind diese Interaktionen, in denen die Kampfkunst als Praxis vermittelt und fortgesponnen wird. Wie das genau geschieht, soll im nächsten Kapitel ausgeführt werden.

5 Transsequentielle Kommunikation

Im Verlauf des Kampfkunsttrainings finden sich die Teilnehmer, wie bereits ausgeführt wurde, in verschiedenen Konstellationen zusammen. Nicht nur die räumliche Anordnung der Körper ist in dieser Weise selbsterklärend, sondern auch die mit der jeweiligen Konstellation verbundene Nutzung des Raumes für Bewegungen. Bislang wurden die Interaktionen innerhalb dieser Konstellationen beschrieben, ohne auf die Zusammenhänge zwischen ihnen einzugehen oder darauf, wie Wissen über die einzelnen Trainingsphasen hinweg transferiert wird. Genau diese Fragen bilden den Fokus des folgenden Kapitels.

Man unterscheidet in der Soziologie normalerweise zwischen der Kommunikation unter Anwesenden (also Interaktion) und der Kommunikation unter Abwesenden und fokussiert so auf Situationen. Dabei wird ein gewissermaßen dazwischen angesiedeltes Phänomen übergangen, nämlich wie sich Kommunikation über verschiedene Phasen eines sozialen Ereignisses hinweg fortsetzt, was jedoch für die Frage nach den Modi von Wissensvermittlung (nicht nur im Kampfkunsttraining) entscheidend ist. Ich unterscheide deshalb im Folgenden drei Typen von Kommunikation: erstens die Kommunikation innerhalb der jeweiligen Konstellation, zweitens transsequentielle Kommunikation und drittens transsituative Kommunikation.

Betrachten wir zunächst Kommunikation innerhalb der jeweiligen Konstellation, also Kommunikation in ihren einfachsten Form. Sie beruht darauf, dass eine Kette von Äußerungen entsteht, im Zuge derer Mitteilungen transferiert werden. Kommunikation lässt sich deshalb besonders leicht feststellen und analysieren, wenn vorwiegend über das Medium der Sprache kommunziert wird. Telefongespräche bilden einen Grenzfall für Interaktion, weil die „Anwesenden" räumlich getrennt sind. Gleichzeitig sind sie aber genau deshalb ein besonders informativer Fall für grundlegende Fragen zu Verlaufsformen von Kommunikation innerhalb von Interaktionen. Das technische Artefakt stellt nämlich eine rein hörbare Form der Anwesenheit her und schafft so einen empirischen Fall von Interaktion, die nur auf sprachlichen und parasprachlichen Äußerungen wie Räuspern oder Schweigen beruht. Detaillierte Studien zur formalen Organisation solcher verbaler Interaktionsprozesse gehen vor allem auf die frühe Konversationsanalyse zurück. Es wurde gezeigt, wie einzelne Redezüge sich aneinander reihen (Sacks u.a. 1974) und betont, dass der Sinn jedes einzelnen Zugs erst durch den folgenden festgelegt werde (Sacks u.a. 1974, 728f.). Ebenso macht, so betonte Goffman, jeder Redezug Vorgaben für kommende Züge (Goffman 2005). Die Äußerung „Du warst doch letztes Jahr in Japan" gibt dem Angesprochenen die Möglichkeit, mit einer Erzählung über Erlebnisse in Japan zu reagieren, mit einer Korrektur „Nein, nicht letztes Jahr ..." oder „In Japan? Nein." oder auch mit dem Weiterreichen des Redezugs an Dritte „Ja, aber das muss dir Anna erzählen ...". Die Antwort legt den Sinn des vorherigen Redezugs fest, denn er wird erst durch die Antwort zu einer Erzählaufforderung oder zu einer (falschen) Vermutung. Sie muss jedoch auch eine erkennbare Passung zum vorigen Redezug aufweisen. Lautet die Antwort beispielsweise „13", so würde sie vermutlich sprachliche Korrekturarbeit wie „Nein, ich fragte nach deiner Konferenz in Japan" provozieren. Die einzelnen Äußerungen transportieren also Mitteilungen sowohl über den vergangenen als auch über den kommenden Redezug.

Ist nun zusätzlich räumliche Kopräsenz der Kommunizierenden gegeben, so dehnt sich das Kommunikationsgeschehen auf visuelle Darstellungen und Wahrnehmungen aus, auf die – wie einleitend erwähnt – Erving Goffman (1971a/b, 1979b) in zahlreichen Studien hinwies. Auch sie werden in Zusammenhang mit den visuellen Darstellungen der anderen Situationsteilnehmer gebracht, lassen sich aber nicht so klar in sequentiell aneinander anschließende Züge einteilen. Goffman spricht von „Displays", die – ähnlich wie verbale Äußerungen – die Wahrnehmung des Gegenübers lenken. Sie geben Auskunft über Stimmungen, aber auch über sozialstrukturelle Zugehörigkeit und über die Beziehung der verschiedenen Interaktionspartner zueinander (Goffman 1979a). Unterwürfigkeit beispielsweise bringt man besser durch eine devote Selbstdarstellung zur Geltung als durch Beteuerungen. Umgekehrt kann ein Chef die unterwürfige Haltung des Angestellten mit herablassender oder jovialer Haltung beantworten, sodass die Frage der Hierarchie auf der Ebene der visuellen Selbstdarstellungen kommuniziert wird. Die sprachliche Kommunikation kann dann den Ausdruck von Hierarchie weitgehend vernachlässigen und sich auf „Fakten" konzentrieren. Kurz: Man gibt durch Mimik, Gestik, Kleidung, Haltung, mitgeführte Artefakte und dgl. Auskunft darüber, wie man seine

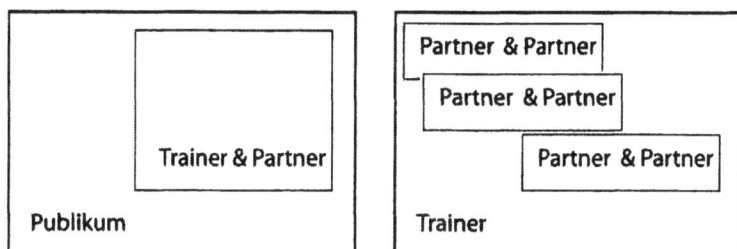

```
┌─────────────────────────┐   ┌─────────────────────────┐
│   ┌─────────────────┐   │   │ ┌─────────────────┐     │
│   │                 │   │   │ │ Partner & Partner│     │
│   │                 │   │   │ └───┬─────────────┴──┐  │
│   │                 │   │   │    │ Partner & Partner│  │
│   │ Trainer & Partner│  │   │    └────┬────────────┴──┐│
│   │                 │   │   │        │ Partner & Partner││
│   └─────────────────┘   │   │        └────────────────┘│
│ Publikum                │   │ Trainer                  │
└─────────────────────────┘   └─────────────────────────┘
```

Abbildung 5.1: Dreiteilige Kommunikation

Umwelt wahrnimmt; eine Auskunft, auf die die Umwelt ihrerseits durch Mimik, Gestik, etc. antwortet. Diese Auskünfte können, müssen aber im Gegensatz zu verbalen Äußerungen nicht adressiert werden. Man kann allgemeiner sagen, dass Kommunikation unter räumlich Anwesenden eine wechselseitige Wahrnehmung des jeweils Dargestellten erfordert, oder genauer: dass Elemente der Selbstdarstellung als Mitteilung aufgefasst werden. Über diese, von Goffman aufgegriffene visuelle Ebene hinaus wurden in der Actor-Network Theory die Interaktionsbeiträge von Dingen betont und es lässt sich ebenso eine somatische Ebene festmachen. Man denke etwa an Schlagen, Schubsen, Schieben, Küssen oder Sex. Auch verschränken, verknüpfen und verstärken sich die – in dieser Form analytisch getrennten – Kommunikationsformen etwa in der Praxis des Anschreiens oder des Hindeutens. Auf dieser Ebene lassen sich Interaktionsbeiträge also relativ leicht in vier Formen von Kommunikation aufgliedern, deren Systematik sich an die in diesem Buch interessierenden vier Formen von Wissensvermittlung anlehnt. Offen bleibt aber, wie nicht nur Kommunikation, sondern auch Wissensvermittlung stattfinden kann, wie also aus Interaktionsbeiträgen Explikationspraktiken werden.

Kommen wir zurück zur Kommunikation im Kampfkunsttraining: Es steht außer Frage, dass innerhalb der einzelnen Trainingsphasen Kommunikation zwischen den Teilnehmern stattfindet. Sie findet jedoch, wie beschrieben wurde, innerhalb einer relativ komplexen Interaktion statt. Der Trainer kommuniziert während einer Demonstration sowohl mit seinem Partner als auch mit dem Publikum. Während des Übens wiederum interagieren die Partner miteinander und der Trainer schaut zu. Er fasst damit das Tun der Schülerkörper als Hinweis zu ihrem Wissensstand auf, weshalb auch hier Kommunikation stattfindet. Diese dreiteilig geformten Kommunikationen sind in Abbildung 5.1 in Form einer Graphik dargestellt.

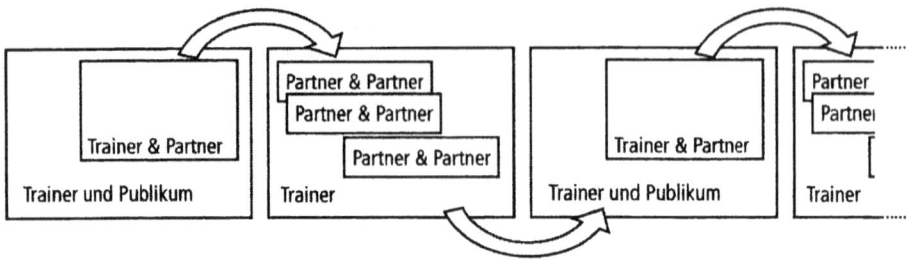

Abbildung 5.2: Transsequentielle Kommunikation

Nun kann man zudem mit gutem Grund davon ausgehen, dass die sich ab-wechselnden Trainingsphasen in Zusammenhang miteinander stehen: Sie finden im Verlauf der selben Trainingseinheit und am gleichen Ort statt und wechseln einander ab. Es gibt also eine räumliche und zeitliche Kop-pelung. Auch nehmen die selben Personen teil und es besteht eine relativ hohe äußere Ähnlichkeit zwischen den vorgeführten und den geübten Be-wegungsabläufen. Was die Schüler zeigen, ist zwar ihr Wissensstand, sie drücken diesen jedoch anhand von Bewegungsabläufen aus, die sie zuvor in der Demonstration beobachtet haben. Umgekehrt orientiert der Trai-ner jede spätere Demonstration an jenem Wissensstand der Schüler, den er anhand ihrer Bewegungsabläufe während des Übens beobachtet hat. Er zeigt also einen „Soll-Wissensstand", der auf Bewegungsabläufen aus den vorhergehenden Trainingsphasen aufbaut. Die Kommunikation in jeder dieser Trainingsphasen beruht deshalb auch auf Kommunikation, die in einer vorherigen Phase stattgefunden hat. Die Teilnehmer kommunizieren also nicht nur innerhalb der jeweiligen Trainingsphase, sondern – und das ist zentral für meine Argumentation in diesem Kapitel – auch über sie hin-weg. Die Schüler zeigen beim Üben, was sie in der Demonstration gesehen haben. Der Trainer beobachtet sie und gibt in der nächsten Demonstrati-on weitere Hinweise auf Basis dessen, was er beim Üben beobachtet hat. Die Mitteilungen einer Trainingsphase werden nicht nur innerhalb die-ser Phase transferiert, sondern in die folgenden hineingetragen, ähnlich wie die Handlung eines Filmes über die einzelnen Szenen hinweg erzählt wird. Ich werde diese Form der Kommunikation über die Trainingsphasen hinweg im Folgenden als „transsequentielle Kommunikation" bezeichnen (Abb. 5.2).

Außerdem wird die Kommunikation mit dem Ende der Trainingsstunde nicht endgültig beendet, wie das beispielsweise bei vielen Vorträgen der Fall ist, sondern vielmehr in den nächsten Trainingsstunden fortgeführt.

Auch finden dazwischen intervenierende Kommunikationen statt, wenn jemand etwa ein Handbuch liest, außerhalb des Trainings über Ninjutsu spricht oder mit einem Partner privat trainiert. Es gilt deshalb auch hier, was Thomas Scheffer für gerichtliche Verhandlungen festhält: „Die Beiträge werden nicht erst in der Situation hergestellt, sondern als Halbprodukte *importiert*" (Scheffer 2001, S. 29, Herv. Orig.). Die Kommunikationen in den einzelnen Trainingsstunden sind nicht allein aus sich heraus zu verstehen, sondern auch als Teile einer transsituativen Kommunikation über die einzelnen Trainingsstunden hinweg. Diese ist, im Unterschied zur Kommunikation unter Anwesenden, auf Kommunikationsmedien angewiesen, die sich von einer Situation zur anderen transferieren lassen. Soll ein Beitrag auch nach dem Ende der Situation „mobil" sein, soll er also zu einer Mitteilung werden, so muss der „Flüchtigkeit des Sozialen" (Bergmann 1985) eine, wie immer geartete Fixierung entgegensetzt werden. Klassische Medien transsituativer Kommunikation sind deshalb Texte, Bilder (Filme) und – wie die Actor-Network Theory argumentiert – Dinge. So unterstützen Beweismittel die Kommunikation zwischen Polizei und Gerichten,[1] Dokumente die Kommunikation zwischen verschiedenen Behörden, die primär auf der Basis eines Ausweises Fall und Person verbinden (Scheffer 2001, S. 189ff.), oder Emails und Briefe die Kommunikation zwischen räumlich und zeitlich getrennten Personen. Auch hier bietet sich eine körpersoziologische Erweiterung an: Es sind nicht nur Dinge, Texte und Bilder, die Wissen von Situation zu Situation transportieren, sondern auch Körper. Sie lernen Bewegungs- und Reaktionsmuster, die sie – wie Halbprodukte – in anderen Situationen erneut einsetzen. Pierre Bourdieu entwickelte mit Blick auf soziale Distinktionsprozesse das Konzept des Habitus um eine gewisse Trägheit körperlicher, aber auch entscheidungsbezogener Gewohnheiten zu argumentieren, die soziale (Ungleichheits-)strukturen weitertragen. Ich möchte diesem Gedanken eine stärker prozessualistische Wendung geben. Körper tragen zwar Wissen von Situation zu Situation, von Moment zu Moment; jeder Moment, jede Situation bringt aber – zumindest minimale – Veränderungen dieses Wissen mit sich. Es sind eben nicht Fertigprodukte, die sich über die Situationen und durch das Leben bewegen.

Das Wissen des Ninjutsu-Trainings wird also, so lässt sich zusammenfassend festhalten, innerhalb der einzelnen Phasen, über sie hinweg und

---

[1] Auch hier gilt, dass Beweismittel wie andere Kommunikationsmedien nicht quasi automatisch vollständig in die Kommunikation eingehen, sondern relevant (gemacht) werden müssen. Aussagen aus polizeilichen Verhören etwa können im Laufe eines Gerichtsverfahrens in unterschiedlicher Form relevant werden oder eben nicht (Scheffer 2003).

über die einzelnen Trainingsstunden hinweg kommuniziert. Wie aber entstehen transsequentielle und transsituative Kommunikation? Wie werden Beiträge zu Mitteilungen und als solche von Sequenz zu Sequenz und von einer Situation zur anderen transferiert? Welche kommunikativen Praktiken kommen zum Einsatz?

Ich werde im Folgenden zunächst vier Praktiken der transsequentiellen Kommunikation im Ninjutsu-Training diskutieren: verbale Marker, Bewegungen, Bewegungsabläufe und ihre Varianten. Sie hinterlassen Spuren des Ninjutsu-Wissens, die den Kommunikationsprozess ermöglichen und aufrecht erhalten und leisten so sukzessive eine Explikation des Kampfkunstwissens. Verbale Marker (Abschnitt 5.1) vermitteln so gut wie kein inhaltliches Wissen, sie betonen jedoch den Zeitpunkt wichtiger Mitteilungen. Bewegungen (Abschnitt 5.2) transferieren Wissen über ihre eigene Verlaufslogik und damit eine erste Idee über Elemente des Ninjutsu. Erst Bewegungsabläufe (Abschnitt 5.3) schließlich vermitteln detailliertes Wissen über im Sinne des Ninjutsu „korrekte" Bewegungsmuster und über Einsatzmöglichkeiten der Einzelbewegungen. Mithilfe von Varianten eines eben gezeigten Ablaufs (Abschnitt 5.4) lässt sich zeigen, wie man unterschiedliche, und dennoch im Sinne des Ninjutsu gleichermaßen „korrekte" Varianten entwickelt.

Abschließend (Abschnitt 5.5) werde ich auf Notizen als eine weitere Form der Explikation des Kampfkunstwissens eingehen. Diese kommen als schriftliche Produkte nicht während des Trainings, also nicht innerhalb einer Kommunikation unter Anwesenden, zum Einsatz. Sie unterstützen jedoch in Form von transsituativer Kommunikation den Transfer des Wissens über die geübten Bewegungen und Bewegungsabläufe in spätere Trainingsstunden.

5.1 Verbale Marker

„Interessant wäre zu wissen," fragt Pierre Bourdieu (1992, S. 206) „ob es der Worte bedarf, um dem Körper bestimmte Dinge beizubringen, ob es, wenn man mittels Wörter zum Körper spricht, die theoretisch, wissenschaftlich richtige Wörter sind, mit denen dem Körper am besten etwas beigebracht werden kann, oder ob es nicht vielmehr häufig solche Wörter sind, die nichts mit einer adäquaten Beschreibung von dem, was man weitergeben möchte, zu tun haben, durch die der Körper am besten lernt."

Diese Frage war bereits im zweiten Kapitel relevant, als Transkripte der Demonstrationen diskutiert wurden. Es wurde gezeigt, dass die, die Demonstrationen begleitenden, Äußerungen des Trainers nicht als Beschreibungen der gezeigten Tätigkeit fungieren, sondern als ein verbales Zeigen auf wichtige Elemente der Demonstration. Sie unterstützen das (verstehende) Sehen des in der Demonstration Gezeigten.

Verbale Äußerungen sind jedoch nicht nur auf diese, im strengen Sinne situative Leistung, beschränkt. Sie leisten über die Unterstützung des Sehens hinaus einen Beitrag zur Vermittlung zwischen Demonstration und Üben, das heißt zur Kopplung des Übens an das Gezeigte. Diese Kopplung beruht darauf, dass nicht einfach irgendwelche Äußerungen getätigt werden, sondern auffällige, merkbare Ausdrücke in die verbalen Äußerungen eingebaut werden. Diese markieren eine bestimmte Bewegung oder auch einen ganzen Bewegungsablauf, sie benennen ihn gewissermaßen. Taucht der merkbare Ausdruck auf, evoziert er eine Erinnerung an die bezeichnete Bewegung oder den gesamten Bewegungsablauf. Solche merkbaren Ausdrücke werden im Folgenden als „verbale Marker" bezeichnet. Sie sind in verschiedenen Formen zu finden: als ethnosemantische Begriffe zur stabilen Bezeichnung spezifischer Bewegungen und Positionen, aber auch – mit geringerer Reichweite – als idiosynkratische Begriffe, als Metaphern und als Phrasen.

In Form *ethnosemantischer Begriffe* finden sich verbale Marker in der Verwendung japanischer (und teilweise englischer) Ausdrücke zur Bezeichnung von Schlägen, Bewegungen oder Körperstellungen. Ein solcher, subkulturspezifischer Sprachgebrauch entsteht in einer funktional, aber nicht räumlich differenzierten Gesellschaft und ermöglicht es den Mitgliedern einer Subkultur sprachlich Zugehörigkeit auszudrücken (Brosziewski/Maeder 1997). Erlernt man eine dezidiert japanische Kampfkunst, so liegt es nahe, japanische Ausdrücke in die „Fachsprache" dieser Kampfkunst zu integrieren und auf diese Weise einen hörbaren Bezug zur japanischen Kultur herzustellen. Die auf Ausdrücke für Schläge, Kampfbewegungen und Körperstellungen eingeschränkte Nutzung des japanischen Vokabulars wiederum verdeutlicht die Zugehörigkeit zu einer Kampfkunstkultur. Die Verwendung dieser japanischen Wörter bietet so einem Zuhörer an, den Sprecher als Teilnehmer einer Kampfkunstkultur wahrzunehmen. In ähnlicher Form erleichtert die Markierung einzelner Bewegungen mit japanischen Wörtern die Wahrnehmung und Zuordnung dieser Bewegungen. Sie lassen sich später aus der Vielzahl anderer Bewegungen isolieren, sie werden erkennbar und kategorisierbar. Das folgende Protokoll zeigt, wie ein solcher Terminus, „Ichimonji", in einer Trainingsstunde etabliert wird:

Der Trainer zeigt einen sehr kurzen Bewegungslauf: Die Partner sind einander zugewandt, sie stehen etwa eineinhalb Meter voneinander entfernt. Der Bewegungsablauf sieht vor, sich mit einem Schritt dem Partner zu nähern, einen Schlag ins Gesicht anzudeuten und – nach wie vor ihm zugewandt – wieder einen Schritt von ihm weg zu machen und schließlich in einer Position namens „Ichimonji" zum Stehen zu kommen. Die Idee sei, so sagt er, dass man das Schlagen nicht nur als isolierte Bewegung, sondern auch als Teil einer Bewegungsabfolge üben solle. Nun werde geübt, wie man sich aktiv aus der Schlagdistanz entfernen könne, ohne verletzbar zu sein. Man kann – so ergänze ich gedanklich für mich – dem Gegner schließlich nach einem Schlag schwerlich den Rücken zudrehen und weggehen. Stattdessen muss man ihn weiterhin im Auge behalten und bereit sein, einen eventuellen Gegenangriff abzuwehren. Wir üben den Bewegungsablauf zunächst in einer für die Übungsphase untypischen Formation, nämlich in zwei einander zugewandten Reihen. Der Trainer legt fest, welche Reihe den Bewegungsablauf nun üben wird und kommandiert die Übung mit den Worten „Eins-Zwei-Zurück in Ichimonji!". Die Schüler folgen diesem Kommando, ihre Körper bewegen sich beinahe synchron. Das wiederholt sich etwa fünf Mal, dann wird gewechselt und die andere Reihe übt den Bewegungsablauf.

In dieser Episode dient der Ausdruck „Ichimonji" zur Markierung eines Elementes des geübten Bewegungsablaufs. Dieser Effekt wird verstärkt, wenn sich das markierte Element – so wie es hier der Fall ist – in einer Umgebung nicht spezifisch markierter Bewegungen befindet. Die anderen drei Elemente des Bewegungsablaufs werden zwar geübt und durch das Kommando „Eins-Zwei-Zurück" einer Reihenfolge zugeordnet, aber in dieser Situation nicht spezifisch markiert. Denkbar wäre die Markierung eines anderen Elements des gleichen Bewegungsablaufs. Sollte beispielsweise die Ausführung des Schlages gezielt geübt werden, so könnte das Kommando „Eins-Schlag-Drei-Vier" lauten.

Die Markierung von Positionen, Bewegungen oder Bewegungsabfolgen mithilfe japanischer Termini wird relativ strikt gehandhabt. Es ist eine bestimmte Position oder Bewegung, die mit dem jeweiligen Terminus belegt und als solche geübt wird. Durch diese strikte Handhabung sind die Positionen oder Bewegungen nicht nur innerhalb des Trainings erkennbar, sondern lassen sich auch in Zusammenhang bringen mit den Darstellungen in verschiedenen Ninjutsu-Handbüchern. So findet sich in einem englischsprachigen Handbuch Masaaki Hatsumis ein Bild (sehr ähnlich jenem in Abb. 5.3) und folgender Text zur Position „Ichimonji":

Abbildung 5.3: Ichimonji

The *ichimonji* pose is assumed as the body slides back and away from the attack. The rear leg carries most of the weight and the leading leg holds the body upright. The shoulders are relaxed and low, and the open hands protect the face and body or intercept the attackers advance (Hatsumi 1981, S. 41, Herv. Orig.).

Wie man diesem Text leicht entnehmen kann, gibt das Handbuch zwar Hinweise zum geeigneten Einsatz der Position (für den Rückzug aus dem Kampfgeschehen), es gibt aber keine genauen Hinweise dazu, wie sich die Position in den Bewegungsablauf eines Kampfes einbauen lässt. Auch wird auf der nächsten Seite nicht etwa eine mögliche Anschlussbewegung beschrieben, sondern eine weitere Position. Das Handbuch ermöglicht also, verschiedene Positionen zu unterscheiden, es erläutert aber nicht, wie sie sich in einem eventuellen Kampfgeschehen einsetzen lassen. Der Ausdruck „Ichimonji" markiert im Handbuch ein Bild, eine unbewegte Position. Im Training markiert der selbe Ausdruck eine Position im Verlauf einer Bewegungskette.

Hier liegt der Grund für ein bemerkenswertes Phänomen: Handbücher sind nicht für jeden in der gleichen Form lesbar. Sie sind, so formuliert George Girton in seiner Studie über Kung Fu, nicht diskursiv zu lesen, sondern nur praxeologisch (Girton 1986, S. 63), also vor dem Hintergrund bereits gemachter Erfahrung, in diesem Fall vor dem Hintergrund bereits bekannter Bewegungen oder Bewegungsabläufe. Kennt man die Bewegung, so sieht man die im Handbuch beschriebene Position als das Ende einer Rückzugsbewegung, als eine Position außerhalb des direkten Kampfgeschehens, aus der man sich aber auch wieder ins Kampfgeschehen bewegen kann. Kennt man die Bewegung nicht, so sieht man nur eine unbewegte Position, keine Bewegung und deshalb auch keine Gelegen-

Abbildung 5.4: Ausgangsposition der Flugrolle

heit, die Position als Element eines Bewegungsablaufs einzusetzen.[2] Dieser Effekt lässt sich leicht nachvollziehen, wenn man das folgende Bild der Ausgangs- und Endposition einer „Flugrolle" (Abb. 5.4) mit der auf Seite 164 abgedruckten Abbildung der Details der Bewegung (Abb. 5.5) vergleicht: Kennt man nur das erste Bild, so sieht man eine Körperhaltung. In der späteren Abbildung der Details hingegen lässt sich die Bewegung der Flugrolle nachvollziehen. Betrachtet man nun Abbildung 5.4 vor dem Hintergrund der späteren Abbildung erneut, so erscheint die Körperhaltung als Ausgangs- bzw. Endposition einer Flugrolle. Der zuvor erwähnte verbale Marker „Ichimonji" erleichtert daher nicht nur den Transfer eines bestimmten Elementes eines Bewegungsablaufs von der Demonstration zum Üben, er ermöglicht außerdem eine praxeologische Lektüre von Handbüchern. Die Verwendung von Termini des Ninjutsu-Jargons als verbale Marker produziert also in zwei Formen Kommunikation über die aktuelle Interaktion hinaus: Zum einen wird transsituative Kommunikation zwischen weder zeitlich noch örtlich kopräsenten Teilnehmern ermöglicht, denn das Buch wird in Folge des Übens praxeologisch lesbar. Zum anderen betont der Terminus ein Element des Bewegungsablaufs, das so als Schwerpunkt der Übung erkennbar und memorierbar wird.

Die Markierung einer Position innerhalb einer Bewegung oder eines Handbuchs ermöglicht das Wiedererkennen und das Erinnern der Position. Dieses Phänomen lässt sich an den japanischen Termini des Ninjutsu-Jargons besonders deutlich zeigen, es findet sich aber auch in *idiosyn-*

---

[2] Erving Goffman (1979b, S. 25f.) macht ein ähnliches Phänomen zum Ausgangspunkt für seinen Vorschlag der Analyse von Werbefotografien. Er argumentiert, dass gute Werbefotografien nicht nur ein Bild liefern, sondern Szenen darstellen. Wir nehmen das Standbild wahr und sehen darin eine Begebenheit. Dieses in den Werbefotografien abgebildete Wissen über Begebenheiten sei instruktiv für die Analyse.

kratischen Ausdrücken. Ein Beispiel dafür findet sich in der bereits im zweiten Kapitel diskutierten Szene: Der Trainer zeigt einen Bewegungsablauf und kommentiert eine seiner Bewegungen mit dem Hinweis „Von hier: Sichern!" (siehe S. 98). „Sichern" ist für sich genommen ebenso unverständlich wie der Ausdruck „Ichimonji", denn es gibt keine Bewegung, die man als durchschnittlicher Nutzer der deutschen Sprache mit dem Wort „sichern" verbinden würde. Erst die spezifische Nutzung des Wortes zur Bezeichnung von bestimmten Bewegungen macht den Ausdruck zu einem Bestandteil des Kampfkunst-Jargons. Die gezeigte Bewegung wird deshalb erst durch den Kommentar des Trainers einem Bewegungstypus „Sichern" zugeordnet oder genauer: Einem Element der gezeigten Bewegungskette wird diese Bedeutung zugeschrieben. Die solcherart markierte Bewegung wird damit als Bewegung erkennbar, mithilfe derer man versucht, Bewegungen des Gegners zu verhindern. Auch hier wird der verbale Marker in eine Abfolge unspezifischer, oder präziser formuliert, in eine Abfolge „indexikalischer" (Garfinkel 1967, S. 4ff.) Ausdrücke eingebaut. „Von hier" lenkt nicht nur die Aufmerksamkeit auf die nun kommende Bewegung, sondern markiert auch einen Punkt im Verlauf der gezeigten Bewegungskette: jenen Punkt, an dem die spezifische, die verbal markierte Bewegung folgen wird. Verbale Marker dieses Typs sind weniger stark standardisiert als die zuvor beschriebenen japanischen Termini, sie sind aber dennoch nicht völlig beliebig einsetzbar. Die meisten Bewegungen eignen sich aus der Sicht des Ninjutsu für bestimmte Einsätze und für andere nicht. Die Markierung einer Bewegung mit einer Bedeutung wie „Sichern" dient daher dem transsequentiellen Transfer von Wissen während des Ninjutsu-Trainings, lässt sich aber nicht so ohne weiteres mit der Lektüre von Handbüchern in Zusammenhang bringen.

Eine weitere, aber gänzlich unstandardisierte Form des verbalen Markers findet sich im Gebrauch von *Metaphern.* Ein Kommentar zu einer gezeigten Bewegung wie „Er krabbelt Stück für Stück mit den Händen" ist weder als Terminus eines Fachjargons noch als Hinweis zu einer spezifischen Bedeutung im Bewegungsablauf verständlich, sondern ist eine nur auf diese Demonstration bezogene metaphorische Bezeichnung der gezeigten Bewegung. Die Nutzung gerade des feldfremden und deshalb außergewöhnlichen Ausdrucks „krabbeln" macht diesen zu einem auffälligen und deshalb leicht merkbaren Ausdruck. Der Zweck einer Metapher zur Markierung eines Elementes aus dem Bewegungsablauf besteht jedoch nicht darin, dieses längerfristig mit dem verwendeten Ausdruck zu kennzeichnen. Vielmehr dient die Metapher dazu, die Bewegung in dieser einen

Demonstration zu bezeichnen. Sie lässt sich dadurch leichter in das dar-
auffolgende Üben transferieren, wird aber in den meisten Fällen über den
aktuellen Einsatz hinaus nicht als Bezeichnung einer Bewegung beibehalten.

Verbale Marker gibt es nicht nur in Form einzelner Wörter, sondern auch
in Form von *Phrasen*, von zusammenhängenden Wortgruppen, die nicht
unbedingt einen vollständigen Satz bilden. Das folgende Protokoll beschäftigt sich erneut mit der Position „Ichimonji", es stammt aus einer
späteren Trainingsstunde.

> Ich bin etwas zu früh im Trainingsraum, es fehlen noch etwa 15 Minuten bis
> zum Trainingsbeginn. Ein erfahrener Schüler kommt auf mich zu und bietet mir
> an, noch kurz zu üben. Wir üben eine der Grundstellungen, die oben erwähnte
> „Ichimonji"-Stellung, die ich in der Trainingsstunde davor erst kennengelernt hatte.
> Ich übe diese Position also erst zum zweiten Mal und bin deshalb sehr unsicher.
> Offenbar mache ich einiges falsch, denn mein Partner korrigiert immer und immer
> wieder. Dann macht er Hinweise wie „Beine weit gegrätscht halten, Gewicht zu
> 30% vorne, 70% hinten" oder „Oberkörper locker halten, Hüfte schräg nach vorne
> drehen!", „Halte diese Hand locker, etwa 30 cm vom Gesicht entfernt, so dass die
> Fingerspitzen auf Höhe vom Kinn sind".

Das Protokoll macht deutlich, dass die Position „Ichimonji" dank der Markierung zwar erinnert und wiedererkannt wird, dass sie jedoch zum Zeitpunkt dieses Protokolls noch nicht einmal annähernd vollständig erlernt
wurde. Die Hinweise des erfahrenen Schülers fallen durch eine Häufung
„objektiver" Ausdrücke im Sinne Garfinkels (1967, S. 4ff.) wie „30 cm
vom Gesicht entfernt" auf. Sie lassen sich nur auf statische Positionen,
nicht auf Bewegungsabläufe anwenden. Sie lassen sich außerdem nicht in
der vorgeblichen Genauigkeit umsetzen, sondern sind als Näherungswerte
zu verstehen. Der Ausdruck besagt nicht mehr als der oben zitierte Text
in Hatsumis Handbuch: Das Gewicht ist hauptsächlich auf dem hinteren
Bein. Die vorgebliche Genauigkeit des objektiven Ausdrucks macht diesen
jedoch besonders gut memorierbar. Die körperliche Erfahrung dazu muss
die Kampfkunstschülerin jedoch selbst erzeugen, indem sie den Hinweis
zur Positionierung des Körpers umsetzt. Unter Umständen entsteht so
ein leibliches Gefühl für „30% vorne, 70% hinten", also dafür, wie es sich
anfühlt, die Hauptlast auf das hintere Bein zu setzen. Die Leistung des
objektiven Ausdrucks besteht nicht darin, genauere Auskünfte zu geben
als ein indexikalischer Ausdruck es könnte, letztere wären vermutlich sogar genauer, sondern sie besteht darin, einen gut merkbaren Ausdruck
(„30% vorne, 70% hinten") für eine leibliche Erfahrung zu etablieren.

Verbale Marker bezeichnen nicht nur Bewegungen oder Bewegungsabläufe, sondern geben zudem Hinweise darauf, wie die jeweilige Bewegung beobachtet werden soll. Das folgende Protokoll zeigt, wie eine zunächst kryptisch klingende Äußerung (die Bewegung starte mit den Händen, der Körper folge dann schon) zunächst den Blick auf die vorgemachte Bewegung und danach auch die Versuche, diese nachzumachen, prägt.

> Wir machen an diesem Tag Schlagübungen, das heißt wir üben zum einen unterschiedliche Formen einen Gegner zu schlagen, zum anderen wie man diese Schläge abwehrt. Zunächst sehen die Übungen nicht allzu kompliziert aus. Ähnlich wie bei der „Ichimonji"-Übung machen wir einen Schritt auf den Partner zu, schlagen und entfernen uns wieder – nur ist dieses Mal der Schlag im Fokus des Übens. Es dauert allerdings nicht lange bis mir klar wird, dass hier eine Form des Schlagens geübt wird, die mir bislang völlig unbekannt war.
>
> Die Bewegung, so sagt mir der Trainer, beginne mit den Händen, der Körper folge dann schon von selbst. Der Ellenbogen müsse flexibel sein, aber auch nicht zu sehr. Während der Trainer spricht, macht er die Bewegung mit seinem eigenen Körper vor. Seine besonders deutlich ausgeführten Bewegungen betonen, wie seine Faust die Bewegung des gesamten Körpers führt. Er macht den Schlag zunächst nur mit der Faust, die Schulter folgt, dann erst der Oberkörper, ganz so als würde die Bewegung der Faust den Körper Stück für Stück nachziehen. Ich sehe also, dank dieses Kommentars und seiner betonten Bewegungen, wie sein Körper den schlagenden Fäusten folgt. Als ich wenig später wieder mit meinem Partner übe, versuche ich, dem Hinweis folgend, die Bewegung mit den Fäusten zu starten und den Körper folgen zu lassen.

Hier zeigt sich, wie ein verbaler Marker eine Bewegung bezeichnet und eine visuelle Assoziation evoziert: Zunächst leitet er das Sehen der Ethnografin an, die versucht, die gezeigte Bewegung den Hinweisen des Trainers entsprechend wahrzunehmen. Mit dem Eindruck des Gesehenen versucht sie, die Bewegungen des eigenen Körpers an das Gesehene und den Hinweis anzupassen. Die verbalen Hinweise des Trainers leisten dabei eine Erinnerungsstütze, ähnlich wie Stichwörter einen Text erinnerbar machen. Gleichzeitig verschränken sie verbale, visuelle und somatische Kommunikation.

Man kann zusammenfassend sagen, dass verbale Marker ähnlich wie Leuchtstifte funktionieren: Die Spur des Leuchtstifts, die gelbe Farbe auf dem Papier drückt für sich nichts aus. Die Leistung des Leuchtstifts besteht darin, ein Stück Text hervorzuheben, das auf diese Weise eher memorierbar wird. Der verbale Marker gibt im besten Fall eine Idee zur Bewegung (zu ihrer Funktion oder auch eine Metapher zu ihrem Aussehen), seine

Leistung besteht jedoch darin, eine Bewegung oder einen Bewegungsablauf hervorzuheben und auf diese Weise die Erinnerung daran zu unterstützen. Die Leistung des Markers liegt daher nicht in einer Beschreibung oder Analyse der Bewegung, sondern darin, „disziplinierte", d.h. an einem bestimmten Ergebnis orientierte, Erinnerungen zu produzieren. Von dem Gesamteindruck, der von der Beobachtung einer Bewegung resultieren würde, wird ein bestimmter Aspekt betont. Verbale Marker sind also mehr als endloses Formulieren, das im Sinne Garfinkels und Sacks (1986) Erkennbarkeit produziert. Sie fungieren vielmehr zunächst als Seh-Hilfe und später als Merkstütze und leisten so eine Verschränkung verschiedener Wissensvermittlungsformen.

5.2 Bewegungen

Es wurde gezeigt, dass verbale Marker Merkbarkeit produzieren, d.h. sie markieren eine Bewegung innerhalb eines Bewegungsablaufs und erleichtern es dadurch, diese als isolierbares Element zu sehen und sie später im Zuge eines anderen Bewegungsablaufs wiederzuerkennen. Sie beschreiben die jeweilige Bewegung jedoch nicht und sind deshalb nur ansatzweise instruktiv. Die Details der Bewegung und der Bewegungsablauf werden nicht vermittelt. Diese kommunikative Leistung erbringen andere Praktiken, wobei zunächst Bewegungen selbst zu nennen sind.

Man würde Bewegungen im Allgemeinen nicht so ohne Weiteres als kommunikative Praktiken bezeichnen. In Bewegungstrainings jedoch werden sie eingesetzt, um die Details ihrer Ausführung kommunikativ zu explizieren. Es wird Bewegungen damit ein ähnliches Potenzial zur indexikalischen Wissensvermittlung zugeschrieben, wie man es von sprachlichen Äußerungen kennt. Die beteiligten Körper werden dabei zum Kommunikationsmedium (Hirschauer 2004, 2008). Im Ninjutsu-Training werden sie in verschiedenen Formen zur Vermittlung von Kampfwissen eingesetzt. Eine Form ist die Korrektur bereits bekannter Bewegungen, die aber nicht immer reibungslos vonstatten geht:

> Im Ninjutsu-Training werden im Zuge des Falltrainings auch einige eher akrobatische Bewegungen geübt wie Handstand-Überschlag, Salto oder Radschlagen. Das Rad ist zu den leichteren der akrobatischen Elemente zu zählen, es ist auch das einzige dieser Elemente, das ich halbwegs beherrsche und deshalb mitüben kann. Es wird, wie die anderen Elemente des Roll- und Falltrainings, in zwei Spuren geübt: Jeweils zwei Schüler beginnen gleichzeitig und schlagen nebeneinander Räder.

Eines Tages macht mich mein Gegenüber darauf aufmerksam, dass ich ihn während des Radschlagens ansehen solle. Ich bin etwas verwundert und verstehe nicht gleich, was er mir sagen will. Er erläutert seine Empfehlung noch einmal, indem er mich darauf aufmerksam macht, dass ich beim Radschlagen auf den Boden schaue und deshalb meine Umgebung nicht sehen kann. Stattdessen solle ich den Kopf gerade halten und mich umschauen. Das könne man üben, indem man während des Radschlagens Blickkontakt mit dem Gegenüber hält. Ich versuche also beim nächsten Durchgang meinen – ebenfalls radschlagenden – Partner anzusehen. Diese Veränderung der Blickrichtung verändert jedoch meine gesamte Bewegung. Wenn ich nicht auf den Boden sehe, wird mein Rad sehr unsicher und wackelig. Offenbar trägt der Blick auf den Boden zur Stabilität der Bewegung bei, ähnlich wie Tänzer bei Pirouetten den Blick auf einen Punkt konzentrieren oder Musiker beim Solo die Augen schließen. Konzentriere ich den Blick nicht auf einen solchen Punkt am Boden, so verliere ich das Gleichgewicht.

Das „Ninjutsu-Rad" setzt an einer bereits bekannten Bewegung an, es verändert „nur" die Blickrichtung, ein Detail der Bewegung, das in diesem Fall jedoch erhebliche Folgen hat. Bewegungen lassen sich, wie dieses Beispiel zeigt, nicht so ohne weiteres verändern, sondern verfügen über eine Eigendynamik, in diesem Fall eine eigene Trägheit. Dieses Eigenleben macht sie zu potenziellen Trägern einer Mitteilung wie im nächsten Protokollausschnitt illustriert wird. Er zeigt den Versuch, eine Bewegung mithilfe einer anderen, ähnlichen Bewegung zu vermitteln:

Es ist eine meiner ersten Trainingsstunden. Nach der Demonstration kommt einer der fortgeschrittenen Schüler, Peter, auf mich zu und bietet mir an, gemeinsam zu üben. Wir beginnen, aber ich kann mich an den gerade eben in der Demonstration gezeigten Bewegungsablauf kaum erinnern, mein Partner zeigt ihn mir geduldig Bewegung für Bewegung. Zwischendurch plaudern wir ein wenig, ich erwähne, dass ich früher mal eine andere Kampfkunst, Jiu Jitsu, trainiert habe, dass mir aber die Bewegungsabläufe in diesem Training trotzdem sehr schwer fallen. Vor allem eine Bewegung bereitet mir besondere Probleme. Peter gibt mir dazu einige Hinweise, aber sie klappt trotzdem nicht.

Der Trainer, kommt vorbei, er zeigt mir die Bewegung noch einmal an Peters Körper und gibt mir ähnliche Hinweise wie Peter zuvor. Als er wieder gegangen ist, sagt Peter zu mir, genau das habe er mit seinen Hinweisen gemeint. Ich sage ihm, dass die Hinweise für mich ähnlich geklungen haben, dass ich die Bewegung aber trotz der Hinweise irgendwie nicht schaffe. Er überlegt einen kurzen Moment, dann zeigt er mir eine andere, ähnliche Bewegung. Diese müsse ich, sagt er, eigentlich aus dem Jiu Jitsu kennen und sie sei der geübten Ninjutsu-Bewegung ähnlich.

Bewegungen verfügen nicht nur über eine eigene Trägheit, sie sind auch oft schwer beschreibbar. Vor allem Hinweise zu unbekannten Bewegungen sind kaum verständlich und deshalb schwer umsetzbar. Ähnlich wie

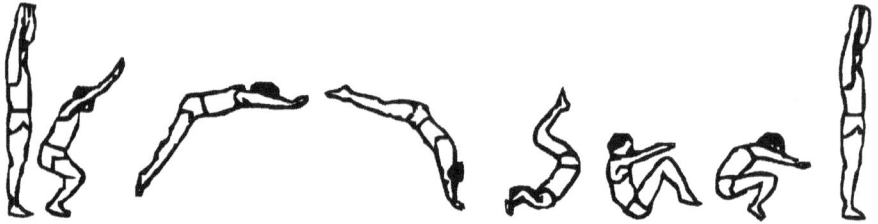

Abbildung 5.5: Details der Flugrolle

sprachliche Metaphern ein Bild zu einer Bewegung vermitteln können, wurde hier eine bereits bekannte Bewegung quasi als motorische Metapher eingesetzt. Die Leistung der motorischen Metapher besteht darin, zwei Bewegungen in Bezug zueinander zu setzen und auf diese Weise der Ninjutsu-Anfängerin die zu übende Bewegung ein Stück näher zu bringen.

Eine weitere Form, Bewegungen durch Bewegungen zu vermitteln, besteht darin, sie sukzessive schwerer zu gestalten, die gesuchte Bewegung also gewissermaßen aufzubauen. Das folgende Protokoll zeigt wie eine der grundlegenden Bewegungen, das Rollen, über mehrere Phasen hinweg entwickelt und verändert wird:

An diesem Abend üben wir „Flugrollen", d.h. Rollen, die – wie in Abbildung 5.5 zu sehen ist – mit einer kurzen „Flugphase" beginnen, man könnte auch sagen mit einem relativ weiten Sprung. Man stößt sich etwas mehr als bei „normalen" Rollen mit den Füßen ab und streckt während des Rollens den Körper. Solche Rollen ermöglichen es, eine gewisse Distanz quasi „fliegend" zu überbrücken. Nach der ersten Runde bittet der Trainer einen der Schüler, sich quer zur Rollrichtung auf den Boden zu legen. Alle anderen sollen über den nun quer liegenden Schüler rollen, ohne ihn zu berühren. Diese Übung wird nach und nach erschwert, indem sich mit jeder Runde ein weiterer Schüler zu den bereits liegenden Schülern auf den Boden legt. Wir rollen so zunächst über zwei, dann über drei, dann über vier Schüler (siehe Abb. 5.6, S. 165). Die Übung erfordert also, eine immer weitere Strecke quasi fliegend zurückzulegen, bevor man schließlich abrollt.

In der nächsten Übungsphase wird nicht mehr die Länge der Flugphase, sondern die Koordination der Bewegung geübt. Der Trainer legt nun ein Schlagpolster als Hindernis und dahinter eine Messerattrappe auf den Boden und zeigt, wie man letztere mithilfe einer Flugrolle über das Hindernis vom Boden aufheben kann. Die Schwierigkeit liegt darin, dass das Messer erst in der Flugphase zu sehen ist. Zu dem Zeitpunkt, zu dem man das Messer lokalisieren und ergreifen kann, ist der Körper also bereits mitten in der Bewegung.

In der letzten Übungsphase hält der Trainer zwei Holzstöcke parallel zum Boden. Wir sollen zwischen den beiden Stöcken durchhechten und diese Sprungbewegung

Abbildung 5.6: Flugrolle

mit einer Rolle beenden. Die Übung unterscheidet sich also auch insofern von den vorhergegangenen, als die beiden Artefakte ein somatisches Feedback über Erfolg und Misserfolg des Versuchs geben. Wird die Bewegung fehlerhaft ausgeführt, so berührt man spürbar einen der beiden Holzstöcke.

Dieser relativ komplexe Übungsaufbau verändert den Ablauf der „Flugrolle" immer wieder und produziert so Variationen dieser Bewegung. Die Leistung dieser Variationen liegt auch hier darin, das Wissen über eine Bewegung mittels Bewegungen zu kommunzieren. Die Vorstellung ist, dass Bewegungen selbst zu Instruktionen werden (Girton 1986, S. 87), dass sie sich also im Tun selbst erklären. Bewegungen transferieren deshalb in ganz anderer Form als verbale Marker eine Mitteilung: Es wird nicht eine Bewegung hervorgehoben, sondern die Bewegung selbst transportiert die Mitteilung darüber, wie sie auszuführen ist. Sie kann in zwei Arten erfolgen: Zum einen zeigt die ausgeführte Bewegung dem Umfeld, wie sie ausgeführt wurde. An dieser Stelle kann das Umfeld (oder auch Artefakte wie Holzstöcke) Feedback geben. Zum anderen gibt es Bewegungen, die – wie am Beispiel des Radschlagens deutlich wurde – nur in bestimmten Formen ausgeführt werden. Bewegt man sich „falsch" (im Sinne der Eigenlogik der auszuführenden Bewegung), so verliert man das Gleichgewicht. In diesem Fall ist der Misserfolg der Bewegung das Feedback. Bei beiden Arten des Mitteilungstransfers jedoch sind es nicht Personen, die kommunizieren, sondern es sind Körper und ihre Bewegungen, die Wissen explizieren.

5.3 Bewegungsabläufe

Die Vermittlung des Ninjutsu durch Bewegungen produziert ein Wissen über die Details der Ausführung von Einzelbewegungen. Dieses ist jedoch noch nicht das zu vermittelnde Kampfwissen, das schließlich eine für Kampfsituationen adäquate Bewegungsroutine sein sollte. Diese wird durch eine dritte kommunikative Praxis, durch vorübergehend fixierte Bewegungsabläufe, transferiert.

Bewegungsabläufe wurden bereits im zweiten Kapitel im Hinblick auf ihre Leistung zur Herstellung von Sichtbarkeit diskutiert. Dabei wurden sie als flüssige Abfolge von Bewegungen beschrieben, die in den Demonstrationen fragmentiert gezeigt und so als isolierbare Bewegungsabschnitte wahrnehmbar werden. Als transsequentielle kommunikative Praktiken kommen Bewegungsabläufe zum Einsatz, weil sie (ähnlich wie im vorigen Abschnitt Bewegungen) in indexikalischer Form Mitteilungen über „richtige" Ninjutsu-Abläufe transportieren. Auch Bewegungsabläufe vermitteln im Vollzug wie sie auszuführen sind. Ich bediene mich hier zunächst einer inversen Argumentationslogik und stelle anhand des folgenden Protokolls dar, wie die Vermittlung von Kampfwissen mithilfe eines Bewegungsablaufs misslingen kann:

> Ich bin das vierte Mal im Training und übe mit einem sehr fortgeschrittenen Schüler, Klaus. Der Trainer hatte einen Bewegungsablauf gezeigt, den ich mir aber kaum merken konnte. Klaus muss mir den Ablauf Stück für Stück noch einmal zeigen, trotzdem fällt er mir schwer. Immer wieder stocke ich mitten im Ablauf, weil ich einen Schritt vergessen habe und deshalb falsch stehe oder weil ich die Elemente der Bewegungskette vertauscht habe (z.B. geschlagen habe statt zu treten) und deshalb die vorgesehene Folgebewegung nicht mehr in den Ablauf meiner Bewegungen passt. Klaus korrigiert mit Engelsgeduld, trotzdem bin ich enttäuscht. Zum Trost erzählt er mir schließlich, er selbst habe auch drei Monate gebraucht, bis er sich die gezeigten Abfolgen einigermaßen merken konnte.

Die Protokollantin bringt hier so wenig Hintergrundwissen mit, dass sie den Bewegungsablauf nicht nur nicht sehen, sondern vor allem nicht annähernd nachmachen kann. Die Leistung von Bewegungsabläufen würde jedoch genau darin bestehen, dass man sich nicht jedes Element der Bewegungskette merken muss. Man merkt sich einzelne Positionen, die jeweils die nächste Bewegung anstoßen, so dass die Bewegungen wie von selbst „ablaufen". Das funktioniert jedoch nur unter zwei Voraussetzungen: Erstens müssen die für diesen Bewegungablauf charakteristischen

Positionen erkannt und memoriert werden. Zweitens muss der Körper so viel Wissen über mögliche Bewegungen und Bewegungsabläufe gespeichert haben, dass er die Verbindung zwischen den einzelnen Positionen mit passenden Bewegungen herstellen kann. Das folgende Protokoll zeigt, wie kompetente Teilnehmer einen Bewegungsablauf aus der Kenntnis von Einzelelementen rekonstruieren und so eine erfolgreiche Vermittlung via Bewegungsablauf stattfindet:

> Der Trainer zeigt eine Abfolge von vier Schlagbewegungen und den passenden Schritten. Wir sind an diesem Abend fünf Schüler, wobei ich etwas später gekommen bin und deshalb aufgrund der ungeraden Teilnehmerzahl fürs erste ohne Partner geblieben bin. Der Trainer übt mit mir, schaut aber zwischendurch den anderen Paaren zu und korrigiert hin und wieder ihre Bewegungen. Ich schaue dann einfach zu.
>
> Nach einer Weile kommt ein erfahrener Schüler, Konstantin. Er hat, da er zu spät gekommen ist, die Demonstration verpasst und muss sich den Bewegungsablauf nun von mir, einer Anfängerin, vormachen lassen. Ich versuche redlich, ihn ihm zu zeigen, vertue mich aber ständig und korrigiere meine Bewegungen immer wieder, sodass Konstantin nie einen vollständigen und korrekten Ablauf zu sehen bekommt. Er lässt mich eine Weile zeigen, dann probiert er den Ablauf einige Male selbst. Schließlich gelingt es ihm, den Bewegungsablauf mithilfe meiner Informationen und seines Hintergrundwissens zu rekonstruieren, ihn selbst „richtig" zu machen und mir im weiteren Verlauf des Übens Tipps zu geben.

An dieser Stelle bietet sich ein Vergleich mit sprachlicher Kommunikation an: Die beschriebene Episode über das Rekonstruieren des Bewegungsablaufs anhand einzelner Elemente zeigt strukturelle Ähnlichkeiten mit dem Ergänzen eines Lückentextes. In beiden Fällen geben die sichtbaren Elemente des Gesamtzusammenhanges Hinweise zu den fehlenden Elementen. Und es gilt: Je mehr charakteristische Elemente des Textes man kennt, desto eindeutiger sind die Hinweise zu den einzelnen Lücken. Sind weniger Elemente vorgegeben, so ergeben sich mehrere als korrekt erkennbare Varianten. Außerdem steigt die Zahl der möglichen Varianten mit der Länge des Textes. Je kürzer er also ist, desto eher ist er eindeutig. In ähnlicher Form geben die Einzelbewegungen und die Positionen in der beschriebenen Episode Hinweise auf den gesamten Bewegungsablauf. Je mehr charakteristische Einzelbewegungen man kennt und je kürzer der Bewegungsablauf ist, desto eher lässt er sich genau so rekonstruieren, wie er vorgemacht wurde.

Für die Kommunikation von Bewegungswissen lässt sich damit, ähnlich wie für verbale Interaktionen sagen, dass die einzelnen Elemente Mitteilungen über vergangene und über kommende Elemente transportieren.

Die einzelnen Bewegungen eines Bewegungsablaufs schließen an frühere Bewegungen an und eröffnen Anschlussoptionen für darauf folgende Bewegungen. Diese internen Zusammenhänge von Bewegungsabläufen sind die Basis für ihr Potenzial als kommunikative Praktiken der Wissensvermittlung. Indem Bewegungsabläufe Mitteilungen über sich selbst und ihre internen Zusammenhänge transportieren, transferieren sie auch Mitteilungen über das Ninjutsu-Kampfwissen und seine internen Zusammenhänge. Jeder einzelne im Training gezeigte Bewegungsablauf stellt einen möglichen, im Sinne des Ninjutsu „richtigen" Bewegungsablauf dar. Die (unendliche) Gesamtheit der „richtigen" Abläufe und ihrer situationsadäquaten Einsätze schließlich bildet das Ninjutsu. Praktiken besitzen also, das wird auch hier deutlich, eine implizite Normativität. Sie beinhalten Verweise auf sich selbst, die sie nicht nur kenntlich machen, sondern darüberhinaus auch vermitteln, wie sie auszuführen sind.

5.4 Variationen

Durch das Üben vorgegebener Bewegungsabläufe lernen die Schüler, so konnten wir sehen, wie im Sinne des Ninjutsu „richtige" Bewegungsabläufe aufgebaut sind und erwerben gleichzeitig jenes praktische Wissen über Kampf(kunst)bewegungen, das man für eine „praxeologische" Lektüre von Handbüchern benötigt. Dabei gilt, dass die Zahl der „richtigen" Abläufe unbegrenzt ist, obwohl es im Sinne des Ninjutsu nicht nur „richtige", sondern auch (ebenfalls unendlich viele) „falsche" Bewegungsabläufe gibt. Es gibt für jede Einzelbewegung mehrere passende Anschlussbewegungen, sodass der Ablauf an (fast) jeder Stelle variiert werden kann. Das Ziel des Trainings besteht nun nicht darin, eine Anzahl „richtiger" Bewegungsabläufe zu üben, sondern darin, zu erlernen, wie man „richtige" Bewegungsabläufe entwickeln und variieren kann. Vorgegebene Abläufe nachzumachen, wird nur als Etappe auf diesem Weg betrachtet. In diesem Sinne ist eine häufige Äußerung des Trainers zu verstehen, derzufolge man sich nicht einzelne Abläufe einprägen, sondern ihr „Prinzip" oder auch „die Idee" verstehen solle, z.B. „Ich will, dass ihr versteht, warum wir das hier machen" oder „Die Idee ist, deine Position zu verändern". Diese zunächst auch als rhetorische Geste verstehbaren Äußerungen finden im praktischen Aufbau der Übungen eine Entsprechung. Im Laufe der Trainingsstunden entwickelt der Trainer, wie bereits gesagt, nicht nur nach und nach einen Bewegungsablauf, sondern er variiert diesen oder einzelne Elemente auch immer wieder. Das lässt sich im folgenden Protokoll beispielhaft nachvollziehen:

> Es wird ein ähnlicher Ablauf geübt wie einige Tage zuvor. Das zentrale Element der Übung besteht darin, dass man den Gegner (im Training „Partner") ohne größeren Kraftaufwand in die Luft hebt und danach auf den Boden wirft. Zwei Anfängerinnen üben und üben. Sie können sich zwar gegenseitig hochheben, benötigen dafür aber viel Kraft. Sie diskutieren, dass sie auf diese Weise kaum Menschen hochheben werden können, die zwanzig oder dreißig Kilo schwerer sind als sie selbst. Also suchen sie nach anderen Lösungswegen. Muss der Rücken gerade sein? Liegt der Trick in der Positionierung der Schultern? Der Trainer kommt vorbei und bemerkt das Rätseln. Nachdem er den beiden die Bewegung noch zweimal gezeigt hat, geht er wieder. Sie scheinen aber nach wie vor viel Kraft zu benötigen beim Versuch, die andere hochzuheben. Das Rätsel des kraftlosen Hochhebens löst sich nicht an diesem Abend. Der Trainer zeigt kurz darauf in der nächsten Demonstration eine andere Variante, bei der das Element des Hochhebens wegfällt. Stattdessen soll das Gleichgewicht des Partners geschwächt werden, indem man die Schultern festhält und mit einem schnellen Satz hinter ihn springt. Dadurch gerät er in eine Rücklage, die man für eine weitere Bewegung nutzt: Man macht einen Schritt zur Seite und drückt seinen Körper auf den Boden anstatt ihn hochzuheben und auf den Boden zu werfen.

Bewegungs-ablauf	Angriff	Block	*Partner hochheben*	werfen
Variante	Angriff	Block	*Partner in Rückenlage bringen*	werfen

Abbildung 5.7: Variation eines Elementes

Auch in diesem Protokoll zeigt sich, wie Körper als Kommunikationsmedien dienen, wie sie also im Sinne einer somatischen Kommunikation Feedback über einen richtigen oder falschen Bewegungsvollzug vermitteln. Darüberhinaus aber bekommt die bereits im letzten Kapitel besprochene implizite Normativität von Praktiken hier eine weitere Dimension: Die Variation des Bewegungsablaufs geht nicht nur auf die Probleme der Schülerinnen ein, sie besteht nicht nur in einer Erleichterung der Übung. Stattdesssen werden zwei im Sinne des Ninjutsu „korrekte" Varianten gezeigt und damit auch deutlich gemacht, dass die Bewegungsabläufe veränderbar sind.

Varianten werden nicht nur dann demonstriert, wenn Teile eines Bewegungsablaufs für manche Schüler zu schwierig sind. Sie sind auch dann Teil der Trainingsstunden, wenn die Schüler die Übungen problemlos nachmachen können:

> Der Trainer hatte bereits einige Teile eines Bewegungsablaufs gezeigt. So hatte er in einer Demonstration die Rolle gewechselt und den Part des Angreifers vorgeführt. In der nächsten Demonstration hatte er weitere Elemente an die bereits vorhandene Bewegungskette angehängt. In dieser Demonstration liegt er nun auf dem Rücken, der Partner sitzt auf seinem Bauch und drückt die Schultern des Trainers auf den Boden. Seine Arme bleiben jedoch beweglich. An dieser Stelle kündigt der Trainer „zwei Möglichkeiten" an. Er sagt „Vielleicht kommen wir von hier mit dem Arm außerhalb", er zieht den eigenen Arm zwischen den Armen seines Partners hervor und zeigt, wie man danach aus der Umklammerung entkommen kann. Am Ende dieses Bewegungsablaufs bittet er die Schüler jedoch nicht wie bei vielen anderen Malen, diesen Ablauf nun zu üben. Stattdessen sagt er „Das ist eine Option". Sein Partner geht während dieser Äußerung zurück in die Ausgangsstellung, der Trainer fährt fort: „Die andere ist, wir kommen mit dem Arm nicht hinaus" und er zeigt eine zweite Variante, diesem Angriff zu begegnen. Am Ende der Demonstration sagt er noch „Wie gesagt, es geht darum, sich in dieser Position weiter bewegen zu können".

Sowohl der Aufbau der Übung, der bereits zwei Varianten vorsieht, als auch die zitierten verbalen Äußerungen bringen zum Ausdruck, dass die gezeigten und dadurch für das folgende Üben festgelegten Bewegungsabläufe nicht immer gültig sind, sondern als zwei Varianten einer Problemlösung betrachtet werden sollen. Auf diese Weise wird das Wissen des Ninjutsu-Trainings als teleologische Bewegungslehre präsentiert. Es wird ein Bezugsproblem definiert, das sich mittels mehrerer Bewegungsabläufe lösen lässt.

Die Vermittlung von Bewegungswissen anhand von Bewegungsabläufen beruht daher nicht nur auf den internen Zusammenhängen von Bewegungsabläufen, auf den in den Einzelbewegungen enthaltenen Mitteilungen über vergangene und anschlussfähige Bewegungen. Bewegungsabläufe und ihre Varianten kommunizieren zudem ein Wissen über mögliche Anschlüsse an den entscheidungsoffenen Stellen eines Kampfes. Sie vermitteln im Sinne Bourdieus ein Bewegungsprogramm oder anders formuliert: eine praxisspezifische, implizite Bewegungsordnung.

5.5 Notizen

Es sind also vor allem Bewegungen und Bewegungsabläufe, die die notwendigen Mitteilungen über das Kampfwissen transsequentiell, also von der Demonstration zum Üben und in die nächste Demonstration, bewegen. Diese transsequentielle Kommunikation ist die Basis dafür, dass die beteiligten Körper und Personen Wissen über die geübten Bewegungsabläufe entwickeln und in die nächsten Trainingseinheiten mitnehmen können. Gerade dieser Transfer von Wissen in weitere Trainingsstunden kann durch eine weitere kommunikative Praxis unterstützt werden, durch selbstverfasste Notizen zu den geübten Bewegungen und Bewegungsabfolgen. Fortgeschrittene Schüler empfehlen Anfängern explizit, solche Notizen anzufertigen. Es findet sich hier also eine Ethno-Theorie, die annimmt, dass man mithilfe von Notizen dem „körperlichen Vergessen" von Bewegungen und Bewegungsabläufen zumindest ein Stück weit entgegenwirken kann, die also eine Verknüpfung von verbaler und somatischer Wissensvermittlung empfiehlt. Ähnliche Ethno-Theorien finden wir in der Soziologie etwa in der Form des narrativen Interviews, das durch Erzählungen einen Anschluss an vergangene Erlebnisse herstellen will, aber auch in dem – in dieser Studie praktizierten – Verfassen ethnografischer Protokolle.

Die Notizen der im Training geübten Bewegungen und Bewegungsabläufe, die ich daraufhin (zusätzlich zu den ethnografischen Notizen) anfertigte, zeigen zweierlei deutlich: Zum einen werden auch hier die Schwierigkeiten einer sprachlichen Beschreibung von Bewegungen relevant. Zum anderen aber lässt sich bei solchen Versuchen feststellen, dass Bewegungen sich zwar kaum beschreiben, aber immerhin notieren lassen. Dies führte vor allem im Bereich des Bühnentanzes zur Entwicklung verschiedener Notationssysteme, die jedoch für das Verfassen eigenständiger Notizen zu kompliziert wären.[3] Es finden sich deshalb – auch im Bereich des Tanzes – einfachere, individuelle Notationssysteme. Anhand solcher selbständiger Notationen werde ich im Folgenden darstellen, wie die Verwendung von Sprache als Kommunikationsmedium an die Bedingungen des Transfers von Bewegungswissen angepasst werden kann und muss. Betrachten wir zunächst die Notation einer kurzen Aerobic-Choreografie als Beispiel für eine zumindest semi-professionelle Notation:

Block A

2x Walk vorwärts, 4 Beats

1x Squat rechts, 4 Beats

2x Kick-Jump, 4 Beats

---

[3] Eines der bekanntesten Notationssysteme wurde Anfang des 20. Jahrhunderts von Rudolf Laban und seiner Schülerin Irmgard Bartenieff entwickelt und wird nach wie vor zur Beobachtung von Bewegungen eingesetzt (z.B. Kennedy 2007).

1x Privot turn rechts, 4 Beats

1x Box Step rechts, 4 Beats

1x Box Step High rechts, 4 Beats

1x Privot turn rechts, 4 Beats

2x Walk rückwärts re., 4 Beats = 32 Beats[4]

Die Lektüre dieser Notation lässt vieles offen. Relativ einfach zu verstehen ist der am Ende jeder Zeile stehende Ausdruck „4 Beats". Er gibt Auskunft über die Dauer der jeweiligen Bewegung, die in der musikalischen Einheit der Takte angegeben wird. Dabei ist vermutlich aufgrund des regelmäßigen Wechsels alle vier Takte ein eher eintöniger Bewegungsablauf zu erwarten. Über diese Information hinaus fällt es jedoch schwer, sich ohne ausgeprägte Vorkenntnisse, nur anhand der Notation den skizzierten Bewegungsablauf vorzustellen. Zwar lassen sich einige Elemente des Aerobic-Jargons wie „walk", „turn" oder „step" leicht erraten, alle anderen verwendeten Ausdrücke bleiben jedoch unverständlich. Was zum Beispiel einen „privot turn" genau ausmacht, muss man wissen, es lässt sich nicht aus dem Text erschließen. Die Notation beruht größtenteils auf „Codes", also auf Ausdrücken, die eine bestimmte Bewegung zwar bezeichnen, nicht aber beschreiben.[5] Die an sich verständlichen Richtungsangaben in der Notation verlieren ihren Informationswert durch die Kodifizierung der Einzelbewegungen.

Codes prägen auch die Notizen von Bewegungsabläufen, die ich im Anschluss an die Trainingsstunden verfasst habe:

Dann machen wir noch eine Art Wurf: Es kommt ein Schlag: mit rechts blocken vor dem Gesicht, dann mit der linken Hand Gelenk übernehmen und gleichzeitig mit rechts einen Schlag mit der Handaußenkante gegen den Hals. Als nächstes auf einen Druckpunkt am Hals drücken, den Daumen dort lassen und die Hand so drehen, dass man das Gesicht packen kann. Dann Schlund überstrecken, wobei das innere Bein abgewinkelt hinter der Partnerin aufgestellt wird (im Ernstfall mit rausschauendem Knie, damit es hart und spitz ist; im Training mit Oberschenkel parallel zum Boden um Verletzungen zu vermeiden) und die Partnerin über dieses Bein zu Boden ziehen.

---

[4] Zu finden im Internet unter http://www.aerobictrainer.de/Choreographie/Kombi_1-5/Kombi_1/kombi_1.html

[5] Die selben Ausdrücke können auch, wie in Abschnitt 5.1 dargestellt wurde, als verbale Marker eingesetzt werden. Ich spreche hier von „Codes", weil die Ausdrücke in den Notizen zum Notieren einer Bewegung dienen, nicht wie verbale Marker zum Hervorheben eines Elements.

Obwohl ich den Text selbst verfasst habe, kann ich heute anhand der Lektüre nicht mehr sagen, wie man den Bewegungsablauf genau durchführt. Es fiele mir sogar schwer, den Schwerpunkt des skizzierten Bewegungsablaufs zu erkennen, stünde nicht der Ausdruck „Wurf" in der ersten Sinneinheit. Aber ich erinnere, dass ich aufgrund der Unmöglichkeit, die Bewegung im Ganzen zu beschreiben, primär jene Details notierte, die mir im jeweiligen Lernstadium wichtig erschienen.

Die zweite Sinneinheit „Es kommt ein Schlag" macht deutlich, dass die Notiz aus der Perspektive nur einer der beiden Trainingspartner geschrieben ist. Auch fehlen Hinweise darauf, wie der Schlag aussieht. Das erschwert die Rekonstruktion des Bewegungsablaufs, denn die Form des Schlages bestimmt wesentlich die möglichen Reaktionen. Erst ab der dritten Sinneinheit liefert die Notiz genauere Informationen über die Details der Schlagabwehr. Die folgenden Sinneinheiten sind ähnlich formuliert. Zuerst stechen Ausdrücke wie „Wurf", „Schlundüberstrecken" und „Schlag mit der Handaußenkante" ins Auge, die wie die Ausdrücke „Kick-Jump" und „Box-Step" der Aerobic-Notation als Codes zu bezeichnen sind. In beiden Fällen kann man mit der Information nichts anfangen, wenn man die zu den Codes passenden Bewegungen nicht kennt. Die häufigen Angaben, welche Körperseite die jeweilige Bewegung ausführen soll, transportieren ebensowenig ein Bild vom skizzierten Bewegungsablauf wie die Richtungsangaben zu unbekannten Bewegungen in der Aerobic-Notation. Der Unterschied zwischen den beiden Notationen ist, dass in meiner Notiz einige Bewegungen ein wenig ausführlicher dargestellt sind. Es handelt sich um jene Elemente des Bewegungsablaufs, die für mich neu waren, oder für die ich keinen Namen wusste und deshalb auch keinen vorgegebenen Code hatte. Ein Beispiel dafür ist „wobei das innere Bein abgewinkelt hinter der Partnerin aufgestellt wird, und die Partnerin über dieses zu Boden gezogen wird". In dieser Formulierung sind zwar der Standort des Beins und die Bewegung erkennbar, nachmachen lässt sich die Bewegung aber anhand dieser „Anleitung" nicht.

Sehr deutlich wird jedoch die Schwierigkeit, eine Bewegung zu beschreiben. Obwohl ich nur jene Bewegungsabläufe notierte, die ich mir gemerkt hatte, und obwohl jede dieser Notizen kaum länger ist als die eben angeführte, waren meine Mitschriften jedes Mal einige Seiten lang. Und es dauerte einige Stunden, die Mitschriften zu verfassen. Wollte man die Bewegungen so detailliert verschriftlichen, dass man sie als gute Anleitung verwenden könnte, so müsste man so viele Details erwähnen, dass die Beschreibung aufgrund ihrer Länge unverständlich wäre. Aus diesem Grund rekurrieren Notationen auf Codes wie „mit rechts blocken", die zudem in unvollständigen Sätzen angeordnet sind. Auch die grammatikalisch falsche Reihenfolge meiner Notiz „mit rechts blocken, vor dem Gesicht" folgt einer praktischen Logik, sie entspricht nämlich der Reihenfolge der Bewegung: Zunächst formt man die Hand und den Unterarm zu einem Block und bewegt die beiden einen Augenblick später vor das Gesicht. Genaugenommen ist der Block allerdings erst vor dem Gesicht ein Block, denn hierhin orientiert sich der abzuwehrende Schlag, und Schlag und Block sollten in eine Bewegung fließen. Diese ineinander übergehenden, zum Teil auch parallelen Bewegungen lassen sich jedoch nicht in die sequentielle Logik der Sprache übersetzen. Die Logik der Notation des Bewegungsablaufs als Kette von Einzelbewegungen orientiert sich deshalb – ähnlich wie die Beobachtung von Bewegungsabläufen in der Demonstration – an isolierbaren Einheiten. Diese werden mit einem Code versehen. Die Details, d.h. die Beschreibungen einzelner Bewegungen, *müssen* erinnert werden, sie werden nicht extra notiert. Die Notation setzt voraus, dass sie wieder und in anderen Bewegungsabläufen auftauchen werden, ähnlich wie Buchstaben als Symbol für eine Lauteinheit fungieren und zu verschiedenen Wörtern kombiniert werden. Nur die Präsenz der Bewegung in der körperlichen und personalen Erinnerung, die durch das Wiederkehren der mit Codes versehenen Einheiten in weiteren Bewegungsabläufen erreicht wird, ermöglicht es, die zu den einzelnen Codes gehörigen Bewegungen nicht zu vergessen.

Das Ziel der Notizen liegt also nicht in einer sprachlichen Beschreibung der Bewegungen und Bewegungsabläufe, sondern sie sollen einen Aneignungsprozess des Körpers unterstützen. Sie sollen das im Zuge der Trainingsstunde vermittelte Wissen während des Notierens in der Erinnerung reaktivieren und so das Erleben gewissermaßen im Körper halten. Sie ermöglichen es darüberhinaus, vor einer nächsten Trainingseinheit die bislang geübten Bewegungsabläufe in Gedanken noch einmal durchzugehen. Es wird also versucht, das personale Gedächtnis zu nutzen, um das Bewegungswissen des Körpers zu reaktivieren.

Resümee: Explikation über Zeit

Kommen wir zurück zur Ausgangsfrage dieses Kapitels, nämlich wie sich Praktiken über Zeit selbst exlizieren, wie sich also eine in Praktiken selbst angelegte (in großen Teilen implizite) Instruktivität empirisch und analytisch festmachen lässt. Sie beruht, so die These des Buches, darauf, dass sich Wissen neben verbaler Wissensvermittlung auch auf visuellem, somatischem und technischem Weg transferieren lässt. In diesem Sinne kann auch der Körper des Partners oder ein Ding Auskunft über den Erfolg oder Misserfolg eines Bewegungsversuchs geben. Sehr häufig verknüpfen oder verschränken sich diese Wege der Wissensvermittlung, sodass (auf den ersten Blick paradoxe) Phänomene wie verbale Marker, praxeologisches Lesen oder motorische Metaphern verständlich und nachvollziehbar werden. Weiter beruht sie – das zeigt dieses Kapitel – auf transsequentieller Kommunikation, darauf also, wie Kommunikationsbeiträge über Zeit aneinander anschließen und aufeinander aufbauen.

Ich habe vier Praktiken transsequentieller Kommunikation beschrieben: Verbale Marker heben relevante Aspekte in Bewegungsketten hervor und erleichtern so das personale und körperliche Erinnern. Zu ihnen zählen Begriffe der Ethnosemantik, die durch eine relativ hohe Reichweite auch eine Kopplung an andere Kommunikationsmedien wie etwa Handbücher ermöglichen, sowie Bezeichnungen geringerer Reichweite wie autosynkratische, aber wiederkehrende Ausdrücke, Phrasen und Metaphern. Bewegungen und Bewegungsabläufe nutzen die Trägheit von Körpern, um die Eigenlogiken eines Bewegungsprogramms zu vermitteln. Keineswegs nur Sprache und visuelle Medien, sondern auch Körper und Dinge erweisen sich an dieser Stelle als Kommunikationsmedien. Variationen wiederum vermitteln einen Eindruck von der Breite eines Bewegungsprogramms. Sie legen die (implizite) Bewegungsordnung frei, indem sie an entscheidungsoffenen Stellen mögliche und unmögliche Anschlüsse zu unterscheiden lehren. Die implizite Bewegungsordnung (hier der Kampfkunst) transferiert sich so über die Phasen (und Konstellationen) des Trainings hinweg.

Den Wissenstransfer zwischen Trainingsstunden schließlich, transsituative Kommunikation, unterstützen in der Regel Notizen. Sie halten mithilfe indexikalischer Ausdrücke (Codes) Erinnerungen fest, sind jedoch von den unterschiedlichen Sequenzlogiken von Sprache und Bewegungen zum einen und von der schieren Komplexität von Bewegungen zum anderen, in ihrer Explikationsleistung stark eingeschränkt. Auch die fallweise (z.B. im Rahmen der ethnografischen Studie) eingesetzten Videoaufnahmen erfüllen etwaige Explikationswünsche kaum besser: Zum einen ist die Demonstration (etwa im Gegensatz zu einem Lehrvideo) merkbar an der Kommunikation mit Anwesenden orientiert, zum anderen produzieren sie eine Datenfülle, die offenbar nur in Einzelfällen produktiv eingesetzt werden kann. Notizen (und Videomitschnitte) können deshalb Erinnerungen reaktivieren, sie explizieren das praktische Wissen aber nicht in einer Form, die etwa einen jahre später erfolgenden Rückgriff zuließe. Sie sind nur verständlich, solange das praktische Wissen in Personen und Körpern vorhanden ist.

Die Vermittlung praktischen Wissens (im Ninjutsu-Training) ist deshalb über weite Strecken indexikalische Kommunikation. Es sind Bewegungen und Bewegungsabläufe, die sich selbst vermitteln. Dabei mag es Einstiegshürden und Pannen geben, wie man sie auch von verbalen Kommunikationsprozessen kennt, aber es sind dennoch diese kommunikativen Praktiken, mittels derer implizites Wissen expliziert wird. Tatsächlich wird es nicht in dem Sinne „expliziert", dass es in Sprache oder Bilder übersetzt würde, sondern es wird durch die indexikalischen Zeigequalitäten von Bewegungen und Bewegungsabläufen *als implizites Wissen* expliziert.

Schluss

Ich habe mich in diesem Buch anhand einer ethnografischen Fallstudie
mit der Frage beschäftigt, wie sich implizite Dimensionen von Wissen
kommunizieren lassen. Der theoretische Ausgangspunkt der Studie liegt
damit zum einen in der zunächst wissenschaftssoziologischen Debatte um
sprachlich nicht explizierbare Wissensdimensionen, zum anderen knüpft
sie an die ethnomethodologische These der ständigen Selbstkenntlichmachung von Praktiken an. Letztere beruht auf der Feststellung, dass die indexikalischen Formulierungen der natürlichen Sprache ebenso wie die (un-
endlichen) Formulierungen ihrerseits Praktiken (im Vokabular der Ethnomethodologie „accomplishments") seien, die die jeweiligen Praktiken nicht
nur ständig kenntlich machen, sondern auch ihren Verlauf aufrecht erhalten. Diese prozessorientierte Erweiterung der Wissenssoziologie erlaubt es
der Ethnomethodologie, sich der Frage des Erfolges oder der Richtigkeit
sozialer Praktiken zu entziehen. Praktiken setzen sich einfach fort, das
Geschehen bleibt im Fluss.

Durch meine Studie zieht sich zum einen eine, an Erving Goffman angelehnte, rahmenanalytische Erweiterung der ethnomethodologisch geprägten Mikrosoziologie, zum anderen eine körpersoziologische Vertiefung.
Letztere bildet gleichzeitig eine kommunikationstheoretische Präzisierung
anderer, in der Einleitung erwähnter, Ansätze: Gängige Begriffe wie „implizit" oder „schweigsam" bleiben einer Sprachanalogie verhaftet, in der
alles nicht-verbale die unbezeichnete, andere Seite bleiben muss. Goffmans
„Kommunikation der Körper" oder Bourdieus „Kommunikation von Leib
zu Leib" sind dagegen ungenau, weil sie zwar „Partizipanden" des Wissenstransfers bezeichnen, nicht aber die Art und Weise der Vermittlung.
Solche Teilmomente des Wissenstranfers werden erst fassbar, wenn man
den Begriff der (verbalen) Explikation um einen visuellen, technischen
und somatischen Aspekt erweitert.

So zeigt das erste Kapitel der vorliegenden Arbeit im Sinne der rahmen-
analytischen Erweiterung, dass westliche Kampfkunstkurse sich nicht ein-

fach nur im praktischen Vollzug fortsetzen, sondern zudem ständig auch auf andere Praktiken verweisen: zum einen auf die in der Moderne (technisch und sozial) weitgehend in Nischen verdrängte Praktik des körperlichen Kampfes und zum anderen (zumindest ansatzweise) auf eine zeitlich und räumlich absente Kriegskunst. Im Gegensatz zu literarischen Darstellungen der keineswegs nur japanischen Kriegskünste (etwa in Sachbüchern, Action-Filmen oder Comics) findet in den Kampfkunstkursen eine im Medium verkörperten Wissens praktizierte Fortführung der japanischen „invented tradition" der Kampfkünste, eine „corporeal history" statt. In den anschließenden Kapiteln wird deutlich, dass Wissensvermittlungspraktiken wie Demonstrieren und Üben einen Rahmen darstellen, der auf eine andere Praxis (hier: Kämpfen) verweist, ohne sie jemals vollständig auszuführen. Um diese Differenz zu fassen und ihr im Lernprozess gerecht zu werden, müssen die Schüler zunächst praxisspezifische Wahrnehmungsfähigkeiten entwickeln. Im Falle des untersuchten Kampfkunsttrainings stellt vor allem das Sehen dessen, was in der Demonstration gezeigt wird, die meisten Anfänger vor eine ernstzunehmende Herausforderung. Zum einen entstehen Schwierigkeiten beim Erkennen der Details und der inneren Zusammenhänge der vorgeführten Bewegungsabläufe. Zum anderen fällt es anfangs schwer, die verbalen Äußerungen des Trainers während der Demonstration als Seh-Hilfen wahrzunehmen und den Konnex zwischen Gezeigtem und Gesagtem zu erfassen. Zudem müssen die Schüler lernen, in den demonstrierten, gänzlich verletzungsfreien Bewegungsabläufen Kampftechniken zu sehen, d.h. Körpertechniken des Kämpfens und damit des Verletzens.[6]

Dieser Prozess der Aneignung von Wahrnehmungsfähigkeiten besteht jedoch nicht in einer individuellen Praxis einzelner Schüler, sondern ist an die Praxis der Demonstration gebunden, in deren Rahmen ein „explizites Zeigen" stattfindet. Das Sehen der Schüler wird im Zuge dieser Praxis geführt und angeleitet, denn die Bewegungsabläufe werden nicht einfach vollzogen, sondern unter Rückgriff auf verschiedene Blickführungselemente vorgeführt. Die Demonstration wird zunächst angekündigt, indem ein thematischer Schwerpunkt formuliert wird. Erst wenn das Publikum versammelt ist, werden die Bewegungsabläufe in verlangsamter Form gezeigt, wobei wichtige Elemente verbal und gestisch betont werden. Durch

---

[6] Ähnliche Sichteinschränkungen entstehen meines Erachtens, wenn man etwa eine an innerer Kraft orientierte Kampfkunst erlernt: Auch hier muss man lernen, die rein visuell wahrnehmbaren Bewegungsabläufe als Ausdruck innerer Kraft zu sehen und in solche zu transferieren.

das immer wieder kurz angehaltene Vorführen werden einzelne Elemente des Bewegungsablaufs erkennbar. Diese Blickführungselemente erleichtern nicht nur das Sehen, sondern schulen gleichzeitig die Wahrnehmungsfähigkeit der Schüler, ihre Sehfertigkeit.

Die kommunikative Praxis der Kampfkunstdemonstration erfordert zudem, dass zwei Interaktionen gleichzeitig stattfinden: Zum einen müssen der Trainer und das Publikum interagieren, zum anderen muss der Trainer seinen Demonstrationspartner durch Körperbewegungen und verbale Hinweise instruieren. Dabei entsteht ein bemerkenswert komplexer kommunikativer Effekt: Die Kommentare für das Publikum und die verbalen Instruktionen für den Partner müssen abwechselnd geäußert werden, wobei manche Äußerungen beide Funktionen gleichzeitig erfüllen. Sie sind also für das Publikum als Kommentar zum Gezeigten und für den Partner als Instruktion verstehbar.

Beim anschließenden Üben der Schüler wird nun die Notwendigkeit einer körpersoziologischen Vertiefung ethnomethodologischer und kommunikationstheoretischer Ansätze, die bereits in der Praxis einer „Corporeal History" und in den durch Körperbewegungen vermittelten Instruktionen angedeutet wurde, besonders deutlich. Beim Üben tritt nämlich eine primär somatisch vermittelte Kommunikation in den Vordergrund. Die Schüler erlernen das Kampfkunstwissen nach und nach, mithilfe eines Partnerkörpers und dessen Feedback. Hier entsteht eine ähnliche Herausforderung, wie sie zuvor für das Sehen der Demonstration dargestellt wurde: Für das Üben müssen die SchülerInnen nämlich lernen, zugleich verletzungsfreie Bewegungsabläufe durchzuführen und Kampftechniken zu erlernen. Außerdem findet im Zuge dieser Paarinteraktionen ein weiterer (visueller) Kommunikationsprozess statt, der als „implizites Zeigen" verstanden werden kann. Die Schüler üben nicht einfach, sondern sie zeigen dem Trainer durch ihr Tun, was sie in der Demonstration gesehen haben und wie weit sie das Wahrgenommene ihrerseits reproduzieren können. Damit geben sie dem Trainer implizit auch Hinweise darauf, was er ihnen mit der zeitlich davor liegenden Demonstration vermitteln konnte und wie der geübte Bewegungsablauf bei verschiedenen Schülerpaaren zur Ausführung gelangt. Durch dieses Beobachten schult auch er ständig eine Sehfertigkeit (nämlich wie und aus welchem Winkel das Tun der Schüler besonders gut zu beobachten ist und was man alles falsch machen kann). Die Schüler explizieren also durch ihr Tun, sie explizieren damit gewissermaßen implizit.

In den, in meiner Studie nachvollzogenen, aufeinander aufbauenden De-
monstrations- und Übungssequenzen des Kampfkunsttrainings findet sich
also auch auf visueller Ebene, was für verbale Kommunikation längst gezeigt wurde, dass nämlich – im Sinne der Konversationsanalyse – der
Inhalt eines Kommunikationsbeitrags durch den folgenden Beitrag festgelegt wird und, dass – wie Erving Goffman argumentiert – gleichzeitig jeder
Turn Vorgaben für den Folgeturn macht. Fehlerhafte Folgeturns mögen,
weil es sich um eine Übungssituation handelt, weniger folgenreich sein als
etwa die in Harold Garfinkels Krisenexperimenten erzielte Verwirrung des
Gegenübers, dennoch wird auch in den beschriebenen Trainingsepisoden
der konstitutive Zusammenhang zwischen Kommunikationsturns deutlich
wahrnehmbar.

Die Vermittlung des in mehrfacher Hinsicht schweigsamen Kampfkunstwissens geht über momentane Explikationsprozesse hinaus und baut auf
eben solcher transsequentieller Kommunikation auf. Wissen wird nicht
nur das jeweils aktuelle Geschehen ausgedrückt, sondern es wird über die
einzelnen Trainingsphasen und, im Sinne transsituativer Kommunikation,
über einzelne Trainingsstunden hinweg praktisches Wissen kommuniziert.
Als kommunikative Praktiken kommen dabei verbale Marker, Bewegungen, Bewegungsabläufe, Variationen und Notizen zum Einsatz. Diese vermitteln in unterschiedlicher Form Wissen: Verbale Marker verweisen auf
wichtige Momente im Geschehen, Bewegungen und Bewegungsabläufe explizieren in indexikalischer Form, wie sie korrekt auszuführen sind, Variationen vermitteln ein Wissen über die im Sinne der praktizierten Kampfkunst „korrekten" Bewegungsabläufe, und Notizen unterstützen zumindest ein personales Erinnern der geübten Bewegungsabläufe über einen
gewissen Zeitraum.

Die vorliegende Studie zeigt also eine, über die ethnomethodologische
These der Selbstkenntlichmachung hinausgehende Selbstexplikation von
Praktiken, die auf verbalem, visuellem, technischem oder somatischem
Wege erfolgen kann. Sie ist (ganz im Sinne ethnomethodologischen Den-
kens) nie vollends abgeschlossen, läuft aber in Praktiken mit und verhilft
dazu, neue Situationsmitglieder zu integrieren. Diese Selbstexplikations-
praktiken sind, so habe ich einleitend argumentiert, in didaktischen Situationen besonders deutlich erkennbar. Meine Ausführungen legen jedoch
nahe, dass es nicht allein didaktische Praktiken sind, die Lernbarkeit produzieren, sondern dass vielmehr *jeder* Praktik ein didaktisches Grundmoment innewohnt, das das Erlernen ermöglicht und in explizit didaktischen

Situationen jeweils nur verstärkt und betont wird. Es kann aber auch – wie bei vielen nicht-didaktischen Situationen – im Hintergrund einer Praktik mitlaufen, fast völlig untergehen oder, wie beim Kämpfen, gar taktisch unterbunden werden.

Ein Exkurs zum Umgang mit Videodaten als Teil der ethnografischen Praxis konnte zudem zeigen, wie sehr der soziologische Umgang mit Videomitschnitten anderen Explizierungspraktiken ähnelt, wie etwa der beschriebenen Demonstration von Bewegungsabläufen. Videomitschnitte mögen zwar im Sinne Jörg Bergmanns interpretationslose Daten produzieren, sie zu entschlüsseln erfordert jedoch eine an der (untersuchten) Praxis geschulte Sehfertigkeit. Im Zuge von soziologischen Vorträgen kommen deshalb eben jene Explikationspraktiken ins Spiel, die auch Kampfkunstdemonstrationen kennzeichnen: Die eingesetzten Videomitschnitte werden zerteilt, verlangsamt, wiederholt und kommentiert. So wird eine Brücke geschlagen zwischen dem praxisgeschulten Wissen des Ethnografen und seinem soziologischen Publikum. Für den Erwerb eines solchen Wissens setzt – zumindest die „prozedurale" (Kalthoff 2003, S. 75f.) Variante der – Ethnografie auf Teilnahme, nicht primär auf die Explikationsfähigkeiten von Interviewpartnern. Sie setzt damit nicht nur auf die verbale (und zunehmend auch die visuelle) Explikationsfähigkeit der Ethnografenperson, sondern zentral auch auf das in diesem Buch dargestellte didaktische Grundmoment sozialer Praktiken.

Zurückkehrend zur Ausgangsfrage, wie die impliziten Dimensionen von Wissen expliziert werden, bleibt zunächst feststellen, dass auch schweigsame Praktiken Wissen ausdrücken können, indem sie es sichtbar und/oder fühlbar machen. Auch Schweigsamkeit selbst muss durch geeignete Praktiken ausgedrückt werden, um zur Wahrnehmung zu gelangen. Insofern macht es wenig Sinn, von impliziten und expliziten Dimensionen von Wissen zu sprechen. Vielmehr sollte ausgegangen werden von einem Wissen, das durch verschiedene Praktiken auf verbalem, visuellem, technischem oder somatischem Wege implizit oder explizit vermittelt wird.

Literatur

Abolafia, Mitchel Y., 1996: Making Markets. Opportunism and Restraint on Wall Street. Cambridge: Harvard University Press

Alkemeyer, Thomas, 2006a: Rhythmen, Resonanzen und Missklänge. Über die Körperlichkeit der Produktion des Sozialen im Spiel. In: R. Gugutzer (Hg.): body turn. Perspektiven der Soziologie des Körpers und des Sports. Bielefeld: transcript, S. 265-295.

Alkemeyer, Thomas, 2006b: Lernen und seine Körper. Habitusformungen und -umformungen in Bildungspraktiken. In: B. Friebertshäuser/M. Rieger-Ladich/L. Wigger: Reflexive Erziehungswissenschaft. Forschungsperspektiven im Anschluss an Pierre Bourdieu. Wiesbaden: Verlag für Sozialwissenschaften, S. 119-142.

Alkemeyer, Thomas, 2009: Körpersozialisationen. Über die Körperlichkeit der Bildung und die Bildung über den Körper. In: Journal für politische Bildung 2/2009 (Körperbildung. Ein politisches Lernfeld), S. 12-21.

Alkemeyer, Thomas/Boschert, Bernhard/Rigauer, Bero, 2005: Sportspiel aus sportsoziologischer Perspektive. In: A. Hohmann/M. Kolb/K. Roth (Hg.): Handbuch Sportspiel. Schorndorf: Hofmann: S. 99-115.

Alkemeyer, Thomas/Boschert, Bernhard/Schmidt, Robert/Gebauer, Gunter (Hg.), 2003: Aufs Spiel gesetzte Körper. Aufführungen des Sozialen in Sport und populärer Kultur. Konstanz: UVK

Alkemeyer, Thomas/Brümmer, Kristina/Kodalle, Rea/Pille, Thomas (Hg), 2009: Ordnung in Bewegung. Choreographien des Sozialen Körper in Sport, Tanz, Arbeit und Bildung. Bielefeld: transcript

Alkemeyer, Thomas/Pille, Thomas, 2008: Schule und ihre Lehrkörper. Das Referendariat als Trainingsprozess. In: Zeitschrift für Soziologie der Erziehung und Sozialisation 2, S. 137-154.

Amann, Klaus/Hirschauer, Stefan, 1997: Die Befremdung der eigenen Kultur. Ein Programm. In: Dies. (Hg.): Die Befremdung der eigenen Kultur. Frankfurt am Main: Suhrkamp, S. 7-52.

Amann, Klaus/Knorr-Cetina, Karin, 1988: The fixation of (visual) evidence. In: Human Studies 11, S. 133-169.

Anderson, Benedict, 1988: Die Erfindung der Nation: Zur Karriere eines folgenreichen Konzepts. Frankfurt am Main: Campus

Atkinson, Paul/Delamont, Sara, 1977: Mock-ups and cock-ups: The stage-management of guided discovery instruction. In: P. Woods (Hg.): School experience: Explorations in the sociology of education. New York: St. Martin's Press, S. 87-108.

Barmeyer, Mareike, 2006: The endogenous orderliness of talk shows: an ethnomethodological investigation. (unpublished) PhD dissertation Manchester Metropolitan University

Barnes, Barry, 2001: Practice as collective action. In: T. Schatzki/K. Knorr Cetina/E. von Savigny (Hg.): The practice turn in contemporary theory. London: Routledge, S. 17-28.

Basso, Stefano, 2004: *Teaching by Doing* with Concept Maps: Integrating Plone and CMATools. Proc. for the Conference on Concept Mapping. Pamplona, Spanien http://cmc.ihmc.us/papers/cmc2004-145.pdf, abgerufen am 28.8.2008

BDA Ninpo, 2008: Homepage des Bujincan Dojo Athens (BDA) http://www.bdaninpo.com/html_english/history.htm, abgerufen am 12.7.2008

Becker, Howard S., [1963] 1991: Outsiders. Studies in the Sociology of Deviance. New York: The Free Press

Berg, Marc/Mol, Annemarie (Hg.), 1998: Differences in medicine: unraveling practices, techniques, and bodies. Durham, NC: Duke University Press

Berger, Peter L. and Luckmann, Thomas [1966] 1967: Die gesellschaftliche Konstruktion der Wirklichkeit. Frankfurt am Main: Fischer

Bergmann, Jörg, 1985: Flüchtigkeit und methodische Fixierung sozialer Wirklichkeit. Aufzeichnungen als Daten der interpretativen Soziologie. In: W. Bonß/ H. Hartmann (Hg.): Entzauberte Wissenschaft. Göttingen: Schwarz, S. 299-320.

Bette, Karl-Heinrich, 1999: Systemtheorie und Sport. Frankfurt am Main: Suhrkamp

Bette, Karl-Heinrich, 2004: X-treme. Zur Soziologie des Abenteuer- und Risikosports. Bielefeld: transcript

Bierwirth, Gerhard, 2005: Bushido. Der Weg des Kriegers ist ambivalent. München: Iaponia

Bijker, Wiebe E./Law, John (Hg.), 1992: Shaping technology, building society: Studies in sociotechnical changes. Cambridge: MIT Press

Binhack, Axel, 1998: Über das Kämpfen. Zum Phänomen des Kampfes in Sport und Gesellschaft. Frankfurt am Main: Campus

BKA (Bundeskriminalamt) (Hg.), 2007: Polizeiliche Kriminalstatistik Bundesrepublik Deutschland Berichtsjahr 2006. Wiesbaden

BKA (Bundeskriminalamt) (Hg.), 2010: Polizeiliche Kriminalstatistik Bundesrepublik Deutschland Berichtsjahr 2009. Wiesbaden

Böhle, Fritz, 1989: Körper und Wissen. Veränderungen in der sozio-kulturellen Bedeutung körperlicher Arbeit. In: Soziale Welt 40/4, S. 497-512.

Böhle, Fritz/Weihrich, Margit (Hg.), 2010: Die Körperlichkeit sozialen Handelns. Soziale Ordnung jenseits von Normen und Institutionen. Bielefeld: transcript

Bourdieu, Pierre, [1979] 1982: Die feinen Unterschiede – Kritik der gesellschaftlichen Urteilskraft. Frankfurt am Main: Suhrkamp

Bourdieu, Pierre, [1987] 1992: Programm für eine Soziologie des Sports. In: Ders.: Rede und Antwort. Frankfurt am Main: Suhrkamp, S. 193-207.

Bourdieu, Pierre, 1997: Zur Genese der Begriffe Habitus und Feld. In: Ders.: Der Tote packt den Lebenden. Hamburg: VSA Verlag, S. 59-78.

Bourdieu, Pierre, [1997] 2001: Meditationen. Zur Kritik der scholastischen Vernunft. Frankfurt am Main: Suhrkamp

Breidenstein, Georg, 1997: Der Gebrauch der Geschlechterunterscheidung in der Schulklasse. In: Zeitschrift für Soziologie 26/5, S. 337-351.

Breidenstein, Georg, 2006: Teilnahme am Unterricht. Ethnographische Studien zum Schülerjob. Wiesbaden: VS Verlag

Breidenstein, Georg/Kelle, Helga, 1998: Geschlechteralltag in der Schulklasse. Ethnographische Studien zur Gleichaltrigenkultur. Weinheim: Juventa

Brosziewski, Achim/Maeder, Christoph, 1997: Ethnographische Semantik: ein Weg zum Verstehen von Zugehörigkeit. In: R. Hitzler/A. Honer: Sozialwissenschaftliche Hermeneutik: eine Einführung. Opladen: Leske und Budrich, S. 335-362.

Brown, David/Leledaki, Aspasia, 2010: Eastern Movement Forms as Body-Self Transforming Cultural Practices in the West: Towards a Sociological Perspective. In: Cultural Sociology 4, S. 123-154.

Callon, Michel/Law, John/Rip, Arie (Hg.), 1986: Mapping the Dynamics of Science and Technology. Sociology of Science in the Real World. London: MacMillan

Collins, Harry, 1985: Changing Order. Replication and Induction in Scientific Practice. London: Sage

Collins, Harry, 2001: Tacit Knowledge, Trust and the Q of Sapphire. In: Social Studies of Science 31/1, S. 71-85.

Delamont, Sara, 2002: Fieldwork in Educational Settings: Methods, Pitfalls and Procedures. London: Routledge (2. überarbeitete Fassung)

Delamont, Sara, 2005: No place for women among them? In: Sport, Education and Society 10/3, S. 305-320.

Delamot, Sara/Campos, Claudio/Stephens, Neil, 2010: I'm your teacher! I'm Brazilian! In: Sport, Education and Society 15/1, S. 103-120.

Delamont, Sara/Galton, Maurice J., 1986: Inside the Secondary Classroom. London: Routledge

Delamont, Sara/Stephens, Neil, 2006: Balancing the Berimbau. Embodied Ethnographic Understanding. In: Qualitative Inquiry 12/2, S. 316-339.

Der Spiegel 50/1998: „Learning by Earning" vom 07.12.1998, S. 79.

Duden, Barbara, 1987: Geschichte unter der Haut. Ein Eisenacher Arzt und seine Patientinnen um 1730. Stuttgart: Klett-Cotta

Duden, Barbara, 2002: Zwischen 'wahrem Wissen' und Propheterie: Konzeptionen des Ungeborenen. In: Dies./J. Schlumbohm/P. Veit: Geschichte des Ungeborenen. Zur Erfahrungs- und Wissenschaftsgeschichte der Schwangerschaft 17.-20. Jahrhundert. Göttingen: Vandenhoeck & Ruprecht, S. 11-48.

Duden, Barbara, [1991] 2007: Der Frauenleib als öffentlicher Ort: Vom Missbrauch des Begriffs Leben. Frankfurt am Main: Mabuse Verlag

Dunning, Eric, [1986] 2003: Die Dynamik des modernen Sports: Anmerkungen zum Leistungsstreben und zur sozialen Bedeutung des Sports. In: N. Elias/E. Dunning: Sport und Spannung im Prozeß der Zivilisation. Frankfurt am Main: Suhrkamp, S. 363-397.

Elias, Norbert, 1982: Vom Turnier zum Ritterspiel: Zivilisierung als Verhöflichung. In: Ders./E. Dunning: Sport im Zivilisationsprozeß. Berlin, Hamburg, Münster: Lit-Verlag, S. 47-84.

Elias, Norbert, 1997: Über den Prozeß der Zivilisation. Soziogenetische und psychogenetische Untersuchung. (2 Bände) Frankfurt am Main: Suhrkamp

Elias, Norbert, 2002: Zur Theorie von Etablierten-Außenseiter-Beziehungen. In: Ders./J. L. Scotson: Etablierte und Außenseiter. Frankfurt am Main: Suhrkamp, S. 7-56.

Elias, Norbert, [1986] 2003: Die Genese des Sports als soziologisches Problem. In: Ders./E. Dunning: Sport und Spannung im Prozeß der Zivilisation. Frankfurt am Main: Suhrkamp, S. 230-272.

Elias, Norbert, [1983] 2006: Der Fußballsport im Prozeß der Zivilisation. In: Ders: Aufsätze und andere Schriften II. Frankfurt am Main: Suhrkamp, S. 360-374.

Elias, Norbert/Dunning, Eric, 2003: Sport und Spannung im Prozeß der Zivilisation. Frankfurt am Main: Suhrkamp

Emerson, Robert M. /Fretz, Rachel I. /Shaw, Linda L., 2001: Participant Observation and Fieldnotes. In: P. Atkinson et al (Hg.): Handbook of Ethnography. London, Thousand Oaks, New Delhi: Sage, S. 352-368.

Flick, Uwe/von Kardoff, Ernst/Steinke, Iris, 2000: Was ist qualitative Sozialforschung? Einleitung und Überblick. In: Dies. (Hg.): Qualitative Forschung. Ein Handbuch. Reinbek bei Hamburg: Rowohlt, S. 13-30.

Foucault, Michel, [1975] 1977a: Überwachen und Strafen. Die Geburt des Gefängnisses. Frankfurt am Main: Suhrkamp

Foucault, Michel, [1976] 1977b: Sexualität und Wahrheit 1: Der Wille zum Wissen. Frankfurt am Main: Suhrkamp

Foucault, Michel, [1963] 1988: Die Geburt der Klinik: Eine Archäologie des ärztlichen Blicks. Frankfurt am Main: Fischer TBV

FQS, 2003: Qualitative Methods in Various Disciplines IV: Sport Sciences. In: Forum Qualitative Sozialforschung/Forum: Qualitative Social Research 4/1. http://www.qualitive-research.net/index.php/fqs/issue/view/19/showToc

Francis, David/Hester, Stephen, 2004: An Invitation to Ethnomethodology. Language, Society and Interaction. London, Thousand Oaks, New Delhi: Sage

Frevert, Ute, 1991: Ehrenmänner. Das Duell in der bürgerlichen Gesellschaft. München: C.H.Beck

Fuchs, Peter, 2005: Die Form des Körpers. In: M. Schroer (Hg.): Soziologie des Körpers. Frankfurt am Main: Suhrkamp, S. 48-72.

Garfinkel, Harold, 1963: A conception of, and experiments with, "trust" as a condition of stable concerted actions. In: O.J. Harvey (Hg.): Motivation and Social Interaction. New York: The Ronald Press Company, S. 187-238.

Garfinkel, Harold, 1967: Studies in Ethnomethodology. New Jersey: Englewood Cliffs

Garfinkel, Harold/Sacks, Harvey, [1969] 1986: On formal structures of practical actions. In: H. Garfinkel (Hg.): Ethnomethodological studies of work. London, New York: Routledge & Kegan Paul, S. 160-193.

Geertz, Clifford, [1973] 1983a: Dichte Beschreibung. Bemerkungen zu einer deutenden Theorie von Kultur. In: Ders: Dichte Beschreibung. Beiträge zum Verstehen kultureller Systeme. Frankfurt am Main: Suhrkamp, S. 7-43.

Geertz, Clifford, [1972] 1983b: Deep Play. Bemerkungen zum balinesischen Hahnenkampf. In: Ders: Dichte Beschreibung. Beiträge zum Verstehen kultureller Systeme. Frankfurt am Main: Suhrkamp, S. 202-260.

Giddens, Anthony, 1999: Soziologie. Graz, Wien: Nausner & Nausner

Girton, George D., 1986: Kung Fu: toward a praxiological hermeneutic of the martial arts. In: H. Garfinkel (Hg.): Ethnomethodological studies of work. London, New York: Routledge & Kegan Paul, S. 60-91.

Goffman, Erving, 1963: Behavior in Public Places. Notes on the social Organization of Gatherings. New York: The Free Press of Glencoe (Macmillan)

Goffman, Erving, [1963] 1971a: Verhalten in sozialen Situationen. Gütersloh: Bertelsmann Fachverlag

Goffman, Erving, [1967] 1971b: Interaktionsrituale. Über Verhalten in direkter Kommunikation. Frankfurt am Main: Suhrkamp

Goffman, Erving, [1971] 1974: Das Individuum im öffentlichen Austausch. Mikrostudien zur öffentlichen Ordnung. Frankfurt am Main: Suhrkamp

Goffman, Erving, 1979a: Gender Display. In: Ders: Gender Advertisements. London and Basingstoke: Macmillan Publishers LTD, S. 1-8.

Goffman, Erving, 1979b: Gender Commercials. In: Ders: Gender Advertisements. London and Basingstoke: Macmillan Publishers LTD, S. 24-83.

Goffman, Erving, [1974] 1980: Rahmen-Analyse. Ein Versuch über die Organisation von Alltagserfahrungen. Frankfurt am Main: Suhrkamp

Goffman, Erving, 1994a: Die Interaktionsordnung. In: Ders.: Interaktion und Geschlecht. Frankfurt am Main: Campus, S. 50-104.

Goffman, Erving, [1977] 1994b: Das Arrangement der Geschlechter. In: Ders.: Interaktion und Geschlecht. Frankfurt am Main: Campus, S. 105-158.

Goffman, Erving, [1976] 2005: Erwiderungen und Reaktionen. In: H. Knoblauch/C. Leuenberger/B. Schnettler (Hg.): Erving Goffman. Rede-Weisen. Formen der Kommunikation in sozialen Situationen. Erfahrung – Wissen – Imagination. Schriften zur Wissenssoziologie Band 11. Konstanz: UVK, S. 73-150.

Goodwin, Charles, 1994: Professional Vision. In: American Anthropologist 96/3, S. 606-633.

Goodwin, Charles, 2003: The Body in Action. In: J. Coupland/R. Gwyn (Hg.): Discourse, the Body and Identity. Palgrave Macmillan, S. 19-42.

Goodwin, Charles/Marjorie Harness Goodwin, 1996: Seeing as a Situated Activity: Formulating Planes. In: Y. Engeström/D. Middleton (Hg.): Cognition and Communication at Work. Cambridge: Cambridge University Press, S. 61-95.

Goodwin, Charles/Marjorie Harness Goodwin, 1997: Contested Vision: The Discursive Constitution of Rodney King. In: B.-L. Gunnarsson/P. Linell/Bengt Nordberg (Hg.): The Construction of Professional Discourse. New York: Longman, S. 292-316.

Gugutzer, Robert, 2004: Soziologie des Körpers. Bielefeld: transcript

Gugutzer, Robert, 2005: Und sie bewegt sich doch! Neue Impluse für und durch die Soziologie des Sports. In: Soziologische Revue 28, S. 109-119.

Gugutzer, Robert (Hg.), 2006: body turn. Perspektiven der Soziologie des Körpers und des Sports. Bielefeld: transcript

Gugutzer, Robert, 2010: Soziologie am Leitfaden des Leibes. Zur Neophänomenologie sozialen Handlens am Beispiel der Contact Improvisation. In: F. Böhle/M. Weihrich (Hg.): Die Körperlichkeit sozialen Handelns. Soziale Ordnung jenseits von Normen und Institutionen. Bielefeld: transcript, S. 165-184.

Hahn, Cornelia/Meuser, Michael (Hg.), 2002: Körperrepräsentationen. Die Ordnung des Sozialen und der Körper. Konstanz: UVK

Hammersley, Martyn/Atkinson, Paul, 1995: Ethnography. Principles in Practice. (2nd Edition) London, New York: Routledge

Hatsumi, Masaaki, 1981: Ninjutsu. History and Tradition. o. Ort (USA): Unique Publications

Hayes, Stephen K., 1981: The Ninja and Their Secret Fighting Art. Vermont, Tokyo: Tuttle Publishing

Hayes, Stephen K., 1985: Ninja 1. Die Lehre der Schattenkämpfer. Niederhausen/Ts: Falken-Verlag

Heath, Christian, 1997: The Analysis of Activities in Face to Face Interaction Using Video. In: D. Silverman (Hg.): Qualitative Research. Theory, Method and Practice. London: Sage, S. 183-200.

Heintz, Bettina, 1993: Wissenschaft im Kontext. Neuere Entwicklungstendenzen der Wissenschaftssoziologie. In: Kölner Zeitschrift für Soziologie und Sozialpsychologie 45, S. 528-552.

Hertz, Ellen, 1998: The Trading Crowd. An Ethnography of the Shanghai Stock Market. Cambridge: Cambridge University Press

Hirschauer, Stefan, 1989: Die interaktive Konstruktion von Geschlechtszugehörigkeit. In: Zeitschrift für Soziologie 8, S. 100-118.

Hirschauer, Stefan, 1991: The Manufacture of Bodies in Surgery. In: Social Studies of Science 21, S. 279-319.

Hirschauer, Stefan, 1993: Die soziale Konstruktion der Transsexualität. Über die Medizin und den Geschlechtswechsel. Frankfurt am Main: Suhrkamp

Hirschauer, Stefan, 1994: Die soziale Fortpflanzung der Zweigeschlechtlichkeit. In: Kölner Zeitschrift für Soziologie und Sozialpsychologie 46, S. 668-692.

Hirschauer, Stefan, 1999: Die Praxis der Fremdheit und die Minimierung von Anwesenheit. Eine Fahrstuhlfahrt. In: Soziale Welt 50, S. 221-245.

Hirschauer, Stefan, 2001a: Das Vergessen des Geschlechts. Zur Praxeologie einer Kategorie sozialer Ordnung. In: B. Heintz (Hg.): Geschlechtersoziologie. Sonderheft 41 der Kölner Zeitschrift für Soziologie und Sozialpsychologie, S. 208-235.

Hirschauer, Stefan, 2001b: Ethnografisches Schreiben und die Schweigsamkeit des Sozialen. Zu einer Methodologie der Beschreibung. In: Zeitschrift für Soziologie 30/6, S. 429-451.

Hirschauer, Stefan, 2004: Praktiken und ihre Körper. Über materielle Partizipanden des Tuns. In: K. Hörning/J. Reuter (Hg.): Doing Culture. Zum Begriff der Praxis in der gegenwärtigen soziologischen Theorie. Bielefeld: transcript, S. 73-91.

Hirschauer, Stefan, 2008: Körper macht Wissen – Für eine Somatisierung des Wissensbegriffs. In: K.-S. Rehberg (Hg.): Die Natur der Gesellschaft. Verhandlungen des 33. Kongresses für Soziologie in Kassel 2006, Teil 2. Frankfurt, New York: Campus, S. 974-984.

Hitzler, Ronald/Bucher, Thomas/Niederbacher, Arne, 2001: Leben in Szenen. Formen jugendlicher Vergemeinschaftung heute. Opladen: Leske & Budrich

Hobsbawm, Eric, 1992: Introduction: Inventing Traditions. In: Ders./T. Ranger (Hg.): The Invention of Tradition. Cambridge: Cambridge University Press, S. 1-14.

Hobsbawm, Eric/Ranger, Terence (Hg.), 1992: The Invention of Tradition. Cambridge: Cambridge University Press

Honer, Anne, 1993: Lebensweltliche Ethnographie. Ein explorativ-interpretativer Forschungsansatz am Beispiel von Heimwerker-Wissen. Wiesbaden: DUV

Horak, Roman/Maderthaner, Wolfgang (Hg.), 1997: Mehr als ein Spiel. Fußball und populare Kulturen im Wien der Moderne. Wien: Löcker Verlag

Horak, Roman/Marschik Matthias (Hg.), 1997: Das Stadion. Facetten des Fußballkonsums in Österreich. Eine empirische Untersuchung. Wien: Wiener Universitätsverlag

Hurst, G. Cameron, 1998: Armed Martial Arts of Japan. Swordsmanship and Archery. New Haven, London: Yale University Press

Jäger, Ulle, 2004: Der Körper, der Leib und die Soziologie. Entwurf einer Theorie der Inkorporierung. Königstein/Taunus: Ulrike Helmer Verlag.

Jefferson, Gail, 1974: Error correction as an interactional ressource. In: Language in Society 2, S. 181-199.

Jefferson, Gail, 1979: A technique for inviting laughter and its subsequent declination. In: G. Psathas (Hg.): Everyday Language: Studies in Ethnomethodology. New York, NY: Irvington Publishers, S. 79-96.

Jefferson, Gail, 1985: An Exercise in the Transcription and Analysis of Laughter. In: T. van Dijk (Hg.): Handbook of Discourse Analysis. Vol. 3, S. 25-34.

Kallmeyer, Werner/Schütze, Fritz, 1977: Zur Konstitution von Kommunikationsschemata der Sachverhaltsdarstellung. In: D. Wegner (Hg.): Gesprächsanalysen. Hamburg: Buske, S. 159-274.

Kalthoff, Herbert, 1996: Das Zensurenpanoptikon. Eine ethnographische Studie zur schulischen Bewertungspraxis. In: Zeitschrift für Soziologie 25/2, S. 106-124.

Kalthoff, Herbert, 1997: Wohlerzogenheit. Eine Ethnographie deutscher Internatsschulen. Frankfurt am Main, New York: Campus.

Kalthoff, Herbert, 2003: Beobachtende Differenz. Instrumente der ethnografisch-soziologischen Forschung. In: Zeitschrift für Soziologie 32/1, S. 70-90.

Kalthoff, Herbert, 2004: Finanzwirtschaftliche Praxis und Wirtschaftstheorie. Skizze einer Soziologie ökonomischen Wissens. In: Zeitschrift für Soziologie 33/2, S. 154-175.

Kalthoff, Herbert, 2006: The Launch of Banking Instruments and the Figuration of Markets. The Case of the Polish Car Trading Industry. In: Journal for the Theory of Social Behaviour 36, S. 347-368.

Kalthoff, Herbert/Kelle, Helga, 2000: Pragmatik schulischer Ordnung. Zur Bedeutung von „Regeln" im Schulalltag. In: Zeitschrift für Pädagogik 46/5, S. 691-710.

Kastiel, Moshe, 2004: Samurai und Ninja. Band I: Geschichte und Tradition der japanischen Kampfkünste. München: Eigenverlag

Kennedy, Antja, 2007: Methoden der Bewegungsbeobachtung: Die Laban/Bartieneff Bewegungsstudien. In: G. Brandstetter/G. Klein (Hg.): Methoden der Tanzwissenschaft. Modellanalyse zu Pina Bauschs „Le Sacre du Printemps", Bielefeld: transcript, S. 85-100.

Kissmann, Ulrike T. (Hg.), 2009: Video Interaction Analysis. Frankfurt am Main: Peter Lang Verlag

Klein, Gabriele (Hg.) 2004: Bewegung. Sozial- und kulturwissenschaftliche Konzepte. Bielefeld: transcript

Klein, Gabriele/Meuser, Michael (Hg.), 2008: Ernste Spiele: Zur politischen Soziologie des Fußballs. Bielefeld: transcript

Knoblauch, Hubert, 2001: Fokussierte Ethnographie. In: Sozialer Sinn 1, S. 123-141.

Knoblauch, Hubert, 2004: Video-Interaktionsanalyse. In: Sozialer Sinn 1, S. 123-138.

Knoblauch, Hubert, 2005: Kulturkörper. Die Bedeutung des Körpers in der sozialkonstruktivistischen Wissenssoziologie. In: M. Schroer (Hg.): Soziologie des Körpers. Frankfurt am Main: Suhrkamp, S. 92-113.

Knoblauch, Hubert/Schnettler, Bernt/Raab, Jürgen/Soeffner, Hans G. (Hg.), 2006: Video Analysis: Methodology and Methods. Qualitative Audiovisual Data Analysis in Sociology. Frankfurt am Main: Peter Lang

Knorr Cetina, Karin, [1981] 2001: Die Fabrikation von Erkenntnis. Zur Anthropologie der Naturwissenschaft. Frankfurt am Main: Suhrkamp

Knorr Cetina, Karin, 2002: Wissenskulturen. Ein Vergleich naturwissenschaftlicher Wissensformen. Frankfurt am Main: Suhrkamp

Knorr Cetina, Karin/Brügger, Urs, 2002: Global Microstructures: The Virtual Societies of Financial Markets. In: American Journal of Sociology 107, S. 905-950.

Knorr Cetina, Karin/Preda, Alex (Hg.), 2005: The Sociology of Financial Markets. Oxford, New York: Oxford University Press

Krüger, Michael/Schulze, Bernd (Hg.), 2006: Fußball in Geschichte und Gesellschaft: Tagung der dvs-Sektionen Sportgeschichte und Sportsoziologie vom 29.9.-1.10.2004 in Münster. Hamburg: Czwalina

Kubat, Herbert, 2007: Führen wie ein Samurai. Mentale Stärke - Schlagkraft im Handeln. Zürich: Orell Füssli

Lachmund, Jens, 1992: Die Erfindung des ärtzlichen Gehörs. Zur Historischen Soziologie der stethoskopischen Untersuchung. In: Zeitschrift für Soziologie 21/4: S. 235-251.

Lachmund, Jens, 1997: Der abgehorchte Körper. Zur Historischen Soziologie der medizinischen Untersuchung. Wiesbaden: Westdeutscher Verlag

Lachmund, Jens, 1999: Making Sense of Sound. Auscultation and Lung-Sound Docification in Nineteenth-Century French and German Medicine. In: Science, Technology and Human Values 24/4, S. 419-450.

Latour, Bruno, 1989: Science in Action: How to Follow Scientists and Engineers through Society. Cambridge, Massachusetts: Harvard University Press

Latour, Bruno, 1991: Technology is society made durable. In: J. Law (Hg): A Sociology of Monsters: Essays on Power, Technology and Domination. Routledge: London, New York, S. 103-131.

Latour, Bruno, 1996: Der Berliner Schlüssel. Erkundungen eines Liebhabers der Wissenschaften. Berlin: Akademie Verlag

Laurier, Eric, 2006: Natural Problems of Naturalistic Video Data. In: H. Knoblauch/B. Schnettler/J. Raab/H.-G. Soeffner: Video Analysis: Methodology and Methods. Qualitative Audiovisual Data Analysis in Sociology. Frankfurt am Main: Peter Lang, S. 183-192.

Lave, Jean, 1982: A Comparative Approach to Educational Forms and Learning Processes. In: Anthropology & Education Quarterly 13/2, S. 181-187.

Lave, Jean, 1996: Teaching, as Learning, in Practice. In: Mind, Culture, and Activity: An International Journal 3/3, S. 149-164.

Lave, Jean/Wenger, Etienne, 1991: Situated Learning: Legitimate Peripheral Participation (Learning in Doing: Social, Cognitive and Computational Perspectives). Cambridge: University Press

Leffler, Andreas, 2005: Geheimnisse der Unsichtbarkeit. München: Eigenverlag

Levine, Donald N., 1991: Martial Arts as a Resource for Liberal Education: the Case of Aikido. In: M. Featherstone/M. Hepworth/B.S. Turner

(Hg.): The Body. Social Process and Cultural Theory. London, Thousand Oaks, New Delhi: Sage, S. 209-224.

Lindemann, Gesa, 1992: Die leiblich-affektive Konstruktion des Geschlechts. Für eine Mikrosoziologie des Geschlechts unter der Haut. In: Zeitschrift für Soziologie 21/5, S. 330-346.

Lindemann, Gesa, 1994: Die Konstruktion der Wirklichkeit und die Wirklichkeit der Konstruktion. In: Th. Wobbe/G. Lindemann (Hg.): Denkachsen. Zur theoretischen und institutionellen Rede vom Geschlecht. Frankfurt am Main: Suhrkamp, S. 115-146.

Lindemann, Gesa, 2006: Die Emergenzfunktion und die konstitutive Funktion des Dritten. Perspektiven einer kritisch-systematischen Theorieentwicklung. In: Zeitschrift für Soziologie 35, S. 82-101.

Lindemann, Gesa, 2009: Das Soziale von seinen Grenzen her denken. Weilerswist: Velbrück

Luckmann, Benita, 1978: The Small Life-Worlds of Modern Man. In: T. Luckmann (Hg.): Phenomenology and Sociology. Harmondsworth: Penguin, S. 275-290.

Lüders, Christian, 2000: Beobachten im Feld und Ethnographie. In: U. Flick/E.v. Kardoff/I. Steinke (Hg.): Qualitative Sozialforschung. Ein Handbuch. Reinbeck bei Hamburg: Rowohlt, S. 384-401.

Luhmann, Niklas, 1969: Die Praxis der Theorie. In: Soziale Welt 20, S. 129-144.

Lynch, Michael, 1985a: Art and Artifact in Laboratory Science: A Study of Shop Work and Shop Talk in a Research Laboratory. London: Routledge

Lynch, Michael, 1985b: Discipline and the Material Form of Images: An Analysis of Scientific Visibility. In: Social Studies of Science 15/1, S. 37-66.

Lynch, Michael/Macbeth Douglas, 1998: Demonstrating Physic Lessons. In: J.G. Greeno/S.V. Goldman: Thinking Practices in Mathematics and Science Learning. Mahwah, New Jersey, London: Lawrence Erlbaum Associates Publishers, S. 269-297.

Manzenreiter, Wolfram, 2001: Moderne Körper, moderne Orte. Sport und Nationalstaat in Japan und Österreich 1850-1990. In: Minikomi – Informationen des Akademischen Arbeitskreis Japan 2, S. 14-21.

Manzenreiter, Wolfram, 2005: Bugei und bujutsu: Kampfkunst im Frieden der Tokugawa-Zeit. In: Cultura Martialis: Das Journal der Kampfkünste aus aller Welt 4, S. 55-60.

Mauss, Marcel, [1934] 1989: Körpertechniken. In: Ders.: Soziologie und Anthropologie. Bd. 2. Frankfurt am Main: Fischer, S. 199-220.

Mead, George Herbert, [1934] 1991: Geist, Identität und Gesellschaft aus der Sicht des Sozialbehaviorismus. Frankfurt am Main: Suhrkamp

Messmer, Heinz, 2003: Der soziale Konflikt: Kommunikative Emergenz und systemische Reproduktion. Stuttgart: Lucius & Lucius

Meuser, Michael, 2006: Körper-Handeln. Überlegungen zu einer praxeologischen Soziologie des Körpers. In: R. Gugutzer (Hg.): body turn. Perspektiven der Soziologie des Körpers und des Sports. Bielefeld: transcript, S. 95-116.

Mol, Annemarie, 2002: The Body Multiple: ontology in medical practice. Durham, NC: Duke University Press

Müller, Marion, 2006: Geschlecht als Leistungsklasse. Der kleine Unterschied und seine großen Folgen am Beispiel der 'gender verifications' im Leistungssport. In: Zeitschrift für Soziologie 35/5, S. 392-412.

Müller, Marion, 2009: Fußball als Paradoxon der Moderne: Historische und ethnographische Analysen zur Bedeutung ethnischer, nationaler und geschlechtlicher Differenzen im Profifußball. Wiesbaden: VS-Verlag

Neckel, Sighart, 1997: Etablierte und Außenseiter und das vereinigte Deutschland. In: Berliner Journal für Soziologie 7/2, S. 205-215.

O'Connor, Erin, 2005: The Experience of Meaning and the Struggle Towards Proficiency in Glassblowing. In: Ethnography 6/2, S. 183-204.

Online-Fokus (unter Berufung auf Sport-Informations-Dienst, Neuss), 2.1.2008: Boxer Choi Yo-Sam stirbt nach Titelverteidigung. http://www.focus.de/sport/boxen/boxer-choi-yo-sam-stirbt-nach-titelverteidigung_spid_599278.html, abgerufen am 3.4.2008

Pickering, Andrew (Hg.), 1992: Science as Practice and Culture. Chicago: University of Chicago Press

Pille, Thomas, 2009: Organisierte Körper. Eine Ethnographie des Referendariats. In: T. Alkemeyer/K. Brümmer/R. Kodalle/T. Pille (Hg.): Ordnung in Bewegung. Choreographien des Sozialen Körper in Sport, Tanz, Arbeit und Bildung. Bielefeld: transcript, S. 161-178.

Polanyi, Michael, 1959: Personal Knowledge. Chicago: University of Chicago Press

Polanyi, Michael, [1966] 1985: Implizites Wissen. Frankfurt am Main: Suhrkamp

Pollner, Melvin, 1973: Notes on Self-Explicating Settings. (unpublished paper) Department of Sociology, U.C.L.A.

Pollner, Melvin, 1979: Explicative Transactions. Making and Managing Meaning in Traffic Court. In: G. Psathas: Everyday Language. Studies in Ethnomethodology. New York: Irrington, S. 227-255.

Potthast, Jörg, 2007: Die Bodenhaftung der Netzwerkgesellschaft. Eine Ethnografie von Pannen an Großflughäfen. Bielefeld: transcript

Prentice, Rachel, 2007: Drilling Surgeons: The Social Lessons of Embodied Surgical Learning. In: Science, Technology, & Human Values 32(5), S. 534-554.

Psathas, George/Timothy Anderson, 1990: The 'Practices' of Transcription in Conversation Analysis. In: Semiotica 78, S. 75-99.

Reckwitz, Andreas, 1999: Praxis – Autopoiesis – Text. Drei Versionen des Cultural Turn in der Sozialtheorie. In: A. Reckwitz/H. Sievert (Hg.): Interpretation, Konstruktion, Kultur: ein Paradigmenwechsel in den Sozialwissenschaften. Opladen: Westdeutscher Verlag, S. 19-49.

Reckwitz, Andreas, 2003: Grundelemente einer Theorie sozialer Praktiken: Eine sozialtheoretische Perspektive. In: Zeitschrift für Soziologie 32/4, S. 282-301.

Reckwitz, Andreas, 2008: Praktiken und Diskurse: Eine sozialtheoretische und methodologische Relation, In: H. Kalthoff/G. Lindemann/S. Hirschauer (Hg.): Theoretische Empirie, Frankfurt am Main: Suhrkamp, S. 188-209.

Reichertz, Jo, 1989: Hermeneutische Auslegung von Feldprotokollen? Verdrießliches über ein beliebtes Forschungsmittel. In: R. Aster/H. Merkens/M. Repp, (Hg.): Teilnehmende Beobachtung. Frankfurt am Main: Campus: S. 84-102.

Rentzsch, Hans-Peter, 2000: Der Samurai-Verkäufer. Die sieben Wege des Kriegers im gnadenlosen Wettbewerb. Wiesbaden: Dr. Th. Gabler Verlag

Ryave, A. Lincoln/Schenkein, James N., 1974: Notes on the Art of Walking. In: R. Turner (Hg.): Ethnomethodology. Selected Readings. Penguin Education, S. 265-275.

Ryle, Gilbert, [1946] 1969: Der Begriff des Geistes. Stuttgart: Reclam

Ryle, Gilbert, 1971: The Thinking of Thoughts. What is 'le penseur' doing? In: Ders.: Collected Essays 1929-1968. Bristol: Thoemmes, S. 480-496.

Sacks, Harvey, 1984: 'On Doing Being Ordinary'. In: J. Atkinson/J. Heritage (Hg.): Structures of Social Action: Studies in Conversation Analysis. Cambridge University Press, S. 413-429.

Sacks, Harvey/Schegloff, Emanuel A./Jefferson, Gail, 1974: A Simplest Systematics for the Organization of Turn-Taking for Conversation. In: Language 50/4, S. 696-735.

Sacks, Harvey/Schegloff, Emanuel A./Jefferson, Gail, 1977: The Preference for Self-Correction in the Organization of Repair in Conversation. In: Language 53/2, S. 361-382.

Schatzki, Theodore R., 1996: Social Practices. A Wittgensteinian Approach to Human Activity and the Social. Cambridge: Cambridge University Press

Schedler, Claude, 2004: Shoninki. Historische Geheimschrift der Ninja. Books on Demand

Scheffer, Thomas, 2001: Asylgewährung. Eine ethnographische Verfahrensanalyse. Stuttgart: Lucius&Lucius

Scheffer, Thomas, 2003: Die Karriere rechtswirksamer Aussagen. Ansatzpunkte einer historiographischen Diskursanalyse der Gerichtsverhandlung. In: Zeitschrift für Rechtssoziologie 24/2, S. 151-181.

Schegloff, Emanuel/Sacks, Harvey, 1973: Opening up Closings. In: Semiotica 8, S. 289-327.

Schindler, Larissa, 2009a: Das sukzessive Beschreiben einer Bewegungsordnung mittels Variation. In: T. Alkemeyer/K. Brümmer/R. Kodalle/T. Pille (Hg.): Ordnung in Bewegung. Bielefeld: transcript, S. 51-64.

Schindler, Larissa, 2009b: The manufacturing of 'vis-ability': An ethnographic video analysis of a martial arts class. In: U. Kissmann (Hg.): Video Interaction Analysis. Frankfurt am Main: Peter Lang Verlag, S. 135-154.

Schlossberg, Marc/Darren Wyss, 2007: Teaching by Doing: PPGIS and Classroom-Based Service Learning. In: URISA Journal 19, S. 13-22.

Schmidt, Robert, 2006: „Geistige Arbeit" als körperlicher Vollzug. Zur Perspektive einer vom Sport ausgehenden praxeologischen Sozialanalyse. In R. Gugutzer (Hg.): body turn. Perspektiven der Soziologie des Körpers und des Sports. Bielefeld: transcript, S. 295-320.

Schmidt, Robert, 2008: Stumme Weitergabe. Zur Praxeologie sozialisatorischer Vermittlungsprozesse. In: Zeitschrift für Soziologie der Erziehung und Sozialisation 28/2, S. 121-136.

Schmitz, Hermann, 1965: System der Philosophie. Band 2, Teil 1: Der Leib. Bonn: Bouvier

Schmitz, Hermann, 1967: System der Philosophie. Band 3, Teil 1: Der leibliche Raum. Bonn: Bouvier

Schmitz, Hermann, 1969: System der Philosophie. Band 3, Teil 2: Der Gefühlsraum. Bonn: Bouvier

Schnettler, Bernt/Knoblauch, Hubert, 2009: Videoanalyse. In: S. Kühl/P. Strodtholz/A. Taffertshofer (Hg.): Handbuch Methoden der Organisationsforschung. Wiesbaden: VS-Verlag, S. 272-297.

Schroer, Markus, 2005: Zur Soziologie des Körpers. In: Ders. (Hg.): Soziologie des Körpers. Frankfurt am Main: Suhrkamp, S. 7-47.

Schütz, Alfred, 1944: The Stranger: An Essay in Social Psychology. In: American Journal of Sociology 49, S. 499-507.

Schütz, Alfred, 1945: The Homecomer. In: American Journal of Sociology 50, S. 369-376.

Schütz, Alfred, 1971: Gesammelte Aufsätze. Band 1: Das Problem der sozialen Wirklichkeit. Den Haag: Nijhoff

Schütz, Alfred, [1953] 2004: Common-Sense und wissenschaftliche Interpretion menschlichen Handlens. In: J. Strübing/B. Schnettler (Hg.): Methodologie interpretativer Sozialforschung. Konstanz: UVK, S. 157-197.

Schütz, Alfred/Luckmann, Thomas, 1979: Strukturen der Lebenswelt. Band 1. Frankfurt am Main: Suhrkamp

Schwanfelder, Werner, 2004: Sun Tzu für Manager. Die 13 ewigen Gebote der Strategie. Frankfurt am Main: Campus

Schwentker, Wolfgang, 2002: Die Samurai im Zeitalter der Meiji-Restauration. In: Geschichte und Gesellschaft: Zeitschrift für historische Sozialwissenschaft 28, S. 33-70.

Schwentker, Wolfgang, 2003: Die Samurai. München: C.H. Beck

Shilling, Chris, [1993] 2003: The Body an Social Theory. London, Thousand Oaks, New Delhi: Sage (2. Auflage)

Shun, Inoue, 1998: The Invention of the Martial Arts: Kano Jigoro and Kodokan Judo. In: S. Vlastos (Hg.): Mirror of Modernity: Invented Traditions of Modern Japan (Twentieth-Century Japan: The Emergence of a World Power). Berkely, Los Angelos: California University Press, S. 163-173.

Simmel, Georg, [1907] 1992: Exkurs über die Soziologie der Sinne. In: Ders: Soziologie. Untersuchungen über die Formen der Vergesellschaftung. Frankfurt am Main: Suhrkamp, S. 722-742.

Soeffner, Hans-Georg / Raab, Jürgen, 2004: Sehtechniken. Die Medialisierung des Sehens: Schnitt und Montage als Ästhetisierungsmittel medialer Kommunikation. In: H.-G. Soeffner (Hg.): Auslegung des Alltags – Der Alltag der Auslegung. Zur wissenssoziologischen Konzeption einer sozialwissenschaftlichen Hermeneutik. Konstanz: UTB, S. 254-284

Spiegel Online, 23.9.2005: Ex-Weltmeister Johnson stirbt nach 409 Wirkungstreffern. http://www.spiegel.de/sport/sonst/0,1518,376144,00.html, abgerufen am 3.4.2008

Spiegel Online, 18.7.2010: Soldatenmutter will Politiker und Militärs vor Gericht bringen. http://www.spiegel.de/politik/ausland/0,1518,707114,00.html, abgerufen am 20.7.2010

Statistisches Bundesamt, 2007: Unfallgeschehen im Straßenverkehr 2006. Wiesbaden: Eigenverlag. Artikelnummer: 5462401079004

Statistisches Bundesamt, 2010: Unfallentwicklung im Straßenverkehr 2009. Wiesbaden: Eigenverlag. Artikelnummer: 5462401099004

Stichweh, Rudolf, 1990: Sport – Ausdifferenzierung, Funktion, Code. In: Sportwissenschaft 20, S. 373-389.

Stichweh, Rudolf, 1995: Sport und Moderne. In: J. Hinsching/F. Borkenhabegen (Hg.): Modernisierung und Sport. Sankt Augustin: Academia Verlag, S. 13-27.

Stichweh, Rudolf, 2005: Der Wettkampfsport und sein Publikum: Risikoverhalten und Selbstbegrenzung im Hochleistungssport. In: Ders: Studien zur Gesellschaftstheorie. Bielefeld: transcript, S. 113-129.

Süddeutsche, 18.7.2010: Soldatenmutter klagt Bundeswehr an. http://www.sueddeutsche.de/politik/2.220/soldatenmutter-strafantrag-gegen-bundeswehr-bewusst-verrecken-lassen-1.976573, abgerufen am 20.7.2010

Sun Tsu, 2005: Über die Kriegskunst. Wahrhaft siegt, wer nicht kämpft. Wiesbaden: Marix-Verlag

Tarde, Gabriel, 1890: Les Lois de l'imitation. Ètude sociologique. Paris: Félix Alcan

Thiele, Jörg, 2003: Ethnographischhe Perspektiven der Sportwissenschaft in Deutschland – Status Queo und Entwicklungschancen. In: Forum Qualitative Sozialforschung/Forum: Qualitative Social Research 4(1). http://nbn-resolving.de/urn:nbn:de:0114-fqs0301147, 37 Absätze.

Thomas, William Isaac/Florian Znaniecky, 1927: The Polish Peasant in Europe and America. New York: Knopf

Thompson, Lee A., 1998 : The Invention of the *Yokozuna* and the Championship System. Or: Futahaguro's Revenge. In: S. Vlastos (Hg.): Mirror of Modernity: Invented Traditions of Modern Japan (Twentieth-Century Japan: The Emergence of a World Power). Berkely, Los Angelos: California University Press, S. 174-190.

Turnbull, Stephens, 2005a: Die Geschichte der Samurai: Japans Kriegerkaste im historischen Rückblick. o. Ort: Motorbuch Verlag

Turnbull, Stephens, 2005b: Samurai Commanders: 1060-1576: 1 (Elite). Oxford: Osprey

Turnbull, Stephen/Reynolds, Wayne, 2003: Ninja und Japanische Kampfmönche 950 - 1650. Sankt Augustin: Siegler

Turner, Bryan S., [1984] 2008: The Body and Society. London, Thousand Oaks, New Delhi: Sage (3. Auflage)

Vlastos, Stephen (Hg.), 1998: Mirror of Modernity: Invented Traditions of Modern Japan (Twentieth-Century Japan: The Emergence of a World Power). Berkely, Los Angelos: California University Press

Wacquant, Loic J.D., [2000] 2003: Leben für den Ring. Boxen im amerikanischen Ghetto. Konstanz: UVD

Watson, Rod, 1995: Some potentialities and pitfalls in the analysis of process and personal change in counselling and therapeutic interaction. In: J. Siegfried (Hg.): Therapeutic and Everyday Discourse as Behavior Change: Towards a Micro-analysis in Psychotherapy Process Research. Norwood, NJ: Ablex, S. 301-339.

Weber, Max, [1919] 1992: Politik als Beruf. Stuttgart: Reclam

West, Candace/Zimmerman, Don H., 1987: Doing Gender. In: Gender & Society 1, S. 125-151.

White, William F., 1964: Street Corner Society. Chicago, London: Univ. of Chicago Press

Wiesemann, Jutta, 2006: Die Sichtbarkeit des Lernens. Empirische Annäherung an einen pädagogischen Lernbegriff. In: P. Cloos/W. Thole

(2006): Ethnographische Zugänge. Professions- und adressatInnenbezogene Forschung im Kontext von Schule und Sozialer Arbeit. Wiesbaden: VS-Verlag: S. 171-183.

Wittgenstein, Ludwig, [1953] 1982: Philosophische Untersuchungen. Frankfurt am Main: Suhrkamp

Woolgar, Steve, 1988: Time and documents in researcher interaction: Some ways of making out what is happening in experimental science. In: Human Studies 11, S. 171-200.

Young, Christopher/Tomlinson, Alan (Hg.), 2005: German Football: History, Culture, Society. London: Routledge

Zimmerman, Don H./Pollner, Melvin, 1976: Die Alltagswelt als Phänomen. In: E. Weingarten et al. (Hg.): Ethnomethodologie. Beiträge zu einer Soziologie des Alltagshandelns. Frankfurt am Main: Suhrkamp, S. 64-104.

www.ingramcontent.com/pod-product-compliance
Lightning Source LLC
Chambersburg PA
CBHW071413290326
41932CB00047B/2837